A. Marneros   M. Philipp (Hrsg.)

Persönlichkeit und psychische Erkrankung

Festschrift zum 60. Geburtstag von U. H. Peters

Mit Beiträgen von
H. M. Emrich   K. Foerster   K. Heinrich   E. Lungershausen
W. Machleidt   W. Maier   A. Marneros   H.-J. Möller
M. Philipp   A. Rohde   H. Saß   M. L. Schäfer   R. Tölle
H. Völkel   D. von Zerssen   u.a.

Mit 4 Abbildungen und 29 Tabellen

Springer-Verlag
Berlin Heidelberg New York
London Paris Toyko Hong Kong
Barcelona Budapest

Professor Dr. med. ANDREAS MARNEROS
Psychiatrische Universitätsklinik
Sigmund-Freud-Straße 25
W-5300 Bonn 1, Bundesrepublik Deutschland

Professor Dr. MICHAEL PHILIPP
Psychiatrische Klinik und Poliklinik
der Johannes-Gutenberg-Universität
Untere Zahlbacher Straße 8
W-6500 Mainz 1, Bundesrepublik Deutschland

ISBN 3-540-55127-1 Springer-Verlag Berlin Heidelberg New York

Die Deutsche Bibliothek – CIP-Einheitsaufnahme. Persönlichkeit und psychische Erkrankung : mit Tabellen ; [Professor Dr. med. Uwe Henrik Peters zum 60. Geburtstag gewidmet] / A. Marneros ; M. Philipp (Hrsg.). Mitarb. H. M. Emrich ... – Berlin ; Heidelberg ; New York ; London ; Paris ; Tokyo ; Hong Kong ; Barcelona ; Budapest : Springer, 1992
ISBN 3-540-55127-1
NE: Marneros, Andreas [Hrsg.]; Emrich, Hinderk M.;
Peters, Uwe Henrik: Festschrift

Dieses Werk ist urheberrechtlich geschützt. Die dadurch begründeten Rechte, insbesondere die der Übersetzung, des Nachdrucks, des Vortrags, der Entnahme von Abbildungen und Tabellen, der Funksendung, der Mikroverfilmung oder der Vervielfältigung auf anderen Wegen und der Speicherung in Datenverarbeitungsanlagen, bleiben, auch bei nur auszugsweiser Verwertung, vorbehalten. Eine Vervielfältigung dieses Werkes oder von Teilen dieses Werkes ist auch im Einzelfall nur in den Grenzen der gesetzlichen Bestimmungen des Urheberrechtsgesetzes der Bundesrepublik Deutschland vom 9. September 1965 in der jeweils geltenden Fassung zulässig. Sie ist grundsätzlich vergütungspflichtig. Zuwiderhandlungen unterliegen den Strafbestimmungen des Urheberrechtsgesetzes.

© Springer-Verlag Berlin Heidelberg 1992
Printed in Germany

Die Wiedergabe von Gebrauchsnamen, Handelsnamen, Warenbezeichnungen usw. in diesem Werk berechtigt auch ohne besondere Kennzeichnung nicht zu der Annahme, daß solche Namen im Sinne der Warenzeichen- und Markenschutz-Gesetzgebung als frei zu betrachten wären und daher von jedermann benutzt werden dürften.

Produkthaftung: Für Angaben über Dosierungsanweisungen und Applikationsformen kann vom Verlag keine Gewähr übernommen werden. Derartige Angaben müssen vom jeweiligen Anwender im Einzelfall anhand anderer Literaturstellen auf ihre Richtigkeit überprüft werden.

Satzarbeiten: Storch GmbH, W-8714 Wiesentheid, Bundesrepublik Deutschland
25/3130-5 4 3 2 1 0 – Gedruckt auf säurefreiem Papier

*Professor Dr. med. Uwe Henrik Peters,
Direktor der Universitäts-Nervenklinik Köln
und Präsident der DGPN,
zum 60. Geburtstag gewidmet*

Vorwort

Dieser Band ist Herrn Prof. Dr. Uwe Henrik Peters gewidmet, dem Direktor der Universitäts-Nervenklinik Köln und jetzigen Präsidenten der Deutschen Gesellschaft für Psychiatrie und Nervenheilkunde (DGPN). Die Beiträge in diesem Band sind größtenteils Referate, die auf einem Symposion anläßlich seines 60. Geburtstages vorgetragen wurden. Zwangsläufig mußten wir die Bereitschaft vieler seiner Freunde und Schüler, Beiträge für das Symposion und den Band zu leisten, einschränken, denn Zeit und Raum sind bekanntlich nicht unendlich.

Es war für uns schwierig und leicht zugleich, ein geeignetes Thema für das Ehrensymposion und diesen Ehrenband zu finden. Schwierig, weil Professor Peters während seiner langjährigen Tätigkeit in Forschung, Lehre und Klinik ein sehr breites Spektrum von Themen sowohl im Kernbereich der Psychiatrie als auch in den Randgebieten und interdisziplinären Bereichen besetzte. Leicht, weil die beiden Herausgeber als ehemalige enge Mitarbeiter von ihm genau wußten, welche große Priorität er der Rolle der Persönlichkeit für die Entstehung, den Verlauf und die Therapie von psychischen Störungen zuschreibt. Die Wahl der Themen, die in diesem Band zu finden sind, entspricht der Universalität, den breitgestreuten Interessen und der gleichwertigen Würdigung von Theorie und Praxis, die Prof. Uwe Henrik Peters kennzeichnet: Man wird in diesem Band sowohl klinisch relevante Beiträge und Themen aus der psychiatrischen Grundlagenforschung finden, wie auch philosophisch-psychologische und psychiatrisch-logotechnische Ansätze.

Das stärkste Motiv, warum wir beide – die Herausgeber dieses Buches – das Ehrensymposion und den Ehrenabend initiiert haben, ist, Uwe Henrik Peters ein „Dankeschön" zu sagen, vor allem weil er uns etwas gegeben hat, das sich später als etwas sehr Kostbares erwiesen hat, nämlich die Freiheit. Wir befürchten, daß wir damals als junge Mitarbeiter diese Freiheit nicht hoch genug geschätzt haben; man dachte, sie sei eine Selbstverständlichkeit an einer Universität. Später auf dem langen Weg nach Ithaka – „... und wünsche Dir, daß Dein Weg nach Ithaka unendlich lang sei, dann wirst Du reif und weise ...", wie ein alexandrinischer Dichter sagte – haben wir wie der alte Odysseus die Städte und die Mentalitäten vieler Menschen kennengelernt. Und dann haben wir entdeckt, daß diese Freiheit nicht immer eine Selbstverständlichkeit an einer Universität ist. Vor allem für diese kostbare Freiheit – aber auch für vieles andere – möchten wir Uwe Henrik Peters danken und im Namen seiner zahlreichen Freunde, Mitarbeiter und Schüler die herzlichsten Glückwünsche äußern.

Andreas Marneros, Bonn
Michael Philipp, Mainz

Inhaltsverzeichnis

Uwe Henrik Peters
H. Völkel 1

Zur Psychopathologie von Thomas Manns Doktor Faustus:
Pathographischer Versuch über Adrian Leverkühn
K. Heinrich und Ch. Walter 10

Einheit der Person und Ich-Spaltung:
Zur Systemtheorie der Subjektivität
H. M. Emrich 18

Der Mensch und sein Alter
E. Lungershausen 36

Zur Bedeutung und methodischen Problematik
der psychiatrischen Persönlichkeitsforschung:
Der Typus melancholicus und andere Konzepte
zur prämorbiden Persönlichkeit von Patienten mit affektiven Psychosen
H.-J. Möller 45

Krankheit und Persönlichkeit:
Psychotherapie-Indikationen bei Melancholie-Kranken
R. Tölle 66

Der „Typus manicus" – eine Variante der Zyklothymie?
D. von Zerssen 72

Prämorbide und postmorbide Persönlichkeitsmerkmale
bei Patienten mit idiopathischen Psychosen
A. Marneros, A. Deister und A. Rohde 87

Persönlichkeit als diagnostischer Marker und Prädiktor
von Antidepressiva-Response und Langzeitverlauf
bei depressiven Patienten
M. Philipp 102

Prämenstruelles Syndrom und Persönlichkeitsmerkmale
bei infertilen Frauen
A. Rohde, A. Marneros, J. Fischer und K. Diedrich 109

Migräne und Persönlichkeit
M. L. Schäfer 120

Zur Persönlichkeit sogenannter „neurotischer" Rentenbewerber
K. Foerster 129

Konzepte von Persönlichkeitsstörungen
H. Sass 138

Persönlichkeitsfaktoren als Risiko- und Krankheitsindikatoren
der unipolaren Depression
W. Maier, J. Minges, D. Lichtermann, J. Hallmayer und O. Fischer 148

Therapie bei Borderline-Persönlichkeitsstörungen
W. Machleidt 162

Sachverzeichnis 177

Mitarbeiterverzeichnis

Die Anschriften sind jeweils zu Beginn des Beitrages angegeben

Deister, A. 87
Diedrich, K. 109
Emrich, H. M. 18
Fischer, J. 109
Fischer, O. 148
Foerster, K. 129
Hallmayer, J. 148
Heinrich, K. 10
Lichtermann, D. 148
Lungershausen, E. 36
Machleidt, W. 162
Maier, W. 148

Marneros, A. 87, 109
Minges, J. 148
Möller, H.-J. 45
Philipp, M. 102
Rohde, A. 87, 109
Saß, H. 138
Schäfer, M. L. 120
Tölle, R. 66
Völkel, H. 1
von Zerssen, D. 72
Walter, Ch. 10

Uwe Henrik Peters

H. Völkel[1]

Als vor 60 Jahren in den frühen Morgenstunden des 21. Juni 1930 der kleine Uwe Henrik Peters das Licht der Welt erblickte, war das eigentlich keine Sensation für die Familie des hochangesehenen Landarztes Dr. Max Peters in dem malerischen Städtchen Preetz nahe Kiel, denn Uwe Henrik war das sechste Kind in der großen Geschwisterfolge, die ein paar Jahre später mit Nummer sieben, dem kleinen Bruder Jens, endgültig abschloß. Wer als sechstes von sieben Kindern aufwächst, durchläuft ganz selbstverständlich einen Grundkurs in sozialer Anpassung und Gruppenintegration, im Miteinandersein und Füreinandersein. Den kleinen Uwe müssen wir uns als lieben, braven und vor allem verträumten Jungen vorstellen, als introvertierten kleinen blonden Träumer. Und dann war noch etwas schon früh ausgeprägt: Er war sehr liebebedürftig! Rückblickend erinnert er sich gut, oft und gerne zu seinem rundlichen Kindermädchen Martha ins Bett gekrochen zu sein, um mit ihr ausgiebig zu schmusen. Ob und inwieweit hier Beziehungen vorliegen zu seinem späteren Interesse an der Psychoanalyse, ist schwer zu sagen. Dennoch: Spätere Entwicklungen zeichnen sich ja manchmal schon früh ab.

Da es in dem kleinen Städtchen Preetz keine Höhere Schule gab, besuchte er das Humanistische Gymnasium und nach dem Kriege das Max-Planck-Gymnasium in Kiel, wo er 1951 das Abitur bestand. Die Berufswahl erschien durch Familientradition vorgezeichnet. Uwe Henrik stammt aus einer alten Arzt- und Apothekerfamilie, die u.a. seit zehn Generationen eine königlich privilegierte Apotheke in Preetz betreibt, privilegiert durch den König von Dänemark. Vater und Großvater waren dort als angesehene Ärzte tätig; wer Preetz einmal besucht, kann dort einen „Dr. Peters-Gang" finden, der dem Andenken der verdienten Männer gewidmet ist. Vieles war somit − bewußt und unbewußt − in dem Jüngling Uwe schon vorprogrammiert, als es um die Berufswahl ging. Dennoch − so ganz sicher war sich der Abiturient damals nicht, denn neben der Medizin fesselten ihn Geschichte, Germanistik und nicht zuletzt die Musik. Außerdem hatte er immer große Freude an Fremdsprachen. Alle diese Neigungen und Begabungen sind später dann in seine berufliche Tätigkeit eingegangen.

Im Sommersemester 1951 nahm er in Kiel das Medizinstudium auf, verbrachte einige Semester in Freiburg, Heidelberg und Straßburg, und schloß

---

[1] Psychiatrische Universitätsklinik, Niemannsweg 145, W-2300 Kiel, Bundesrepublik Deutschland

mit 26 Jahren sein Studium in Kiel ab. Wenige Tage nach dem Staatsexamen promovierte er zum Doktor der Medizin.

Damals lag die Fachrichtung, die er einschlagen wollte, noch nicht endgültig fest. Die Kompaßnadel seines Herzens zeigte zunächst in Richtung der emotional eher kühlen rein naturwissenschaftlichen Medizin. So begann er seine wissenschaftliche Laufbahn im Physiologisch-chemischen Institut der Universität Kiel bei Prof. Hans Netter, einige biochemische Arbeiten wurden publiziert. 1959 kam er dann an die Nervenklinik der Christian-Albrechts-Universität, zunächst für zwei Jahre als Medizinal- und Volontärassistent, später stieg er auf zum wissenschaftlichen Assistenten und schließlich zum Oberarzt. Hinter diesen etwas nüchtern erscheinenden Daten verbirgt sich die Tatsache, daß er nach seiner Promotion noch vier Jahre lang nahezu unbezahlt gearbeitet hat. Das Gehalt eines Medizinalassistenten betrug damals etwa 100 Mark, das eines Volontärassistenten etwa 300 Mark. Medizinalassistenten hatten keinen Anspruch auf Urlaub. Der Volontärassistent konnte in seinem Urlaub heimlich einen niedergelassenen Arzt vertreten. Das war sehr begehrt und brachte 20 bis 25 DM pro Tag!

Uwe Henrik ging mit Feuereifer an die wissenschaftliche Arbeit und konnte schon bald die ersten Stufen der akademischen Leiter erklimmen. Ich kann mich noch gut erinnern, wie er mit dem ersten Referat, das er in der Medizinischen Gesellschaft zu halten hatte, zu mir kam und wir gemeinsam den Text durchgingen. Damals — es ist lange her — war ich ihm in manchem noch etwas überlegen und konnte ihm mit Rat und Tat zur Seite stehen. Aber damals ist mir auch schon klargewesen: „Dieser begabte junge Mann wird seinen Weg gehen."

Er unterschied sich in mehr als einer Hinsicht von den anderen Assistenten. Und er hatte auch schon damals einige Schrulligkeiten und kleine „Makken". Als junger Assistent lief er im Sommer und im Winter stets mit einem langen dicken Wollschal durch das Gelände, wie ein Heldentenor, der um seine Stimme bangt. Außerdem hatte er jahrelang die überwertige Idee, die Luftfeuchtigkeit sei von entscheidender Bedeutung für sein Wohlbefinden. Diese „Macke" nahm später bedenkliche Ausmaße an: in seiner Wohnung standen elektrische Apparaturen, die für eine optimale Luftfeuchtigkeit sorgen sollten. Mir ist bis heute nicht gelungen, aus psychoanalytischer Sicht hier eine plausible Interpretation zu finden. Was da wohl dahintergesteckt haben mag?

Entscheidende Jahre seiner beruflichen Entwicklung hat Uwe Henrik in einer Klinik verbracht, in der — wie damals üblich — noch ein familiärer Geist herrschte, den unsere jüngeren Kollegen kaum mehr kennen. Die Mehrzahl der Assistenten wohnte und lebte in der Klinik, man traf sich beim Frühstück, beim Mittagessen, beim Abendessen; Geburtstage wurden gemeinsam gefeiert, am Heiligen Abend gab es ein traditionelles Karpfenessen für den Diensttuenden und die Daheimgebliebenen. Man sprang füreinander ein, der diensttuende Arzt war nicht allein mit der Verantwortung für die ganze Klinik belastet, denn die Kolleginnen und Kollegen, die zu Hause waren, fühlten sich auch in der Freizeit für ihre Stationen verantwortlich. Am Rande möchte ich für die jüngeren Kollegen vermerken, daß es damals für den Dienst, auch den Sonntags- und Feiertagsdienst, nicht einen einzigen Pfennig Entschädigung gab.

Sechs Jahre nach Beginn der Facharztweiterbildung habilitierte er sich für Neurologie und Psychiatrie. Die Habilitationsschrift wurde 1967 als sein erstes Buch unter dem Titel „Das exogene paranoid-halluzinatorische Syndrom" veröffentlicht und gilt noch heute als Standardwerk auf diesem Gebiet. Es handelt von den Psychosen im Grenzraum zur Schizophrenie, die aber eben keine Schizophrenien sind und von den „richtigen" Psychosen des schizophrenen Formenkreises unterschieden werden können. Diese Thematik hat ihn, wie es bei Wissenschaftlern ja so häufig ist, ein Leben lang nicht verlassen, und er hat sie in weiten Bögen immer wieder umkreist. Eben jetzt ist er dabei, ein Schizophreniebuch zu schreiben, das diese unsere häufigste Psychose von der Sprache aus betrachtet und sehr präzise Hinweise dafür enthalten soll, wie man „richtige" Schizophrenien von allem unterscheiden kann, was nur so ähnlich ist. Er knüpft dabei an vieles an, was in früheren Einzelarbeiten schon dargelegt worden war. Ich bin sehr neugierig auf dieses Buch!

Die Habilitation, die als Monographie veröffentlicht wurde, und vermutlich noch einiges andere machten in Hochschulkreisen so viel Eindruck, daß er bereits 1969, vier Jahre nach der Habilitation, einen Ruf auf den Lehrstuhl für Neuropsychiatrie der Johannes-Gutenberg-Universität in Mainz erhielt und zum Direktor der Neuropsychiatrischen Universitätsklinik ernannt wurde. Zehn Jahre lang, in der turbulenten Zeit nach der Studentenrevolte von 1968, blieb er auf diesem Lehrstuhl, dann trat aber doch wieder eine Unruhe in sein Leben ein. Das Jahr 1978 sieht ihn primo loco auf drei Berufungslisten gleichzeitig, nämlich in Köln, Gießen und Homburg/Saar. Als letzte hatten die Kölner ihn auf ihre Liste gesetzt, waren aber in der Erteilung des Rufes die ersten. Er nahm den Ruf an und kam 1979 nach Köln.

Inzwischen war ein bedeutsamer und tiefgehender Strukturwandel in seiner Persönlichkeit eingetreten: aus dem Schleswig-Holsteiner war im Laufe von zehn Jahren allmählich ein Rheinländer geworden. Für einen Schleswig-Holsteiner kommt die Übersiedlung ins Rheinland ja fast einer Emigration gleich. Aus mir, dem Rheinländer, ist in bald vier Jahrzehnten ein begeisterter Schleswig-Holsteiner geworden. Und er, ein genuiner Schleswig-Holsteiner, ist hier in Köln so heimisch geworden, daß er auch sein ganzes weiteres Leben hier zu verbringen gedenkt. Offenbar entspricht diese rheinische Welt, die rheinische Wesensart, das Ambiente der Domstadt Köln einem tiefen apriorischen Bedürfnis seiner Seele, das ihn schon früh aus der zugleich geliebten, aber auch abgelehnten Enge der gemütlichen Kleinstadt Preetz hinaustrieb. Ich glaube, daß in ihm zwei gegensätzliche Tendenzen zur Synthese drängen, von denen die eine – die konservative Kühle des Nordens – mit Schleswig-Holstein verbunden ist und bleibt, die andere – Flexibilität, Urbanität, Weltoffenheit, Kontaktfreudigkeit – mit Köln und dem Rheinland. In seinem Sohn, einem geborenen Kölner, dürfte diese Integration einmal zur Vollendung kommen.

Ich darf noch einmal in die Kieler Zeit zurückblenden: Anfang der 60er Jahre erzählte er mir von seiner Absicht, ein „Wörterbuch der Psychiatrie und Medizinischen Psychologie" zu schreiben. Er verstand es, mich für seine Ideen zu begeistern, und so haben wir denn ja auch das allererste Stichwortverzeichnis gemeinsam zusammengestellt. Aber dann begann die akribische Kleinarbeit, das „Mäusemelken". Ich erinnere mich, wie beeindruckt ich war, als er mir eines Tages erzählte, jeden Morgen um vier Uhr aufzustehen und dann bis gegen halb acht jeweils ein Stichwort – oder auch zwei – für das Wörterbuch zu bearbeiten. Da warf ich das Handtuch! Allmorgendlich über Jahre um vier Uhr aufstehen (im Sommer und Winter) und dann kreativ arbeiten, nein, daraus konnte bei mir nichts werden. Und so hat er das Wörterbuch ganz allein zusammengestellt, eine wahrlich bewundernswerte Leistung. Herausgekommen ist dabei ein Opus nicht nur von hohem wissenschaftlichen Rang, sondern auch buchhändlerisch ein wirklicher Bestseller, ein „Renner", das beste Wörterbuch der Psychiatrie, auf dessen etwa 10 000 Stichwörter er sein immenses enzyklopädisches Wissen verteilt hat. Das Buch liegt in diesem Jahr in vierter Auflage vor und hat zusätzlich eine Reihe von Sonderausgaben erlebt. Obwohl man an einem solchen Werk in der Regel Dutzende von Wissenschaftlern beteiligt, hat „U-H-P" (die inoffizielle Kurzform seines Namens in der Klinik) tatsächlich jedes einzelne Wort selbst geschrieben.

Während die Psychiater des deutschsprachigen Raums ihn vor allem als Verfasser dieses Wörterbuches kennen, ist er den Literaturwissenschaftlern bekannt und vertraut als Verfasser eines bekannten Hölderlin-Buches, in welchem er Hölderlins „Sprach-Schizophrenie" überzeugend aus des Dichters eigenen Spracherzeugnissen und aus Beobachtungen von Zeitgenossen nachweist. Zugleich wird von ihm aufgezeigt, welche Bedeutung dieses Phänomen für Hölderlins Leben gehabt hat. Seither ist Uwe Hendrik Peters ein häufig geladener Gast literaturwissenschaftlicher Gesellschaften, z.B. der Goethe-Gesellschaft (mit einem Jubiläumsvortrag in Weimar über Goethe und Freud) und der Kleist-Gesellschaft (mit einem Vortrag über Kleist und die romantische Medizin).

Über diese Arbeiten, die ein breiteres Publikum gefunden haben, übersieht man leicht seine anderen Forschungsergebnisse. Ich möchte hier nur das nennen, worin es ihm gelungen ist, Neuland zu erschließen. In jungen Jahren beschrieb er als erster die psychotischen Folgen der Methyl-Phenidyl-Azetat-Sucht, die psychotischen Erscheinungen bei INH-Entziehung, die therapeutische Bedeutung von artifiziellen Psychosen durch Psychopharmaka, die psychischen Folgen der Methyprylon-Intoxikation sowie die verheerenden Wirkungen und die kriminologische Bedeutung der Kombination von Noludar und Alkohol. Er ist auch der Erstbeschreiber der Valiumsucht, und zwar in einer Arbeit aus dem Jahre 1970, die bereits diesen Titel trägt. Lange Zeit danach ist ja die Benzodiazepin-Abhängigkeit zu einer Art von Volksseuche geworden, aber neue klinische Gesichtspunkte über diese Arbeit hinaus haben sich nicht ergeben. Das Noludar wurde übrigens aufgrund der erwähnten Arbeiten unter die Betäubungsmittel eingereiht.

Seit 1966 hat er sich wissenschaftlich intensiv mit der Epilepsie beschäftigt. Er beschrieb einen zweiten epileptischen Persönlichkeitstyp, den er mit dem Begriff des „pseudopsychopathischen Affektsyndroms" verband. In der Folge wurde er zu einer Autorität auf dem Gebiet der psychischen Folgen und Auswirkungen der Epilepsie. Allerdings warten wir immer noch auf das versprochene Buch darüber. In einer Monographie erfolgte eine Erstbeschreibung des Pickwick-Syndroms und seiner forensisch-psychiatrischen Bedeutung, an die man sich erinnerte, als im Rheinland eine renommierte Bank zusammenbrach, dessen Bankier genau an diesem Syndrom litt. Erst dann kam die Beschreibung des „Typus migraenicus" und einer daraus abgeleiteten erfolgreichen Migränetherapie, die zu seinem großen Mißvergnügen jahrelang die Illustrierten beschäftigte und zu Tausenden von Zuschriften führte. In dieser Zeit war er zugleich der erste, der Epileptiker-Familien untersuchte sowie Familien von Depressiven, was zur Beschreibung der „Familia melancholica" führte. Erst relativ spät begab er sich dann in das eigentliche Zentralgebiet der Psychiatrie und beschäftigte sich mit *der* Geisteskrankheit schlechthin, der Schizophrenie. Hier beschrieb er aus der Sprache heraus ein spezifisch schizophrenes Phänomen, das er „Wortfeld-Störung" oder – allgemeiner – „Zeichenfeld-Störung" nannte. Es war das erste und bisher einzige Mal in der nachklassischen Psychiatrie, daß ein neues und noch dazu spezifisches Phänomen herausgearbeitet wurde. Ich glaube, daß dies doch eine wichtige Neuerung in der deutschen Nachkriegspsychiatrie darstellt.

Bei all dieser Tätigkeit fand er auch noch Zeit, sich intensiv als Herausgeber zu betätigen. Er ist seit dem Tode Weitbrechts einer der drei Herausgeber der „Fortschritte der Neurologie und Psychiatrie", lange Jahre zusammen mit den inzwischen verstorbenen Kölner Psychiatern und Neurologen Scheid und Wieck, heute mit Heinrich und Neuendörfer. Ferner ist er Mitherausgeber der neuen „Zeitschrift für Kunst und Therapie" (im Thieme-Verlag) und er gehört zum Beirat zahlreicher weiterer Zeitschriften. Eine ganze Reihe Bücher hat er herausgegeben, darunter einen Band „Psychiatrie" in der Enzyklopädie „Psychologie des 20. Jahrhunderts", der vor allem wohl Psychologen als Lehrbuch der Psychiatrie dient. Ferner ist er Herausgeber der siebenbändigen „Klinik und Praxis der Psychiatrie" im Thieme-Verlag, von der sich der 6. Band gegenwärtig im Druck befindet. Im Thieme-Verlag, im Kindler-Verlag, und im Lang-Verlag ist er Herausgeber von Monographienreihen.

Diese Aufzählung ist bei weitem nicht vollständig. Mir liegt es verständlicherweise besonders am Herzen, seine besondere Liebe für die Psychoanalyse und die großen Frauen und Männer dieser Wissenschaft hervorzuheben. In dem Buch „Übertragung und Gegenübertragung" hat er ein zentrales Phänomen der analytischen Therapie differenziert und einfühlsam behandelt. Er ist bei seinen Wanderungen durch die Problemlandschaft unseres Fachgebietes eben nicht nur auf den breiten Hauptstraßen der Psychiatrie geblieben, sondern auch, mit viel Liebe zum Detail, durch die Gäßchen und Nebenstraßen gebummelt, in denen Dichter und Musiker wohnen, vor allem aber auch die großen Psychoanalytiker und Psychiater, die in den dunklen Tagen des Nationalsozialismus Deutschland verlassen mußten. Er ist den Biographien dieser Frauen und Männer nachgegangen, hat in den Vereinigten Staaten mit vielen von ihnen bzw. deren Nachkommen, Freunden und Angehörigen eingehende Gespräche geführt und die oft so dramatischen Schicksale dieser Menschen in eigenen Arbeiten behandelt, aber auch in einer Anzahl von Dissertationen darstellen lassen, die von ihm betreut worden sind. Die Anna-Freud-Biographie wurde inzwischen in andere Sprachen übersetzt und hat mehrere Auflagen erlebt. Ich weiß, daß die zahlreichen Arbeiten über psychiatrische Emigration und die Folgen des Holocausts in einem umfangreichen Buch zusammengefaßt sind, das fix und fertig in seinem Schreibtisch liegt. Wir warten auf das Erscheinen des Buches.

Natürlich ist in den Kreisen der Psychoanalytiker, zu denen ich ja auch gehöre, immer wieder die Frage gestellt worden: Warum hat Uwe H. Peters sich nicht um eine reguläre psychoanalytische Ausbildung bemüht, mit allem Drum und Dran, mit Lehranalyse, Supervision und Abschlußkolloquium? Ich glaube, hier sind sehr verschiedene Aspekte zu bedenken. Hat er vielleicht – wie Rilke, als er die von Lou Andreas-Salomé vorgeschlagene Analyse bei Viktor von Gebsattel ablehnte – Sorge gehabt, daß neben der Eliminierung seiner Teufel auch seine Engel Schaden nehmen könnten? Oder hat er sich – wiederum mit Rilke – gesagt: „Die Psychoanalyse hilft ein- für allemal, sie räumt auf, und mich aufgeräumt zu finden eines Tages, ist vielleicht noch aussichtsloser als diese Unordnung?" Oder lag es einfach daran, daß es bestimmt ein Problem gewesen wäre, einen adäquaten Lehranalytiker ausfindig zu machen, eine Frau oder einen Mann, die einem Analysanden mit diesem Wissensfundus gewachsen gewesen wären? Wie dem auch sei: Uwe Henrik Peters gehört zu den analytischen Psychotherapeuten ohne Lehranalyse, und dabei befindet er sich in guter Gesellschaft! Moreno, der Begründer der Psychodramatherapie, soll einmal gesagt haben, es gebe drei große Psychotherapeuten ohne Lehranalyse: Jesus, Freud, und eben er, Jacob Moreno. Aus dieser Trinität ist nun inzwischen eine Quaternität geworden, denn U. H. Peters müssen wir hier gewiß einreihen.

Ich habe die umfangreichen wissenschaftlichen Leistungen unseres Jubilars nur sehr unvollständig umreißen können. Erwähnen muß ich aber noch das Büchlein über Irren-Witze, das eine Zeitlang viele deutsche Psychiater in ihrer Westentasche trugen, ferner die Arbeiten über nervenheilkundliche Probleme bei AIDS, die gegenwärtig in einem Buch zusammengestellt werden.

Schließlich müßte ich auch die zahllosen deutschen und ausländischen Gesellschaften und Gremien aufzählen, deren Mitglied er ist. Aber damit will ich hier nicht langweilen. Zu sagen wäre aber doch noch, daß er nebenher die Aufgaben eines „Adjunct Professor of German Literature" an der Cornell-University versieht sowie einen Lehrauftrag für Musiktherapie an der Sporthochschule Köln.

Wenn man sich die steile akademische Laufbahn des Uwe H. Peters vergegenwärtigt, dann liegt der Gedanke nahe, dahinter einen unbändigen Ehrgeiz zu vermuten, ein massives narzißtisches Macht- und Geltungsstreben. Nun, bei aller Zielstrebigkeit, bei allem gesunden Ehrgeiz, ohne den diese Laufbahn nicht denkbar wäre — die Schwerpunkte der Motivation und Psychodynamik liegen in ganz anderen Bereichen. In unserem Fach geht man immer auch ein wenig „in eigener Sache". Das ist gut so und notwendig, denn sonst fehlen elementare Voraussetzungen für das Einfühlungsvermögen in den seelisch kranken oder problematischen Mitmenschen. Man darf nicht „zu gesund" sein, um ein guter Psychiater und Psychotherapeut zu werden. Die entscheidende Dynamik erwächst aber wohl aus der Tatsache, daß bei ihm — etwas salopp formuliert — Beruf und Hobby weitgehend identisch sind. Von Kind an haben Bücher auf ihn eine große Faszination ausgeübt, und das ist bis heute so geblieben. Seine Freude an Büchern, verbunden mit einer hemmungslosen Kaufsucht (ohne Rücksicht darauf, ob er je Zeit finden wird, die gekauften Bücher zu lesen), nimmt schon die Dimension einer Bibliomanie an, die hinsichtlich der realen Lesemöglichkeiten zuweilen mit einem gewissen Realitätsverlust einhergeht.

Und Schreiben macht ihm einfach Spaß. Er muß einfach schreiben! Dann geht es ihm gut. Er hat mir einmal gesagt, daß für ihn Schreiben lebensnotwendig sei, sozusagen einen therapeutischen Effekt besitze, so wie wir es auch von Dichtern und Schriftstellern hören. Dabei ist er — das möchte ich nachdrücklich betonen — kein „Workaholic". Wir alle kennen ja jene Menschen, die im emotional-personalen Bereich insuffizient sind, immer wieder scheitern, und nun zwanghaft in den logisch-sachlichen Bereich fliehen, in die Arbeit, in die hektische Aktivität.

Uwe H. Peters ist eigentlich auch nie ganz heimisch geworden in der emotionalen Kühle der akademischen Welt mit ihren Eifersüchteleien, Rivalitätskonflikten und (manchmal auch) Intrigen. Für seine Freunde ist er letztlich immer der „lange Uwe" aus dem malerischen Städtchen Preetz geblieben, der herrlich blödeln kann, sich über einen guten Witz vor Lachen ausschüttelt und in seiner persönlichen Welt nichts, aber auch gar nichts mehr von der offiziellen akademischen Würde erkennen läßt. Und so ist auch ein Bild, das ihn in fröhlicher Karnevalsgesellschaft zeigt, keineswegs untypisch für ihn.

Dabei ist die Antinomie in seiner Persönlichkeitsstruktur unverkennbar: Im Haus seiner Seele — seit der Antike wird die menschliche Seele ja gern mit einem Haus verglichen — leben ein korrekter Buchhalter und ein munterer Bohèmien in enger Gemeinschaft zusammen — und damit sind Spannungen vorprogrammiert. Mit Conrad Ferdinand Meyer könnte er von sich sagen: „Ich bin kein ausgeklügelt Buch, ich bin ein Mensch in seinem Widerspruch." Vielleicht würde er sogar Martin Luther zustimmen, der von sich sagte: „Simul justus et peccator." Die Ambiguität gilt als Wesensmerkmal kreativer Persönlichkeiten. Sein Freund Paul Matussek hat das klar herausgearbeitet. Wer von Uwe H. Peters sagt, er sei extravertiert, den Freuden des Lebens zugewandt, ja manchmal ein rechter Epikuräer, der hat ebenso recht wie jemand, der von ihm sagt, er sei ein schwieriger, introvertierter, kontaktproblematischer Sonderling, für den eigentlich eine Gebrauchsanweisung mitgeliefert werden müßte. Die Conjunctio oppositorum, ein uraltes Reifungsideal des Menschen, ist da nicht immer leicht zu erreichen. Menschen, die ihm nahe stehen, wissen darum. Nun, am Fuße des Leuchtturmes ist es zuweilen etwas dunkel. Wir beide sind bei unserem verehrten Lehrer Gustav Störring schon früh vertraut gemacht worden mit seinem Konzept der „Besinnung" als der höchsten integrativen Funktion der Psyche. Störring hat hier eine Entwicklung vorweggenommen, die erst Jahrzehnte später die Psychoanalyse — speziell die Ich-Psychologie — sehr bewegt hat: die Reifung des Ichs zum integrierten Selbstkonzept als Voraussetzung für eine integrierte Objektbeziehung, also (in schlichten Worten) als Voraussetzung für die Fähigkeit zum Aufbau normaler zwischenmenschlicher Beziehungen mit ausreichender Ambivalenztoleranz.

Laudationes wie diese hier sind ja stets in Gefahr, ein allzu einseitiges, allzu rosiges Bild des Gefeierten zu malen, gleichsam ein Portrait auf Goldgrund. Und damit geraten sie in gefährliche Nähe der Todesanzeigen, nach denen — wenn man sie wirklich ernstnehmen würde — eigentlich nur noch Engel und Heilige diese Welt verlassen.

Viktor von Weizsäcker, einer der Väter der psychosomatischen Medizin, sprach einmal von der „erbärmlichen Problemlosigkeit der Normopathen". Nein, lieber Jubilar, zu den Normopathen gehörst Du wirklich nicht — Gott sei Lob und Dank dafür! Du bist schon prima vista auffällig, allein schon wegen Deiner Länge („1,92, barfuß und mit gewaschenen Füßen", wie Du immer zu sagen pflegst), auffällig und nicht leicht handhabbar. Nicht nur im buchstäblichen, sondern auch im übertragenen Sinne: auffällig, unhandlich und zuweilen anstößig. Du warst und bist kein stromlinienförmiger Anpaßling, wie er heute so oft gefordert, gefördert und auch befördert wird, und oft genug nach dem „Peter-Prinzip" bis zur Stufe der totalen Inkompetenz.

Als Vorgesetzter kann U-H-P gewiß recht streng und fordernd sein. Ich erinnere mich noch an die Zeit, als wir beide Oberärzte in Kiel waren (ich der wesentlich ältere) und daß damals mancher jüngere Kollege gestöhnt und geächzt hat über seine unbestechliche Kritik bei der Beurteilung eines diagnostischen Vorgehens, bei der Durchsicht eines Gutachtens, Arztbriefes oder gar einer wissenschaftlichen Arbeit. Wir alle wissen, wie wichtig in einer Klinik — zumindest in bestimmten Bereichen — ein unerbittlicher Perfektionismus ist, sowohl für die Wissenschaft wie auch für den klinischen Alltag. Kritik und sogar Anfeindungen haben Uwe H. Peters nie daran gehindert, ein einmal ins Auge gefaßtes Ziel systematisch weiterzuverfolgen. Er versteht sich durchzusetzen. Dabei hält er sich — bewußt oder unbewußt — wohl an den Ratschlag des großen Kabarettisten Werner Finck, der einmal sagte, daß Lachen die beste Art sei, dem Gegner die Zähne zu zeigen. In diesem Zusammenhang habe ich nun auch ein bißchen Sippenforschung in der Familie des Jubilars betrieben. Szondi, der ungarisch-schweizerische Psychoanalytiker, spricht im Hinblick auf Berufswahl und berufliche Aktivitäten von einem Operotropismus, in dem sich das familiäre Unbewußte manifestiere. Da mag ja etwas dran sein. Ich kenne eine Familie, in der gehäuft Jäger, Fleischermeister, Pathologen und Anatomen anzutreffen sind. Als ich diese

Aspekte im Hinblick auf die Vita unseres Jubilares überdachte, da fiel mir ein, daß unter seinen gar nicht so weit entfernten Verwandten ein berühmter Berufsboxer war, zeitweilig sogar Europameister im Halbschwergewicht. Seine Boxerlaufbahn ging dann jämmerlich zu Ende mit einer Dementia pugilistica. Aber vielleicht ist die boxerische Begabung ja in irgendeinem Winkelchen des Y-Chromosoms beheimatet und in die Erbgarnitur eingegangen, denn seine Fähigkeit, sich durchzuboxen, erscheint mir doch recht beachtlich.

Lieber Jubilar, für Dich beginnt jetzt eine Lebensphase, welche die Römer „Senectus" nannten; mit dem Eintritt in diesen Lebensabschnitt verbanden die Römer ein besonderes Maß an Reife und Weisheit, denn erst mit 60 konnte man Mitglied des Senats werden. Du bist aber wirklich kein Senex, kein Greis und diese Senectus im Sinne der Antike hat gar nichts zu tun mit unserer Altersvorstellung. Wie tröstlich ist doch da der Ausspruch von Hugo von Hofmannsthal: „Unser Alter ist sich verwandelnde Jugend."

Dieser 60. Geburtstag wird Deiner Aktivität und Kreativität gewiß keine Zäsur setzen. Geht man die lange Liste Deiner Publikationen durch (fast 300, darunter mehr als zwei Dutzend Bücher), dann ist zu erkennen, daß Deine Schaffenskraft im Laufe der letzten Jahre nicht abgenommen hat, sondern im Gegenteil bis in die jüngste Zeit hinein sich immer noch steigerte. Du kannst mit Freude und Genugtuung auf ein langes und erfolgreiches Berufsleben zurückblicken. Wir können Dir nur von ganzem Herzen wünschen, daß Dir noch viele, viele Jahre ungetrübter Schaffenskraft geschenkt sein mögen, damit Du die reiche wissenschaftliche Ernte Deines Lebens weiterhin einbringen kannst, damit Du Dich weiterhin mit fröhlichem Ernst und in ungebrochener Gesundheit Deiner Forschung und Deinem Werk widmen kannst.

Zur Psychopathologie von Thomas Manns Doktor Faustus: Pathographischer Versuch über Adrian Leverkühn

K. Heinrich und Ch. Walter[1]

Thomas Mann hat die Ursprungsidee des „Doktor Faustus" in seinem „Roman eines Romans" „Die Entstehung des Doktor Faustus" selbst formuliert: „Augenscheinlich handelt es sich um die diabolische und verwerfliche Enthemmung eines – noch jeder Bestimmung entbehrenden, aber offenbar schwierigen – Künstlertums durch Intoxikation." Einige Seiten weiter heißt es: „Vermutlich war es die Flucht aus den Schwierigkeiten der Kulturkrise in den Teufelspakt, der Durst eines stolzen und von Sterilität bedrohten Geistes nach Enthemmung um jeden Preis und die Parallelisierung verderblicher, in den Kollaps mündender Euphorie mit dem faschistischen Völkerrausch, was ihn am meisten beeindruckte." Die Notiz bezieht sich auf eine Unterredung mit Alfred Neumann 1943.

Der Roman handelt von düsteren Geschehnissen, von Krankheit, Mord und Tod. Dem Psychiater fällt es nicht schwer, seine geläufige Vokabel depressiv auf ihn anzuwenden. Selbst wenn sich Heiteres ereignet, wird im nahen Hintergrund die Grimasse des Schrecklichen sichtbar. Dem Autor ist dies sehr bewußt und er schreibt in Kapitel IV der „Entstehung des Doktor Faustus": „Zu welchem Zeitpunkt ich den Beschluß faßte, das Medium des Freundes zwischen mich und den Gegenstand zu schalten, also das Leben Adrian Leverkühns nicht selbst zu erzählen, sondern es erzählen zu lassen, folglich keinen Roman, sondern eine Biographie mit allen Charakteristiken einer solchen zu schreiben, geht aus den Aufzeichnungen von damals nicht hervor. Gewiß hatte die Erinnerung an die parodistische Autobiographie Felix Krulls dabei mitgewirkt und überdies war die Maßnahme bitter notwendig, um eine gewisse Durchheiterung des düsteren Stoffes zu erzielen und mir selbst, wie dem Leser, seine Schrecknisse erträglich zu machen." Die „humanistisch fromme und schlichte, liebend verschreckte Seele" des Serenus Zeitblom wirkt scheinbar unfreiwillig komisch, und Thomas Mann spricht denn auch von „einer komischen Idee, entlastend gewissermaßen..."

Thomas Mann ist seine allgegenwärtige Ironie immer wieder vorgeworfen worden, vor kurzem tat dies Peter Rühmkorf. Rühmkorf bezog sich zwar mit seinem Tadel der „puderschneefeinen und sämtliche Personen und Gegenstände einstäubende Ironie" auf den „Zauberberg", Parallelen zu der gelegentlich mitleidlosen Ironisierung Zeitbloms durch seinen Erfinder sind jedoch nicht zu übersehen.

---

[1] Rheinische Landesklinik, Psychiatrische Klinik der Heinrich-Heine-Universität, Bergische Landstraße 2, W-4000 Düsseldorf 12, Bundesrepublik Deutschland

Dem Erzähler Zeitblom verdanken wir nach dem Willen Thomas Manns eine Reihe brillanter psychopathologischer Schilderungen abnormer Persönlichkeiten, Entwicklungen und psychischer Erkrankungen. Die psychopathologischen Zustände und Syndrome sind der abnormen Wirklichkeit so angemessen, daß sie ausnahmslos als kasuistische Beispiele in einem entsprechenden Lehrbuch verwendet werden könnten. In dem Bericht über die Entstehung des „Doktor Faustus" findet sich kein Hinweis darauf, daß der Verfasser seine Romanfiguren aus psychiatrischen Lehrbüchern entnommen hat und nur mit Namen und Schicksalen ausgestattet hat. Offenbar ist es so gewesen, daß er seine eigene Menschenkenntnis befragte, und diese befähigte ihn, typologisch gültige abnorme und kranke Persönlichkeiten zu beschreiben. Der Vater Adrian Leverkühns, der Musikpädagoge Kretzschmar, der Sektenführer Beißel, die Hallensischen Theologiedozenten Kumpf und Schleppfuss, die Freunde Schildknapp und Schwerdtfeger, die Senatorin Rodde und ihre Töchter und zahlreiche andere Personen im Roman stellen Verkörperungen scharf umrissener psychopathologischer Typen dar. Es kann sich kaum um empirielose Erfindungen Thomas Manns gehandelt haben, dem scharfen Beobachter der eigenen Umgebung und allerdings wohl auch des eigenen Charakters werden die einschlägigen Erfahrungen in Fülle zur Verfügung gestanden haben.

Die Hauptfigur des Romans, der deutsche Tonsetzer Adrian Leverkühn, nimmt nach Beendigung seiner Schulzeit ein Theologiestudium auf, wendet sich dann aber der Musik zu. Dabei muß er feststellen, daß der Glaube an die hergebrachten Kunstformen nicht mehr existiert und allenfalls ihre Parodie noch möglich erscheint, weil alles schon dagewesen ist und dem Künstler folglich nur ein Nachmachen aus eigenem Unvermögen heraus übrigbleibt. Parodie jedoch bedeutet Erstarrung und letztlich Sterilität, was bei Leverkühn durch den seiner Kunst als Ordnungsfaktor zugrunde gelegten „strengen Satz" zu Tage tritt, ein Kompositionsprinzip, in dem es keine freie Note mehr gibt und in dem jede Emotion formalistisch und gesetzmäßig abgekühlt ist, Leverkühn ahnt instinktiv, daß kühle Intellektualität allein nicht zum künstlerischen Durchbruch führt und sucht daher aus Hochmut und Verzweiflung den Ausweg für sein von Überreflektion und Verstandeskontrolle bedrohtes Künstlertum in der Enthemmung durch die bewußte Infizierung mit Lues. Da die Kunst im Sinne der Krankheitsphilosophie Thomas Manns eine gerade auch in der Krankheit erfahrbare Lebensform ist, bietet es sich für Leverkühn an, die Krankheit künstlich hervorzurufen, um der Inspiration habhaft zu werden. Der dem Komponisten zunächst in jähem Wechsel Perioden genialen Aufschwungs und erlahmender Schaffenskraft einbringenden Infektion und Illumination rühmt sich später in einem imaginären Dialog der Satan. Leverkühn erlebt die Inspiration als etwas Metaphysisches. Er zieht sich in ein bayerisches Dorf zurück und verfällt nach Jahren der Produktivität und schwerer menschlicher Enttäuschungen schließlich in geistige Umnachtung, nachdem er in einer Abschiedsansprache vor seinen Freunden rückhaltlos mit seinem Leben abgerechnet hat.

Zu den ersten Dingen, die der Leser von dem Chronisten Zeitblom über Leverkühn erfährt, zählt die Beschreibung von dessen Kälte, seiner Gleichgültigkeit anderen gegenüber und seiner Einsamkeit. Seine Kompositionen, besonders die späteren, zeigen ihren Schöpfer als hochsensible Persönlichkeit. Die Mischung aus schroffer Kühle und Überempfindlichkeit entspricht in der Polarität zwischen Anästhesie und Hyperästhesie Ernst Kretschmers Definition der schizoiden Persönlichkeit bzw. Jaspers' Beschreibung des schizophren anmutenden Charakters. Letzterer ist typischerweise verschlossen, wenig anpassungsfähig, einsam, empfindlich, egozentrisch und schüchtern.

Leverkühn engt seine Interessen und sein Gefühlsleben auf autistische Zonen ein, was einerseits zu unüberwindlichen Schwierigkeiten im Aufbau zwischenmenschlicher Beziehungen und andererseits zur Selbstüberschätzung führt. Diese offenbart sich in seinem Hochmut, der ihn aber gleichzeitig in Gewissensbisse stürzt. Er spiegelt sich nach der Schilderung Zeitbloms bereits im mokanten, anmaßenden Auflachen des frühreifen Kindes wider. Leverkühns elitäres Naturell zeigt sich nicht nur in seinem Bedürfnis nach sozialer Distanziertheit, sondern auch in seinem Bestreben, betont anders und besser sein zu wollen als die übrigen, was ihn schließlich den Teufelspakt eingehen läßt. Leverkühns narzißtische Wesenszüge sind deutlich. Nach der psychiatrischen Formel handelt es sich um eine schizoide Psychopathie, der Psychoanalytiker wird das Persistieren des primären Narzißmus annehmen.

Die Kunst Leverkühns ist die des hochbegabten Schizoiden, der eine Vorliebe für das Abstrakte, Metaphysische, Begrifflich-Systematische hegt. Logik und Berechnung kennzeichnen sein kompositorisches Vorgehen, nicht Spontaneität und Emotionalität.

Die autistische Grundhaltung des Protagonisten äußert sich auch in seinem frühen und entschlossenen Rückzug in die Gelehrten- bzw. Abtstube auf dem Hof der Schweigestills in Oberbayern, der nach Anlage und Bewohnern bis ins Detail Leverkühns elterlichem Besitz ähnelt. Unter tiefenpsychologischen Aspekten erhält der Rückzug Leverkühns in den Haushalt einer seiner leiblichen Mutter äußerlich wie charakterlich stark ähnelnden Frau, die das Urmütterliche schlechthin zu verkörpern scheint, auch die Dimension der Regression auf einen früheren, kindlichen Zustand im Sinne des sekundären Narzißmus. Freud bezeichnete jede Regression als eine Rückkehr zum Anorganischen, als ein Absterben. Der Rückgriff auf das Leblose ist mit dem Todestrieb assoziiert, der im Falle Leverkühns als autodestruktiver Faktor eine große Rolle bei der bewußten Infektion mit Lues und bei dem Ausweichen vor einem ernsthaften Therapieversuch spielt. Nach Freud erbringt die Befriedigung des Todestriebs einen hohen narzißtischen Genuß, indem sie dem Ich die Erfüllung seiner alten Allmachtswünsche ermöglicht. Die „Sympathie mit dem Tode", die Thomas Mann auch im „Zauberberg" thematisiert, und das Schicksal Deutschlands im Dritten Reich sind Kernthemen des „Doktor Faustus". Sie und die Dekadenz des deutschen Spätbürgertums spiegeln sich in Leverkühns ichbezogener, zur

Isolation drängenden, schizoiden und narzißtischen Persönlichkeit und in seinem Willen zum bewußten Untergang in der progressiven Paralyse wider.

Leverkühns soziale Kontakte bestehen in der für den Schizoiden kennzeichnenden Weise in ausgewählten Einzelfreundschaften wie z.B. zu seinem Chronisten Zeitblom. Der Geiger Rudolf Schwerdtfeger, ein passionierter Verführer, umwirbt Leverkühn so lange, bis dieser nachgibt und eine homoerotische Beziehung zu ihm aufnimmt. Als Leverkühn seiner überdrüssig wird, verstrickt er ihn in ein Eifersuchtsdrama, das für Schwerdtfeger tödlich endet. Zeitblom nennt Leverkühns Handlungsweise eine eiskalte Hinrichtung.

Auf Frauen besitzt Leverkühn nur als asexuelles Wesen eine Wirkung, da er entsprechend seinem schizoiden Temperament recht affektlahm und affektsteif ist. Der typische schizothyme Kontrast zwischen äußerer psychomotorischer Verhaltenheit und intensiver Intellektualität sowie die im Sinne Ernst Kretschmers gedämpfte und schwache diathetische Temperamentsskala zwischen heiter und traurig machen Leverkühn für Frauen erotisch unattraktiv. Er selbst nimmt nur ein einziges Mal sexuellen Kontakt auf zu einer Frau, einer lueskranken Prostituierten, die ihn erstmals durch eine flüchtige Berührung ihres Armes erotisch erregt. Ein Jahr nach dieser Ausnahmeepisode sucht er die Frau erneut auf, um sich entsprechend seinem latenten Autodestruktionstrieb und dem Wunsch nach künstlerischer Inspiration durch den pathoiden Reiz der Krankheit bewußt zu infizieren. Leverkühn erträgt danach nur mütterlich-fürsorgliche, vorwiegend „dienend-volkstümliche" (Thomas Mann) Frauen in seiner Nähe.

Nach Ernst Kretschmer besteht bei schizoiden Psychopathen keine Übereinstimmung von Sexualität und seelischem Liebesbedürfnis, Opposition von Ich und Sexualtrieb wird als etwas Feindliches betrachtet. Jaspers sieht in dieser Veranlagung der eigentümlich kalten, asexuellen Persönlichkeiten deutliche psychopathische Wesenszüge. Leverkühns komplexe Persönlichkeit ist andererseits viel zu sehr in sich gebrochen, als daß sie eindimensional erfaßbar wäre. Im Laufe seines Lebens wird doch auch ein Bedürfnis nach wärmender Liebe erkennbar, das sich z.B. in der anrührenden Episode mit dem Kind Nepomuk äußert. Ein Mann, Rudolf Schwerdtfeger, läßt ihn als erster Menschlichkeit und Wärme spüren. Thomas Manns eigene Lebenserfahrungen sind in dieser Beziehung unschwer wiederzufinden. Für eine kurze Zeit ist auch eine Frau, Marie Godeau, in der Lage, in Leverkühn das Verlangen nach Ehe und Familiengründung wachzurufen, die Erfolglosigkeit dieser Bemühungen erscheint angesichts seiner Charakterstruktur vorhersehbar. Letztlich mißlingt Leverkühn jeder Versuch zu einer dauerhaften Beziehung zu anderen Menschen wegen seiner hochmütigen autistischen Introversion und seiner Unerfahrenheit in menschlichen Belangen.

Die schizoide Persönlichkeitsanomalie Leverkühns ist die strukturelle Voraussetzung für die Katastrophe der Luesinfektion, die ihrerseits Aufschwung und Absturz verursacht. Zunächst werden durch den pathoiden Reiz der Krankheit (Weygandt 1925) kreative Potenzen in Leverkühn freigesetzt. Die für sein individuelles Dasein lebensschädliche, „bionegative"

(Lange-Eichbaum 1967) Krankheit ist zugleich die dynamische Essenz seines Künstlertums. Sie ist eines der Leitmotive des Romans und führt zu einem der Höhepunkte in der Erzählung, wenn es zur Begegnung des Komponisten mit dem Teufel kommt. Thomas Mann läßt seine Hauptfigur das Ereignis in einem altertümlichen Kunstdeutsch schildern. Im Halblicht sieht Leverkühn einen Mann, „eher spillerig von Figur, eine Sportmütze übers Ohr gezogen, und auf der anderen Seite steht darunter rötlich Haar von der Schläfe hinauf; diese unangenehme Erscheinung mit rötlichen Wimpern an geröteten Augen, käsigem Gesicht, schief abgebogener Nasenspitze in Zuhälteraufmachung" spricht mit ihm. Sie ändert noch zweimal während des langen Gesprächs ihre Erscheinung. Leverkühn befindet sich allein im Raum, er bemerkt eine abnorme Kälte, und auf die Aufforderung des Besuchers holt er sich Mantel und Plaid. Nach dem Verschwinden des Teufels findet sich Leverkühn wieder ohne die wärmenden Utensilien am Tisch, und mit ihm spricht der nach Hause zurückgekehrte Freund Schildknapp.

Thomas Mann schildert in diesem XXV. Kapitel optische und akustische Halluzinationen des paralysekranken Leverkühn, deren Inhalte auf das engste mit seiner Lebenssituation zusammenhängen. Zu Beginn des delirant-halluzinatorischen Syndroms äußert Leverkühn selbst die Auffassung, daß eine Krankheit bei ihm im Ausbruch sei. Der teuflische Besucher widerspricht dem und erklärt ihn für gesund. Später sagt er: „Wir schaffen nichts Neues — das ist anderer Leute Sache. Wir entbinden nur und setzen frei. Wir lassen die Lahm- und Schüchternheit, die keuschen Skrupel und Zweifel zum Teufel gehen. Wir pulvern auf und räumen, bloß durch ein bißchen Reiz-Hyperthermie, die Müdigkeit hinweg, — die kleine und die große, die private und die der Zeit." Und einige Seiten weiter: „Und ich wills meinen, daß schöpferische, geniespendende Krankheit, Krankheit, die hoch zu Roß die Hindernisse nimmt, in kühnem Rausch von Fels zu Felsen sprengt, tausendmal dem Leben lieber ist als die zu Fuße latschende Gesundheit."

In diesen Worten Sammaels, des Teufels, spiegelt sich die Auffassung Thomas Manns von der Wirksamkeit des „pathoiden Reizes". Sie berührt sich mit der Hypothese von der pathogenetischen Grundformel (Heinrich 1963, 1965), die auf den Krankheitsbegriff von J. H. Jackson (1927) zurückgeht. Danach machen Funktionsstörungen des Zentralnervensystems, die psychotischen und neurologischen Symptomenkomplexen zugrunde liegen, zumindest teilweise die Auswirkungen des phylogenetischen Evolutionsprozesses von einfacheren, starreren und automatisierteren Leistungen zu komplizierten, variableren und willkürlichen funktionellen Gefügen zunichte. Der abbaubedingte Verlust dieser hochentwickelten Leistungsmöglichkeiten, die gegen Störungen besonders empfindlich sind, hat das Manifestwerden der älteren zentralnervösen Funktions-„schichten" zur Folge.

Diese Anschauungen über die hierarchische Gliederung der zentralnervösen bzw. zerebralen Aktivität wurden von H. Ey (1952) weiterentwickelt zu einer organo-dynamischen Theorie der abnormen bzw. krankhaften psychischen Zustände. Danach sind diese Ausdruck von Abbauvorgängen bzw. Regressionen des zerebralen Funktionssystems auf ein niedrigeres Niveau.

Durch den Abbau stammesgeschichtlich jüngerer, höherentwickelter Hirnleistungsvermögen werden auch nach Ey vorher überdeckte phylogenetisch ältere, primitivere Organisationsformen aus der Latenz der archaischen Funktionsreserve (R. Bilz 1940) freigesetzt. K. Conrad (1958) beschrieb diesen Sachverhalt als Wandel der epikritischen Leistungen des Gesunden zur protopathischen Leistung des psychisch Kranken.

Leverkühn sieht sich in seinem halluzinatorischen Zustand, in dem sich ihm die Gegenwart des Teufels zur wahnhaften Gewißheit verdichtet, der Macht der widerwärtigen Erscheinung ausgeliefert. Er wird zum Objekt einer ihn überwältigenden feindlichen Einwirkung und befindet sich so in einer enkletischen Umweltkommunikation (Heinrich 1963, 1965), die durch das Betroffensein im Mittelpunkt einer feindgetönten, gleichsam einkreisenden Umwelt gekennzeichnet ist. Es wurde an anderer Stelle ausführlich dargelegt, daß sich die enkletische Umweltkommunikation bei wildlebenden Tieren, bei Primitiven und bei paranoiden Kranken in strukturell vergleichbarer Weise findet.

Die luetische Enzephalitis Leverkühns hat zu einer funktionellen Regression mit dem Ergebnis der Freisetzung stammesgeschichtlich alter, auf vormenschlicher Erlebensstufe normaler Umweltkommunikation geführt. Die Sätze des Teufels, „wir entbinden nur und setzen frei" entsprechen wörtlich der organo-dynamischen Theorie von H. Ey. Bogerts u. Wurthmann haben 1987 auf der Basis von computertomographischen Befunden die Hypothese zur Diskussion gestellt, daß eine Funktionsminderung der limbischen und paralimbischen Strukturen des Temporallappens über eine verminderte Hemmung des Hypothalamus zu einer unkontrollierten Freisetzung phylogenetisch alter, obsolet gewordener Verhaltensweisen führt. Dies entspreche der zentralen Aussage der pathogenetischen Grundformel (Heinrich 1963, 1965) von der zentralnervösen funktionellen Regression bei zerebralen Erkrankungen.

Peters (1967) hat von der „Welthaftigkeit" des Wahns bei exogenen paranoid-halluzinatorischen Syndromen gesprochen. Er beschreibt die Leibhaftigkeit und Sinnenhaftigkeit der Phoneme, die realen Wahrnehmungen phänomenologisch sehr viel näherstehen als die gewöhnlich „leiblosen", abstrakt-gedanklichen Phänomene Schizophrener. Die von Schizophrenen aufgebrachte Bezeichnung der „Stimmen" sei bereits selbst wieder etwas so typisch Schizophrenes, daß sie von den Kranken mit exogenem paranoid-halluzinatorischem Syndrom gewöhnlich nicht verstanden werde. In diesen Syndromen werde mit Zuhörerschaft der Kranken gerechnet, immer handele es sich um Dinge, die ihre Person betreffen.

Die Beschreibung von Peters entspricht dem psychotischen Widerfahrnis Adrian Leverkühns bei der Teufelserscheinung. Es ist seine Welt, die sich in den psychotischen Halluzinationen spiegelt.

Im Falle der „inspirierenden" Krankheit Leverkühns ist die Organwahl von Interesse. Er erkrankte an einer Geschlechtskrankheit, die sich im fortgeschrittenen Stadium im Gehirn und damit im Geistigen manifestiert. Seine schwache Stelle ist nach Thomas Mann „Das Edle, Obere". Durch die Kombination von Geschlechts- und Geisteskrankheit verdeutlicht Thomas Mann den Zwiespalt Leverkühns zwischen Trieb und Intellekt, der nur durch − die ihm fehlende − Liebesfähigkeit zu überbrücken wäre.

Nach dem Tod des geliebten Neffen Nepomuk an einer Enzephalo-Meningitis tritt die körperlich begründbare Psychose Leverkühns akut zutage und geht nach einem „paralytischen Choc" (Thomas Mann) mit nachfolgender mehrstündiger Bewußtlosigkeit in einen 10jährigen chronischen Defektzustand über, in dem der Kranke schwere dementive Wesensveränderungen zeigt und schließlich in völliger geistiger Umnachtung stirbt. Die akute psychotische Exazerbation ist Ausdruck einer thymogenen Dekompensation (Heinrich 1963, 1984). Charakteristischerweise sind es „negative" affektive Reaktionen, die zur deletären Psychosemanifestation führen. Nach eigenen früheren Untersuchungen an Patienten mit körperlich begründbaren paranoiden Psychosen sind es krisenhafte Gefährdungen, die das bisherige Leben des Kranken auf das schwerste in Mitleidenschaft ziehen und zu einer abrupten Veränderung der Weltbeziehung führen, die eine thymogene Dekompensation herbeiführen. Die spezifische Färbung der psychoseauslösenden Affekte steht im Widerspruch zu dem globalen Ansatz (Katschnig 1980) in der „Life-event"-Forschung, nach dem alle Erlebnisstimuli gleichgesetzt werden. Der Verlust eines nahestehenden Menschen, wie Leverkühn ihn bei dem Tod des kleinen Nepomuk erleben mußte, ist eine charakteristische Ursache der thymogenen Dekompensation.

Bis zu diesem Zusammenbruch bewirkte die Neurolues hinsichtlich Leverkühns künstlerischer Entwicklung eine Bewegung des dynamischen Grundes im Sinne Janzariks (1959), da sie den für seine Genialität und Produktivität notwendigen Überschuß an Dynamik verfügbar machte. Durch die vorwiegend dynamische Orientierung der künstlerischen Lebensform kommt es zu einer gesteigerten Kohärenz zwischen Welt und Innenleben, d.h. zur vermehrten Aktualisierung struktureller Bestände durch die Anmutungen und − wenn man Janzarik weiter folgt − zu einer Verstärkung des impressiven Wahrnehmens im Sinne der unmittelbaren Fesselung durch Eindrücke und Ideen.

In seiner Abschiedsrede vor Freunden und Bekannten auf dem oberbayerischen Hof 17 Jahre nach der Teufelserscheinung legt Adrian Leverkühn ein Bekenntnis seiner Schuld ab. Er bezichtigt sich der Liebesunfähigkeit, der Unzucht und des doppelten Mordes an seinem ehemaligen Freund und an seinem Neffen Nepomuk. Die enzephalitisch bedingte Enthemmung von Schuldgefühlen und die wahnhafte Fixierung an das Bündnis mit dem leibhaftigen Teufel lassen sich sicher auch in psychopathologischen Kategorien ausdrücken, darauf scheint es Thomas Mann angesichts der manifesten Katastrophe aber nicht mehr anzukommen. Kategorien von Schuld und Sühne dominieren, die Krankheit gibt nur noch den Rahmen ab, in dem sich das moralische Drama vollzieht. Die Abschiedsrede Leverkühns ist als Summe des Romans zu bezeichnen, und es zeigt sich dabei, daß Thomas Mann nicht so sehr die minuziöse psychopathologische Schilderung beabsichtigt, sondern die Geschichte einer Epoche und der sie Bestimmenden schreiben wollte. Zwar folgt der Leser gespannt dem biographischen Bericht Zeitbloms über den Ablauf der Ereignisse und die Erlebnisse der Handelnden, alle diese Lebensläufe bereiten jedoch letztlich auf das Gericht am Ende vor. Der Psychiater nimmt bewundernd die Exaktheit der psychopathologischen Zeichnungen zur Kenntnis, aber auch sie sind nur Mittel zum eschatologischen Zweck. Der krankhafte Kreativitätsaufschwung Leverkühns ist Sinnbild der mörderischen Selbstvergessenheit Deutschlands im Nationalsozialismus. Leverkühns Untergang ist nicht nur die Tragödie eines deutschen Tonsetzers, er ist Symbol einer deutschen Katastrophe.

Literatur

Bilz R (1940) Pars pro toto. Ein Beitrag zur Pathologie menschlicher Affekte und Organfunktionen. Thieme, Leipzig
Bogerts B, Wurthmann C (1987) Welche Hirnfunktionen sind bei Schizophrenen gestört? Versuch einer biologischen Validierung der pathogenetischen Grundformel Heinrichs. In: Kretschmar C (Hrsg) Fragen zur Schizophrenie. Organon, Oberschleißheim
Conrad K (1958) Die beginnende Schizophrenie. Thieme, Stuttgart
Ey H (1952) Grundlagen einer organodynamischen Auffassung der Psychiatrie. Fortschr Neurol Psychiat 20:195–209
Heinrich K (1963) Körperlich begründbare paranoide Psychosen. Manifestationsweisen und Probleme phylogenetischer Struktureigentümlichkeiten. Habilitationsschrift, Mainz 1963
Heinrich K (1965) Zur Bedeutung der Stammesgeschichte des menschlichen Erlebens und Verhaltens für Neurologie und Psychopathologie. HOMO 16:65–77
Heinrich K (1984) Formen regressiver Dekompensation bei körperlich begründbaren paranoiden Psychosen. In: Heinrich K (Hrsg) Psychopathologie der Regression. Schattauer, Stuttgart
Jackson JH (1927) Die Croon-Vorlesungen über Aufbau und Abbau des Nervensystems. Berlin 1927
Janzarik W (1959) Dynamische Grundkonstellationen in endogenen Psychosen. Springer, Berlin Göttingen Heidelberg
Jaspers K (1948) Allgemeine Psychopathologie, 5. Aufl. Springer, Berlin Heidelberg
Katschnig H (1980) Lebensverändernde Ereignisse als Ursache psychischer Krankheiten – Eine Kritik des globalen Ansatzes in der Life-Event-Forschung. In: Katschnig H (Hrsg) Sozialer Stress und psychische Erkrankung. Urban & Schwarzenberg, München
Kretschmer E (Hrsg) (1975) Medizinische Psychologie, 14. Aufl. Thieme, Stuttgart
Kretschmer E (1977) Körperbau und Charakter, 26. Aufl. Springer, Berlin Heidelberg New York
Lange-Eichbaum W, Kurth W (1967) Genie, Irrsinn und Ruhm. Genie-Mythus und Pathographie des Genies, 6. Aufl. Reinhardt, München
Lange-Eichbaum W, Kurth W (1986) Genie, Irrsinn und Ruhm, 7. Aufl. (neu bearbeitet von Ritter W, Bd I. Reinhardt, München
Mann T (1974) Doktor Faustus. Das Leben des deutschen Tonsetzers Adrian Leverkühn erzählt von einem Freund. In: Thomas Mann: Gesammelte Werke in dreizehn Bänden, 2. Aufl., Bd VI, S. Fischer, Frankfurt/M.
Mann T (1974) Die Entstehung des Doktor Faustus. Roman eines Romans. In: Thomas Mann: Gesammelte Werke in dreizehn Bänden, 2. Aufl., Bd XI: Reden und Aufsätze, S. Fischer, Frankfurt/M, S 147–293
Peters UH (1967) Das exogene paranoid-halluzinatorische Syndrom. Karger, Basel
Rühmkorf P (1989) Dreizehn deutsche Dichter. Rowohlt, Reinbek bei Hamburg
Weygandt W (1925) Zur Frage der pathologischen Kunst. Z Ges Neurol Psychiat 94:421–429

Einheit der Person und Ich-Spaltung: Zur Systemtheorie der Subjektivität

H. M. Emrich[1]

Einleitung

Am Anfang des Psychiatrie-Interesses steht die Neugier, die Neugier zu erfahren, wer wir selbst sind; denn die Deutung dessen, was es heißt, ich selbst zu sein, erfahre ich von anderen. Hier sind Normalität und Pathologie zugleich gefordert. Nur wenigen, Genies wie beispielsweise Dostojewski, war es vorbehalten, so tief in sich selbst hineinzusehen, daß es der Pathologie nicht bedurfte, um tiefere Einsichten in das eigene Selbst zu gewinnen. Doch auch bei Dostojewski war Voraussetzung wohl das Erleben außerordentlicher Momente, solcher der Pathologie in den Auren epileptischer Anfälle.

Die Neugier im Hinblick auf die Welt der Objekte führt zur Erforschung von Naturgegenständen, führt zu naturwissenschaftlicher Erkenntnis. Und der Mensch, insofern er Natur im Sinne von Objektwelt darstellt, ist ein solches Objekt der Naturwissenschaft, und diese hat hierin ihren Wert – auch in der Psychiatrie. Psychiatrische Forschung aber erschöpft sich hierin nicht. Zumindest vorerst, denn die Tendenz der Naturwissenschaften, im Hinblick auf Biologie, besteht darin, worauf Robert Spaemann (pers. Mitteilung) hinwies, den eigenen Forschungsgegenstand in Physik aufzulösen. Biologie, insofern sie biophysikalische Chemie ist, hört somit auf Biologie zu sein. Und wenn Kant sagt, jede Wissenschaft ist exakt, insofern sie mathematisierbar ist, so ist damit auch das Projekt der kognitiven Wissenschaft, der analytischen Philosophie des Geistes, vorherbestimmt, nämlich die Auflösung des Mentalen als eigenständigem Gegenstand. Aber hiervon sind wir noch weit entfernt, und insofern nähern wir uns dem Thema des Subjektiven mit besonderen Erwartungen. Worin bestehen diese?

Karl Jaspers unterschied in diesem Sinne in seiner „Allgemeinen Psychopathologie" (1913) vom „einfühlenden Verstehen" das „kausale Erklären". Die psychiatrische Anthropologie hat nun die herausragende Eigenschaft, sich genau an der Schnittstelle zwischen diesen beiden Erkenntnisweisen zu bewegen und somit szientistische und hermeneutische Momente miteinander zu verbinden.

---

[1] Max-Planck-Institut für Psychiatrie, Kraepelinstraße 10, W-8000 München 40, Bundesrepublik Deutschland

Das Interesse an der Psychiatrie ist somit in erster Linie vom Selbstinteresse gespeist. Fragen der Selbstinterpretation des Mentalen sind drängend geworden in einer Gegenwart, in der die Wissenschaft beansprucht, alle Barrieren, die Begriffe wie Geist, Subjektivität, bisher bedeutet haben, zu durchbrechen. Es geht dabei um ein kausales Verständnis des Mentalen selbst.

Das „innere Gericht"

> „Adam: – Mir träumt', es hätt ein Kläger mich ergriffen,
> Und schleppte vor den Richtstuhl mich; und ich,
> Ich säße gleichwohl auf dem Richtstuhl dort,
> Und schält' und hunzt' und schlingelte mich herunter,
> Und judiziert den Hals ins Eisen mir.
> Licht: Wie? Ihr, Euch selbst?
> Adam: Sowahr ich ehrlich bin.
> Drauf wurden beide wir zu eins, und flohen,
> Und mußten in den Fichten übernachten."
> H. v. Kleist, Der zerbrochne Krug

Ein Mensch, der sich selbst – und zwar bei sich selbst – verklagt, das kommt uns irgendwie bekannt vor: das „innere Gericht", von dem hier die Rede ist, ist in gewissem Sinne eine Alltagssituation, die wir ständig erleben. Aber wer sind die verschiedenen Parteien solcher inneren Prozesse? Es gibt ein Gericht, es gibt einen Ankläger, und es gibt einen Angeklagten; aber Gericht, Angeklagter und Ankläger sind in merkwürdiger Weise ein und dieselbe Person, bzw. verschiedene Aspekte ein und derselben Person (des Träumers), und damit sind wir bereits mitten im Thema.

Hierzu eine Anekdote: Ein Arzt wird nachts zwischen 2 und 3 Uhr unvermutet telefonisch durch den Anruf eines Patienten geweckt, in dem dieser mitteilt, sein Freund habe 100 Melleril geschluckt, was nun zu tun sei. Der Arzt antwortet im Halbschlaf, der Freund solle das Mittel ausschlafen, in der Meinung, daß 100 mg des niedrigpotenten Neuroleptikums Melleril keine gefährliche Dosis seien. Während der Arzt wieder einschläft, steigt in ihm der Gedanke auf, es sei eigentlich merkwürdig, daß der Patient ihn nachts wegen einer 100-mg-Tablette aufweckte, und es formiert sich in ihm der weitergehende Gedanke, es könne sein, daß der Patient 100 Tabletten Melleril gemeint habe, was eine tödliche Dosis wäre. Dieser Gedanke führt zu einer „Weckreaktion", der Arzt schreckt aus dem Schlaf auf, ruft den Patienten an und weist dessen Freund auf eine Intensivstation ein. Diese gefährliche Geschichte mit glücklichem Ausgang habe ich selbst vor einigen Jahren erlebt; und ich habe mich danach gefragt, wie ich wohl vor mir selber dagestanden hätte, wenn dieser Zweifel nicht in mir aufgestiegen wäre und mich geweckt hätte. Im Hinblick auf das vorliegende Thema: „Einheit der Person" stellt sich darüber hinaus aber die Frage: Wer ist es denn nun eigentlich, der mein mir bewußtes Ich vor einem schweren ärztlichen Kunstfehler bewahrte? Das bewußte Ich wußte ja in der Situation der nächtlichen Weckung im Halbschlaf nichts von dieser Gefahr. Das Ich im damaligen Zustand des Halbschlafes wähnte sich „sicher" in der Fehlannahme, 100 Melleril bedeuteten 100 mg Melleril. Es waren unbewußte, wenn man so will außer- bzw. nebenbewußte mentale Kräfte, deren interne Verrechnungsleistungen, deren quasi „interner Dialog" zu der Aufweckreaktion und damit zu der bewußten Korrekturleistung führten.

An dem vorliegenden Beispiel kann man erkennen, daß „Einheit der Person" einen Grenzbegriff darstellt mit zwei Aspekten des Personbegriffs, einmal dem ethischen Aspekt, zum anderen dem strukturellen Aspekt im Sinne der „cognitive science", oder, klassisch gesprochen, der analytischen Philosophie des Geistes. Diese Fragen werden uns im folgenden beschäftigen.

Wahrnehmung als interner Dialog: Einheit und Multiplizität des Bewußtseins

> „Zwar ist's mit der Gedankenfabrik
> Wie mit einem Weber-Meisterstück,
> Wo ein Tritt tausend Fäden regt,
> Die Schifflein herüber hinüber schießen,
> Die Fäden ungesehen fließen,
> Ein Schlag tausend Verbindungen schlägt.
> Der Philosoph, der tritt herein
> Und beweist Euch, es müßt so sein."
> J. W. v. Goethe, Faust I

Goethe war ein sehr „moderner" Dichter, und die von ihm gemachten Voraussagen betreffen nicht nur Soziologie und Ethik, sondern auch technische Phänomene wie die gentechnologische Homunculus-Vision und die künstliche Intelligenz. In Goethes „Gedankenfabrik" fließen die Fäden „ungesehen", und ein Schlag schlägt „tausend Verbindungen". In diesem Sinne hat die gegenwärtige kognitive Wissenschaft den Gedanken der „Einheitlichkeit des Bewußtseins" zu Gunsten von Interaktionsmodellen weitgehend verlassen: „Bewußtsein" hat nicht nur terminologisch die Klarheit seiner Sonderstellung im Reiche des Mentalen eingebüßt – es werden Begriffe wie „phenomenal awareness", „conscious decision making", „intention", etc. (cf. Allport 1988) hilfsweise und umschreibend eingesetzt – auch die Festgefügtheit, Unangreifbarkeit und innere Geschlossenheit, die sich in Cogito-Gedanken wie „ich denke mich denkend" manifestiert, wird unterminiert, da Bewußtsein, ebenso wie Wahrnehmung, die als Resultat komplexer interaktiver interner Verrechnungsprozesse zu deuten ist (Emrich 1988) – als interaktive Leistung heterogener bewußtseinsgenerierender Mechanismen interpretiert wird (vgl. Libet 1985). Nimmt man eine derartige interne „Dialogstruktur" als Basis des bewußtseinsbildenden kognitiven Apparates an, so ist es plausibel, zu vermuten, daß die am vor- bzw. neben-bewußten Interaktionsprozeß jeweils beteiligten Sub- bzw. Parallelstrukturen je nach den Gegebenheiten des Problemlösungsprozesses ihren Beitrag, ihr – metaphorisch gesprochen – „Votum", mit unterschiedlicher Gewichtung einbringen werden, da das Gesamtsystem in seiner bisherigen Lebensgeschichte erfahren hat, daß unter bestimmten Erfahrungsbedingungen bestimmte Strategien und damit verbundene Gewichtungen besonders erfolgreich waren.

Auch moderne psychoanalytische Autoren wie beispielsweise Gerald von Minden (1988) in „Der Bruchstück-Mensch", sprechen in diesem Sinne von „Zentral-Ich" und „anderen Subsystemen des Gesamt-Ichs", und wenn hier davon geredet wird, daß derartige Teil-Systeme durch interne Verrechnung entstandene und gewichtete „Voten" einzubringen in der Lage sind, so wird auch die oben erzählte Geschichte verständlich, in der ein Arzt während des Einschlafens plötzlich aus dem Bett aufschreckt. Bewußtseinsgenerierende Interaktionen können als eine Art von „parlamentarischer Abstimmung" aufgefaßt werden, in der je nach Problemlage verschiedene „Spezialisten" aufgerufen werden, deren „Voten" in den Verrechnungsprozeß eingehen, wobei das Endergebnis der Abstimmung schließlich als bewußtseinsfähig in der Vorstellung erscheint. In analoger Weise spricht der Würzburger Neurobiologe Martin Heisenberg (1990) von einer „lottery of proposals", und zwar im Hinblick auf Handlungsentwürfe. In diesem Sinne kann von einem „unconscious-" bzw. „pre- oder paraconscious-voting process" als der Basis der dargestellten Goetheschen „Gedankenfabrik" gesprochen werden.

Neuropsychologische Untersuchungen der letzten Jahrzehnte haben dieses Konzept der Organisationsstruktur des Mentalen durch eine Fülle eindrucksvoller Belege untermauern können. Der einschlägige Terminus technicus in dieser Hinsicht ist derjenige der „Modularität" des Mentalen, der von Fodor (1983) verwendete Begriff der „modularity of mind". Ein führender Vertreter der derzeitigen Kognitionsforschung, Michael Gazzaniga, schreibt dazu in seinem Buch „Das erkennende Gehirn" (1989): „Ein wichtiges Postulat vieler Forscher im Bereich der Psychologie war, daß die Elemente unserer Denkprozesse im ‚Bewußtsein' *seriell* (also nacheinander) verarbeitet werden, bevor sie schließlich zu Erkenntnissen (Kognitionen) werden. Ich halte diese Vorstellung von einer linearen, einheitlichen bewußten Erfahrung für völlig verfehlt. Im Gegensatz dazu möchte ich behaupten, daß das menschliche Gehirn modular organisiert ist. Unter Modularität verstehe ich, daß das Gehirn aus voneinander relativ unabhängigen Funktionseinheiten besteht, die *parallel* arbeiten. Der Geist ist kein unteilbares Ganzes, das mittels eines einzigen Verfahrens sämtliche Probleme löst. Vielmehr besteht er aus vielen spezifischen und nachweislich separaten Einheiten, die die Gesamtheit der eintreffenden Informationen verarbeiten. Die riesige und komplexe Informationsmenge, die auf unseren Geist trifft, wird in Teilmengen unterteilt und dann von vielen Systemen gleichzeitig verarbeitet. Diese modularen Aktivitäten werden häufig vom bewußten, verbalen Selbst gar nicht registriert. Deshalb sind die besagten Prozesse auch keineswegs ‚unbewußt' oder ‚vorbewußt', und sie entziehen sich auch nicht unseren Möglichkeiten, sie zu isolieren und zu verstehen. Vielmehr verlaufen sie parallel zu unserem bewußten Denken und tragen auf genau beschreibbare Weise zu unserem Bewußtsein bei. Auf der Ebene der bewußten Erfahrung fragen wir uns oft, woher bestimmte Gedanken kommen, die plötzlich in unserem Bewußtsein auftauchen. Wenn wir beispielsweise schreiben, fällt uns plötzlich ein, wie wir einen Gedanken durch eine ganz bestimmte Formulierung treffend ausdrücken können. Woher kommt ein solcher Einfall? Wir können uns so etwas nicht erklären. Offenbar haben wir nur Zugang zum Produkt des betreffenden Gehirnmoduls, jedoch nicht zum darin stattfindenden Prozeß."

Gazzaniga beschreibt die Interaktion zwischen den bewußtseinsgenerierenden Mechanismen als das Verhältnis zwischen einem „Interpreten" und einem autonom ablaufenden interaktiven prozeßhaften Geschehen: „Obgleich ein von einem jener Module produziertes Verhalten zu jeder Zeit unseres Lebens im Wachzustande zutagetreten kann, paßt sich der Interpret sofort der Situation an und entwickelt eine Theorie, um zu erklären, warum gerade in diesem Augenblick diese Verhaltensweise auftaucht. Der Interpret weiß zwar in Wahrheit nicht, woher der Impuls kam (beispielsweise) Froschschenkel zu verzehren, doch erfindet er (zum Beispiel) geschwind die Hypothese: ‚Weil ich mich über die französische Küche informieren will'."

Eine ähnliche Selbstdeutung wird bekanntlich bei Patienten und Probanden wirksam, die posthypnotische Aufträge ausgeführt haben. Sie geben plausibilisierende Erklärungen ab, die mit dem ursächlichen Geschehen – der Hypnose und dem darin enthaltenen Auftrag – nichts zu tun haben.

Welche neurobiologischen und neuropsychologischen Belege sind es aber nun eigentlich, die die Modularitätshypothese besonders unterstützen? Dies sind neben den Studien an durch Unfälle, Gefäßinsulte und Operationen hirnverletzten Patienten – der eigentlichen Domäne der Neuropsychologie – und einigen wenigen Hirnstimulationsexperimenten die von Sperry, MacKay und Gazzaniga ausgeführten Studien an sog. „Split-brain"-Patienten. Hierbei handelt es sich darum, daß bei Patienten mit durch Medikamente nicht behandelbaren Epilepsien, die sich von einem „Focus" aus auf das ganze Gehirn ausbreiten, die Verbindungen zwischen den beiden Großhirnhälften im sog. „Balken" *(Corpus callosum)* durchschnitten werden, was zu einer Abschwächung der Intensität des Anfallsleidens führt. Erstaunlicherweise fallen diese Patienten mit zwei getrennten Großhirnhemisphären im täglichen Leben und bei oberflächlichen Leistungstests kaum auf. Nur durch subtile neuropsychologische Untersuchungen läßt sich zeigen, daß sie zwei völlig getrennte Bewußtseinsstränge („streams of consciousness") haben, was sie allerdings nicht bemerken. So sagte beispielsweise ein Patient, dem durch eine derartige Testanordnung seine „Doppelhirnigkeit" regelrecht bewiesen worden war: „Wollen Sie mich etwa auseinanderdividieren?" Durch die Halbkreuzung der Nervenfasern im *Chiasma opticum* ist es so, daß das linke Sehfeld im rechten Okzipitallappen, und das rechte Sehfeld im linken abgebildet wird. Wird bei einem „Split-brain"-Patienten beispielsweise der rechten Hirnhälfte ein Dia mit dem Wort „Fahrrad" vorgeführt und durch eine geeignete Vorrichtung gewährleistet, daß das linke, sprachbegabte Gehirn, in dem im wesentlichen die „bewußtseinsfähigen" Inhalte erscheinen, dieses Wort nicht zu sehen bekommt, so wird vom Patienten auf die Frage „was haben Sie gesehen" geantwortet: „ich habe nichts gesehen", und dennoch ist die mit dem rechten Hirn verbundene linke Hand – wenn auch etwas ungeschickt – in der Lage, ein Fahrrad zu zeichnen.

Nun, diese Befunde könnten leicht dazu verführen, eine fatalistische und physikalistische Selbstinterpretation des Menschen, eine Desillusionierung des Personbegriffs zu entwerfen, etwa in dem Sinne eines in dem Buch von Robert Ornstein (1989): „Multimind" enthaltenen Teilaspekts, wo es heißt:

„Inkonsistenz ist der Preis, den wir für die Komplexität unseres menschlichen Wesens zahlen müssen. Inkonsistenz und Widersprüchlichkeit sind Bestandteil unserer Natur, und wir sollten uns keine Illusion über unsere ‚Einheit' machen." Dem ist aber folgendes entgegenzuhalten: Es ist doch sehr auffällig, daß die Patienten mit „Split-brain" sich nicht als „zerfallen", nicht als Doppelperson im Sinne der „Doppelgänger"-Figuren Dostojewskis bzw. E. T. A. Hoffmanns erleben; und dies könnte zwei Gründe haben: Einerseits ist die Einheit der Erfahrung unter Normalbedingungen bei diesen Patienten viel stärker realisiert als im neuropsychologischen Experiment, in dem den beiden Gehirnhälften ja zwei verschiedene Informationen zugeführt werden. Unter Normalbedingungen ist nämlich durch die Kopfbewegungen eine ständige Überlappung der beiden Hirn-Erfahrungshorizonte gegeben. Zum anderen – und möglicherweise gewichtiger – ist es aber so, daß bei den „Split-brain"-Patienten das für die emotionale Bewertung und den affektiven Bereich zuständige limbische System keineswegs in zwei Hälften unterteilt ist, so daß gewissermaßen die Einheitlichkeit des Bewertungssystems ständig gewahrt bleibt. Insofern ist auch beim „Split-brain"-Patienten die Werte- und Gefühlswelt, die Emotionalität und Affektivität einheitlich geblieben. Lediglich die „streams of consciousness" sind stärker getrennt als wir das bei uns gewohnt sind; aber auch beim Gesunden treten ja üblicherweise derartige Trennungen auf, daß beispielsweise einerseits die Phantasie spazieren geht, andererseits aber – gewissermaßen automatisch – z.B. Auto gefahren wird. Insofern könnte es sein, daß der „Split-brain"-Zustand lediglich eine Akzentuierung von Auffälligkeiten des Normalzustandes darstellt, und es ergibt sich daraus möglicherweise der Hinweis, daß der subjektive Eindruck von „Einheit der Person" in viel stärkerem Maße, als dies bisher in der Neurobiologie bedacht wurde, nicht mit kognitiver Einheit, sondern mit der „Einheitlichkeit der Gefühls- und Wertewelt" zu tun hat. Wir sind in viel stärkerem Maße, als uns dies bewußt ist, Wesen, in denen Gedanken nie losgelöst von dem „Bedeutung-Haben" der Gedanken, nie ohne das Inanspruchnehmen einer Bewertung auftreten (Spaemann 1989). Es gibt allerdings Zustände der Systemdekompensation, bei denen ein buntes Bild von Störungen des Denkenkönnens und des Affektiven auftreten kann, bis hin zum Phänomen der schweren Persönlichkeitsspaltung und Gefühlsdissoziation. Hierbei handelt es sich um psychotische Erkrankungen wie z.B. die Schizophrenie. Bevor die Frage nach der Einheit der Person wieder aufgenommen wird, soll dieses für die philosophische Psychologie besonders aufregende Thema behandelt werden (s.S. 25 ff.).

Über Subjektivität

In seinem Artikel „Wie ist es, eine Fledermaus zu sein?" schreibt Thomas Nagel (1981): „Grundsätzlich aber hat ein Organismus bewußte mentale Zustände dann, und nur dann, wenn es irgendwie ist, dieser Organismus zu sein — wenn es irgendwie für diesen Organismus ist. Wir können dies den subjektiven Charakter von Erfahrung nennen."

Thomas Nagel wählt dieses Paradigma für die Verschlossenheit subjektiven Erlebens aus einem besonderen Grund: Die Fledermaus lebt in einer anderen Sinneswelt als der Mensch, denn sie verfügt zur Orientierung beim Nachtflug über ein „Sonarsystem", eine Art Ultraschall-Sender- und -Empfängersystem, mit dessen Hilfe sie sich erstaunlich präzise im Dunkeln bewegen kann.

Die Schwierigkeit des Einfühlens in den Emotionszustand eines fremden Lebewesens (eines der Probleme der Hermeneutik) ist — worauf D. Ploog (persönl. Mitteilung) hinwies — besonders anschaulich aus einem von Martin Buber mitgeteilten Gespräch von Tschuang-Tse mit Hui-Tse: „Die Freude der Fische" abzulesen, wo es heißt:

„Tschuang-Tse und Hui-Tse standen auf der Brücke, die über den Hao führt. Tschuang-Tse sagte: ‚Sieh, wie die Elritzen umherschnellen! Das ist die Freude der Fische'.

‚Du bist kein Fisch', sagte Hui-Tse, ‚wie kannst du wissen, worin die Freude der Fische besteht?'

‚Du bist nicht ich', antwortete Tschuang-Tse, ‚wie kannst du wissen, daß ich nicht wisse, worin die Freude der Fische besteht?'

‚Ich bin nicht du', bestätigte Hui-Tse, ‚und ich weiß dich nicht. Aber das weiß ich, daß du kein Fisch bist; so kannst du die Fische nicht wissen'."

Tschuang-Tse antwortete: ‚Kehren wir zu deiner Frage zurück. Du fragst mich: ‚Wie kannst du wissen, worin die Freude der Fische besteht'. Im Grunde wußtest du, daß ich weiß, und fragtest doch. Gleichviel. Ich weiß es aus meiner eigenen Freude über dem Wasser" (Martin Buber 1910, Wechselgespräch aus den Reden und Gleichnissen des Tschung-Tse, Inselverlag).

Daß Subjektivität, obwohl wir alle — und zwar ununterbrochen — in ihr leben, so schwer verständlich gemacht werden kann, liegt wohl daran, daß unser szientistisches Weltbild dazu geführt hat, daß wir geneigt sind, uns als Objekte, als Vorkommnisse in der Welt der Dinge aufzufassen und insofern auf unsere eigenen, für unser Überleben notwendigen und hierzu von der Evolution entwickelten Verdinglichungsprogramme hereinzufallen. (In diesem Sinne spricht Whitehead (1979) in „Prozeß und Realität" davon, daß „der gesunde Menschenverstand unbeugsam objektivistisch ist".) Insofern hat der Fledermaus-Artikel von Thomas Nagel (1981) eine herausragende Triggerfunktion für die Revitalisierung der Subjektivitätsfrage gehabt. Verschärft und auf den Punkt gebracht wird sie eben gerade dadurch, daß — wie es beispielsweise Martin Heisenberg (1990) tut — gefragt wird: Wie ist es, ich selbst zu sein?

Die Erklärung von Subjektivität stellt für die neurobiologische Systemtheorie eine besondere Schwierigkeit dar, die damit zu tun hat, daß erklärt werden soll, wie überhaupt eine Innenperspektive entstehen kann. Man kann sich ein (als Objekt angeschautes) System vorstellen, das Gedanken hat — in gewissem Sinn ist ein Computer ein System, in dem Gedanken repräsentiert sind; sich aber ein System vorzustellen, das erleidet, das Schmerzen erträgt, das Freude empfindet, etc. ist schwierig.

Die Tatsache, daß verschiedene Aspekte bei der Wahrnehmung eines Gegenstandes integrativ so wahrgenommen werden, daß dieser als eine Einheit erscheint, ist eine der bemerkenswertesten Fähigkeiten unseres Zentralnervensystems. Es ist ja eben nicht so, daß man, wenn man z.B. ein Kind mit einem roten Schal sieht, sich dann vergegenwärtigen muß: da ist jemand, der ist ein Kind, mit einem Schal, und außerdem ist dieser Schal auch noch rot, sondern man sieht dies als „synthetische Einheit" (vgl. Kants „Synthesis"-Gedanken). Das Sehen von Bewegungen und das Sehen von Konturen und Farben wird zwar von ganz verschiedenen Neuronengruppen gewährleistet, erzeugt aber dennoch aus diesen Aspekten des Gesamtbildes eine einheitliche Sinneswahrnehmung. Wenn nun das eben beschriebene Kind zusätzlich zu der Tatsache, daß es den roten Schal trägt, auch noch kichert, so erscheint uns diese Wahrnehmung des Kicherns ebenfalls nicht isoliert, sondern wir erleben ein kicherndes Kind mit rotem Schal. Dieses Phänomen, daß verschiedene sinnliche Aspekte der Wahrnehmung im Bewußtsein nicht separiert bleiben, bezeichnet man als „intermodale Integration".

Metaphorisch gesprochen kann man sagen, daß bestimmte Hirnareale, bzw. bestimmte neuronale Netze, sog. „assemblies", die wahrscheinlich auch als „Bedeutungsträger" fungieren, „miteinander reden" müssen, um sich gegenseitig über die Zusammengehörigkeit bestimmter Aspekte eines Gegenstandes zu informieren. Wie könnte dieses „miteinander Reden" funktionieren? Der Münchener Psychologe Ernst Pöppel war der erste, der – aufgrund von Reiz-Reaktionszeitmessungen – Hinweise darauf gefunden hat, auf welche Weise dieses Problem grundsätzlich im Gehirn gelöst werden kann (Pöppel et al. 1990). Nach seiner Theorie sind „neuronale Oszillationen" im Gehirn dafür verantwortlich, daß „zeitlich neutrale" Zustände von „Gleichzeitigkeit", von „Momenten" erzeugt werden, während derer die Integration verschiedener im Gehirn verstreuter Informationsgehalte erfolgt. Der Frankfurter Neurophysiologe W. Singer (1990) fand Hinweise dafür, daß die „Sprache", in der Gruppen von Nervenzellen miteinander „reden", mit dem Ausmaß der „Synchronisation" derartiger rhythmischer Oszillationen im Frequenzbereich von 40–60 Hz zu tun hat. Nach Singers Aussage ist man bei den üblichen Einzelnervenzellableitungen gewissermaßen „zu nahe dran" am Objekt und verliert das Wesentliche aus den Augen, wenn man nicht die Elektrophysiologie ganzer Gruppen von Nervenzellen und deren Rhythmizitäten, ihre Interaktionsmuster, untersucht. Dieses Wesentliche erfaßt man offenbar erst dann, wenn man die Zeitstruktur von Oszillationen neuronaler Netze analysiert, und zwar im Hinblick auf ihre Interaktion mit anderen Nervennetzen.

Systhemtheorie der Psychose

„Die Haare standen ihm zu Berge, und er setzte sich, starr vor Schreck. Dazu hatte er freilich Ursache. Herr Goljädkin erkannte sofort seinen nächtlichen Freund. – Sein nächtlicher Freund aber war niemand anders als er selbst – ja: Herr Goljädkin selbst, (...) in jeder Beziehung war er sein eigener Doppelgänger!"
F. M. Dostojewski, Der Doppelgänger

Die psychotische Ich-Spaltung

Dostojewskis revolutionären Doppelgänger-Roman kann man auf zweierlei Weisen lesen: Einmal so, daß gezeigt wird, wie bei einem gesunden Menschen ein einheitliches Ich, dasjenige des Herrn Goljädkin, durch einen krankmachenden Prozeß, z.B. die Kränkungen seines Selbstwertgefühls, zerspalten, in zwei Teile geteilt und schließlich einer schizophrenen Psychose ausgeliefert wird (Goljädkin wird tatsächlich zum Schluß des Romans in eine psychiatrische Anstalt eingeliefert), oder so, daß gezeigt werden soll, daß Goljädkin von vornherein aus zwei einander widersprechenden Ich-Naturen zusammengesetzt ist, und daß der Roman die Aufgabe hat, zu zeigen, wie die ursprüngliche Zerfallenheit des Ichs durch lebensgeschichtliche Faktoren decouvriert wird. Die Dostojewski-Lektüre ist nach wie vor eine der wichtigsten Quellen der Psychopathologie (Nietzsche äußerte einmal, Dostojewski sei der einzige Psychologe, von dem er etwas habe lernen können), und es erscheint reizvoll, die zweite Lesart der Grundidee des Doppelgänger-Romans einmal für die Konstruktion einer Systemtheorie der Psychose zu verwenden. Die Fragmentierung und das Durchlässigwerden des „Ichs" ist eine zentrale bei Schizophrenen auftretende Störung, und im Prinzip sind zwei Entstehungsmodi dieser Ich-Spaltung denkbar. Sie kann dadurch verursacht sein, daß die Integrität der Ich-Einheit durch einen Krankheitsprozeß zerstört wird, oder, alternativ, kann die „Kittsubstanz", die die beiden schon vorher vorhandenen Untereinheiten I_1 und I_2 zusammenhält, durch den Krankheitsprozeß aufgelöst werden, so daß es während der Erkrankung zur Decouvrierung einer ursprünglich bereits vorhandenen Zerfallenheit kommt.

In der Neurobiologie könnte die angesprochene „Kittsubstanz" dadurch realisiert sein, daß Korrektur- und Adaptationssysteme, deren Aufgabe darin besteht, das lebenspraktisch Sinnvolle gegen Teilkomponenten des Systems durchzusetzen und Tendenzen von Subsystemen den realen Lebensanforderungen anzupassen, die beiden Ich-Untereinheiten so zusammenbündeln[2], daß eine scheinbare Ich-Einheit entsteht. Man kann dies auch so beschreiben, daß das Korrektursystem dafür sorgt, daß intern eine „erschlichene Gleichung" Gültigkeit erhält: $Ich = I_1 = I_2$. Die Psychose würde in diesem Modell darin bestehen, daß die genannte Gleichung ihre Geltung verliert ($I_1 \neq I_2$); das System wäre zwar „realistischer", aber weniger gut problemangepaßt und würde zur Destabilisierung neigen. Es zeichnet sich dadurch aus, daß eine lebenspraktisch wichtige interne Wirklichkeitsfiktion der Selbstwahrnehmung nicht in der üblichen Weise erzeugt werden kann, was enorme Konsequenzen für die praktische Lebensführung hat. Der „Gesunde" fühlt sich für alles, was seine divergenten Ich-Anteile an Handlungsentwürfen vollzogen haben (Trieb-Ich, kognitives Ich etc.) immer insgesamt verantwortlich, und stellt sich selbst gegenüber stets ein Integralbild

---

[2] cf. „Bündeltheorie des Ich" von David Hume; ich verdanke diesen Hinweis Herrn Prof. Dr. W. Schrader, Siegen.

seiner selbst her („Interpret", s.S. 22). Der Ich-Zerfallene zeichnet ein überpräzises Bild seines Innenlebens, das ihn allerdings erheblich behindert und die Praktikabilität seiner Handlungsentwürfe einschränkt. (Dostojewski dürfte – evtl. während epileptischer Auren – eine vertiefte Einsicht in die Struktur seines Innenlebens gehabt haben.)

Die soeben vorgeschlagene Hypothese über die Pathogenese der Ich-Spaltung ist äußerst spekulativ und wird hier nur deshalb dargestellt, weil sich ein analoger Mechanismus bei einer anderen Teilsymptomatik produktiver schizophrener Psychosen, nämlich beim Auftreten von Wahnwahrnehmungen und Halluzinationen, experimentell tatsächlich absichern läßt.

Drei-Komponenten-Theorie produktiver Psychosen

Eine Fülle von klinischen und biologisch-psychiatrischen Untersuchungsbefunden spricht dafür, daß schizophrene Psychosen kein einheitliches Krankheitsbild sind, sondern eine Gruppe von Störungen darstellen, die sich durch eine Vielzahl tiefgreifender Veränderungen des gesamten seelisch-geistigen Apparates manifestieren (Übersicht: Mundt 1986; Helmchen u. Henn 1987). Das psychopathologische Geschehen ist dabei als eine Art „Endstrecke" anzusehen, die durch vielfältige Ursachen ausgelöst werden kann. Hinsichtlich der dabei wirksam werdenden pathogenetischen Mechanismen stehen sich zwei konträre Positionen gegenüber, einerseits solche, die von einer neuroanatomischen/neurochemischen Verursachung ausgehen, andererseits solchen, die die Psychosen als im wesentlichen funktionell bedingt auffassen. Dieser Widerspruch läßt sich dann auflösen, wenn man das Auftreten einer Psychose als einen neurobiologischen Systemdekompensationszustand auffaßt, der unter Extrembelastungen wie der Reizdeprivation oder längerdauerndem Schlafentzug auch beim normalen ZNS auftreten kann, dessen Auftretenswahrscheinlichkeit aber durch neuroanatomisch und/oder neurochemisch faßbare Prozesse im Sinne einer Erhöhung der „Vulnerabilität" wesentlich gesteigert werden kann. Die verschiedenen zu postulierenden Krankheitsprozesse bestehen also nicht primär im Auslösen einer Systemdekompensation, sondern im Erhöhen der Wahrscheinlichkeit des Auftretens eines solchen „altered state" des ZNS, der die Entstehung und (bei genügend langem Persistieren) die Weiterentwicklung psychotischen Erlebens impliziert. Da die bei Psychosen gestörten neuropsychologischen Leistungen im wesentlichen integrative Leistungen sind, ist es plausibel anzunehmen, daß „Vulnerabilität" (Nuechterlein u. Dawson 1984) in einer Imbalance der Interaktion zwischen neuronalen Netzwerken besteht. Ein solches Imbalancekonzept ist durch eine Vielzahl biologisch-psychiatrischer Daten gestützt. Es stellt sich damit die Frage, ob man aus experimentalpsychologischen Untersuchungen Hinweise darauf ableiten kann, welcher Art die zu postulierende neuronale Imbalance ist.

Bei der 3-Komponenten-Hypothese der Pathogenese produktiver Psychosen (Emrich 1988) wird angenommen, daß Wahrnehmung grundsätzlich aus dem Zusammenwirken von 3 Komponenten resultiert:

1) Eingehende Sinnesdaten *("sensualistische Komponente")*;
2) Interne Konzeptualisierung *("konstruktivistische Komponente")*;
3) Kontrolle *("Zensor"- bzw. "Korrektur-Komponente")*.

Bei der hier vorliegenden Konzeption wird angenommen, daß sich bei der Wahrnehmung sog. „Bottom-up"- (Hubel u. Wiesel 1979) (Komponente 1) mit sog. „Top-down"-Strategien (cf. Gregory 1973; Hoffman 1986) (Komponente 2) überlagern lassen. Da die von den Sinnesdaten hervorgerufene Datenlage mit den internen Konzepten in Konflikt geraten kann, ist eine dritte Komponente, die Kontroll- bzw. Korrektur-Komponente anzunehmen (cf. Wolf 1985, 1987), die eine biologisch sinnvolle Wirklichkeitsfiktion im Sinne von Watzlawick (1981) garantiert.

Aufgrund der hier vorgelegten Hypothese erscheint es plausibel, daß die bei psychotischen Wahrnehmungsstörungen auftretenden neurobiologischen Systemdekompensationszustände dadurch charakterisiert sind, daß im Verhältnis zur internen Konzeptualisierung einerseits und zu den externen Sinnesdaten andererseits die Korrektur-/„Zensor"-Komponente funktionell ungenügend aktiv ist, so daß sich sowohl die internen Konzeptualisierungen (Halluzinationen) als auch die unkorrigierten Daten im Bewußtsein manifestieren können (Emrich 1988).

Eine Plausibilisierung dieser Annahmen kann u.a. durch neurobiologische Untersuchungen von Heiligenberg (1987) am elektrischen Fisch gegeben werden. Aufgrund dieser Untersuchungen ist anzunehmen, daß neuronale Netzwerke im Verlauf der Evolution an ganz verschiedene funktionelle Aufgaben angepaßt werden müssen. Wegen dieser „primären Konzeptionslosigkeit" des evolutionären Prozesses, bei dem die jeweilige Adaptation an die jeweils neu erschließbaren ökologischen Nischen funktionell zu erfolgen hat, können neuronale Netzwerke als „chaotisch" charakterisiert werden, wobei für die funktionelle Anpassung das jeweils bereits vorhandene Netzwerk nicht völlig „umgestrickt" wird. Vielmehr kann gezeigt werden, daß der Evolutionsprozeß zu einer Anpassung bereits vorhandener Netzwerke an neu zu bewältigende Funktionen durch Einführung neuer adaptierender bzw. korrigierender „Module" führt.

In experimentalpsychologischer Hinsicht sind Wahrnehmungsillusionen besonders gut definierbare Phänomene, die geeignet scheinen, solche Zusammenhänge zu untersuchen, weil bei Wahrnehmungsillusionen offensichtlich vom Zentralnervensystem Wahrnehmungskorrekturen vorgenommen werden, die einer Überarbeitung der sensorischen Sinnesdaten im Sinne von „Vorurteilen" entsprechen. Eine solche Wahrnehmungsillusion ist die Wahrnehmung stereoskopischer Invertbilder. Das dieser Illusion zugrunde liegende Phänomen kann auf eindrucksvolle Weise durch die Betrachtung dreidimensionaler Hohlmasken menschlicher Gesichter demonstriert werden. Bei geeigneter Bemalung und Beleuchtung werden dabei die dreidimensionalen Hohlmasken als normale menschliche Gesichter wahrgenommen, bei denen beim Hin- und Hergehen vor der Maske wegen der perspektivischen Veränderung die Illusion entsteht, daß sich die wahrgenommenen

Gesichtsmasken jeweils mit dem Beobachter mitdrehen (Yellott 1981; Wolf 1987). Diese Invertwahrnehmungsillusion kommt dabei dadurch zustande, daß das menschliche Gehirn bestimmte Hypothesen über die dreidimensionale Struktur von Objekten testet (Gregory 1973) und bei einem Vergleich mit den retinalen Sinnesdaten diese in bestimmter Weise korrigiert und überarbeitet. Die Invertbildillusion tritt nur dann auf, wenn der semantische Gehalt des gesehenen Objekts nur mit, wie Yellott (1981) sagt, „überwältigender Wahrscheinlichkeit" in invertierter Form sinnvoll interpretiert werden kann. Aufgrund der oben dargelegten Hypothesen ist anzunehmen, daß schizophrene Patienten eine Defizienz dieser Korrekturleistung aufweisen sollten, die sich als Störung der Wahrnehmung stereoskopischer Invertbilder semantisch relevanter Objekte zeigen sollte.

Eine experimentelle Möglichkeit der Untersuchung dieser Wahrnehmungsillusion im Labor besteht durch die stereoskopische Projektion von 3D-Dias, wobei durch Verwendung linear polarisierten Lichts und den zugehörigen linear polarisierten Brillengläsern selektiv den beiden Augen die getrennten Bilder zugeführt werden können. Durch Vertauschen der Brillengläser wird der Versuchsperson nun eine „Umkehrwelt" sichtbar gemacht, die dadurch zustande kommt, daß die Richtung der Querdisparation sich umkehrt: was vorne erscheinen müßte, erscheint hinten und vice versa; Hohlobjekte erscheinen konvex und umgekehrt. Bei semantisch relevanten Objekten, die einen hohen Vertrautheitsgrad aufweisen, wie z.B. ein menschliches Gesicht, wird diese Umkehrwelt aber nicht wahrgenommen. Vielmehr tritt eine Inversionshemmung auf, die der oben beschriebenen Wahrnehmungsillusion eines normalen menschlichen Gesichtes bei Präsentation einer Hohlmaske entspricht (Überarbeitung der Wahrnehmung durch „Zensur"). Es ist nun zu erwarten, daß Patienten mit schizophrenen Psychosen unter den Bedingungen des stereoskopischen Experiments bei semantisch bedeutungsvollen Objekten (menschlichen Gesichtern, Teddymaske, Haus, Stuhl) nach Brillenvertauschung anstelle der korrigierten Wahrnehmung tatsächlich die Umkehrwelt zu sehen in der Lage sind (Inversionshemmung). Untersuchungen an gesunden Probanden und Patienten mit produktiven Psychosen zeigten in der Tat einen dramatischen Unterschied in diesem Sinne hinsichtlich des Auftretens der stereoskopischen Invertbildinversion semantisch relevanter Objekte (Emrich 1988). Diese Befunde können als Bestätigung der oben skizzierten Dysequilibriums-Hypothese der Pathogenese produktiv psychotischen Geschehens gewertet werden. Weiterführende Untersuchungen müssen zeigen, inwieweit diese Befunde auch diagnostische Bedeutung haben.

Psychedelika — Zensurschwächung — Psychotherapie

„Wir täten gut daran, viel ernsthafter, als wir das bisher zu tun geneigt waren, die Theorie zu erwägen, die Bergson im Zusammenhang mit dem Gedächtnis und den Sinneswahrnehmungen aufstellte, daß nämlich die Funktionen des Gehirns, des Nervensystems und

der Sinnesorgane hauptsächlich eliminierend arbeiten. [...] Es ist die Aufgabe des Gehirns und des Nervensystems, uns davor zu schützen, von der Menge größtenteils unnützen und belanglosen Wissens überwältigt und verwirrt zu werden, und sie erfüllen diese Aufgabe, indem sie den größten Teil der Information, die wir in jedem Augenblick aufnehmen, oder an die wir uns erinnern würden, ausschließen und nur die sehr kleine und sorgfältig getroffene Auswahl übriglassen, die wahrscheinlich von praktischem Nutzen ist."
C. D. Broad (zit. in: A. Huxley „Die Pforten der Wahrnehmung")

Psychedelikaforschung

Die von Aldous Huxley in seinem Buch „Die Pforten der Wahrnehmung" (1984) vertretene Konzeption, daß das Gehirn in viel stärkerem Maße, als das früher gesehen wurde, quasi – wie der Frankfurter Neurophysiologe W. Singer (1990) sagt – „mit sich selbst beschäftigt ist" und als hypothesengenerierender und bei als unwichtig interpretierten Signalen „eliminierendes" System fungiert, wurde von ihm insbesondere für die Deutung von Psychedelika-Wirkungen verwendet. Im Rahmen des oben beschriebenen Drei-Komponenten-Inversionsparadigmas läßt sich nun die implizit von Huxley vertretene These prüfen, daß „Psychedelika" dadurch wirken, daß sie die internen Zensur- und Korrektur- sowie Eliminations- und Selektionsmechanismen schwächen. Hierzu wurde eine Reihe von Untersuchungen angestellt, bei denen das Inversionsparadigma bei sieben gesunden Probanden im freiwilligen Selbstversuch unter Cannabiseinwirkung wiederholt wurde. Hierbei zeigte es sich, daß sich unter Cannabis bei Gesunden tatsächlich ähnliche 3D-Inversionsbefunde nachweisen lassen, wie sie oben für schizophrene Patienten beschrieben wurden (Emrich et al. 1991).

Zensurschwächung und Psychotherapie

Zensurschwächung ist nicht nur ein Zentralbegriff für die Erklärung der Wirkungen von Psychedelika: er eignet sich auch zur Beschreibung von Phänomenen, die bei der psychotherapeutischen Arbeit eine wichtige Rolle spielen, wie z.B. bei den „freien Assoziationen" in der Freudschen Psychoanalyse, der „aktiven Imagination" nach C. G. Jung und bei vielen meditativen Methoden und Entspannungstechniken, bei denen die Eröffnung eines „Dialogs mit dem eigenen Unbewußten" von Bedeutung ist.

Hierzu passen auch Befunde, die der amerikanische Psychotherapeut Joseph Weiss (1990) aus San Francisco kürzlich veröffentlichte. Er versuchte in einem experimentellen Design im Rahmen einer Freudschen psychoanalytischen Therapie zwei ursprünglich von Freud formulierte Thesen über die Wechselwirkung zwischen Bewußtsein und dem Unbewußten zu testen: Die Hypothese 1 (Dynamikhypothese) tritt in zwei Varianten auf, wobei es aber jedesmal darum geht, daß die unbewußt verbliebenen Triebkräfte entweder durch eine übergroße Intensität oder aber durch eine „Maskierung" – quasi durch einen „Trick" – die Verdrängungskräfte überwinden. Bei der Kontrollhypothese ist es hingegen so, daß das Unbewußte gewissermaßen eigene

„zielgerichtete Strategien" entwickelt und in geeigneten Situationen diese auch verwirklichen kann. In einer experimentellen Fallstudie fielen die Ergebnisse stark zugunsten der Vorhersage der „Kontrollhypothese" aus, der zufolge der Therapeut „den Patienten nicht etwa durch seine sachliche Haltung und die zugesicherte Vertraulichkeit frustriert; vielmehr erwächst daraus eine Atmosphäre der Sicherheit. Der Patient mag in diesem Befinden unbewußt folgern, daß ihm keine Gefahr drohe, wenn er Verdrängtes zur klaren Erkenntnis kommen läßt". In diesem Sinne kann man hinsichtlich der Ergebnisse von Weiss davon sprechen, daß eine Atmosphäre der „Zensurschwächung" den „goalhaft-intentionalen Charakter des Unbewußten wirksam werden läßt; und in diesem Sinne ist dann Psychotherapie als ein Vorgang zu interpretieren, bei dem bewußte und unbewußte Strategien in spezifischer Weise gewissermaßen miteinander „versöhnt" werden. So ist der Psychotherapeut dann als eine Art „Makler" anzusehen, der dafür sorgt, daß in einer bestimmten — zweifellos artifiziellen — Situation eine Atmosphäre entsteht, in der das narzißtisch gekränkte Unbewußte mit Überansprüchen des Bewußtseins zu einem „fairen Kompromiß" gelangen kann, in ähnlicher Weise, wie dies in dem von den Jungianern so geschätzten, über 4000 Jahre alten ägyptischen Ba-Mythos, „Gespräch eines Lebensmüden mit seinem Ba" (Jacobsohn 1952), dargestellt ist, wo es heißt: „Nun laß die Klage auf sich beruhen, du, der du zu mir gehörst, mein Bruder! Du magst weiterhin auf dem Feuerbecken lasten, oder du magst dich wieder an das Leben schmiegen, wie du nun sagen wirst: Wünsche, daß ich hier bleibe, wenn du den Westen abgelehnt hast, oder wünsche auch, daß du den Westen erreichst und dein Leib zur Erde gelangt, und daß ich mich niederlasse, nachdem du verschieden bist: wir werden jedenfalls die Heimat gemeinsam haben."

Zum Personbegriff: Einheit und Multiplizität

> „Ewig nur an ein einzelnes kleines Bruchstück des Ganzen gefesselt, bildet sich der Mensch selbst nur als Bruchstück aus; ewig nur das eintönige Geräusch des Rades, das er umtreibt, im Ohre, entwickelt er nie die Harmonie seines Wesens, und anstatt die Menschheit in seiner Natur auszuprägen, wird er bloß zu einem Abdruck seines Geschäfts, seiner Wissenschaft. [...] Er verwirklicht die Form, wenn er die Zeit erschafft und dem Beharrlichen die Veränderung, der ewigen Einheit seines Ichs die Mannigfaltigkeit der Welt gegenüberstellt; er formt die Materie, wenn er die Zeit wieder aufhebt, Beharrlichkeit im Wechsel behauptet und die Mannigfaltigkeit der Welt der Einheit seines Ichs unterwürfig macht."
> F. Schiller: Briefe zur ästhetischen Erziehung des Menschen (No. 6/11)

Im Vorwort zu seinem Buch „Glück und Wohlwollen — Versuch über Ethik" beschreibt Robert Spaemann (1989) die Herausforderung, die darin besteht, „daß sich beim Menschen die Integration der Partialtriebe zum Ganzen eines gelingenden Lebens nicht von selbst macht. Menschen ‚führen' ihr Leben, und sie müssen auch das noch lernen. Unmittelbare Triebbefriedigung und ‚Glückseligkeit' stehen nicht jederzeit in einer prästabilierten Harmonie." Friedrich Schiller hat unter dem Eindruck der Kantschen Philosophie den Versuch gemacht, den Menschen seiner Zeit gewissermaßen „ästhetisch" zu erziehen im Sinne einer Lenkung der Volitionen zweiter Ordnung, die auf jene der ersten Ordnung einwirken sollten. Wie immer man dies philosophisch beurteilt – es ließe sich dagegen einwenden, daß „ästhetische Erziehung" nicht zu „freiem" Handeln führt –, es zeigt, daß die zu Beginn der vorliegenden Arbeit dargestellten interaktiven Prozesse für den Personbegriff und dessen ethische Implikationen von besonderer Bedeutung ist. So schreibt auch R. P. Horstmann (1990) in seiner Arbeit: „Welche Freiheit braucht Moral? Kant und Dennett über freien Willen": „Die meisten Menschen möchten sich und ihresgleichen als Wesen betrachten können, die über viele wichtige Dinge ihres Lebens frei entscheiden, für ihre Unternehmungen frei verantwortlich sind und die durch Vernunft bestimmbar sind. Sie wollen sich nicht als bloße Mechanismen ansehen müssen, wie hoch kompliziert auch immer diese sich zeigen. Da letzteres aber im Rahmen einer materialistischen Konzeption des Geistes unumgänglich ist, besteht eine gewisse Spannung zwischen dem durch die Naturwissenschaft legitimierten Bild vom Menschen und dem uns lieb gewordenen Selbstbild als autonome[3] Personen."

Diese von Horstmann artikulierte Spannung zwischen dem sich als multimodales, aus Subsystemen komponiertes neurowissenschaftlich erklärbares und formiertes Multikomponentensystem im Sinne des von Ornstein (1989) sog. „multimind" auffassenden Menschen und dem Begriff der ethisch kompetenten personalen Einheit und Identität ist es, deren Auflösung eine vertiefte Antwort auf die Frage herausfordert, wie es ist, man selbst zu sein. Denn auf der einen Seite steht das beispielsweise von Gazzaniga (1989) geprägte Konzept eines multimodalen Vielkomponentensystems, in dem das Ich als eine Art Innen-Beobachter bzw. „Interpret" lediglich die autonomen, naturalistisch geprägten bedeutungsgenerierenden Prozesse beobachtet und letztlich legitimiert, und auf der anderen Seite ergibt sich das uns vertraute Bild einer verantwortlichen personalen Einheit, die im Sinne von Willens- und Handlungsfreiheit das eigene Leben gestaltet (vgl. Dennett 1981).[4] Wahrscheinlich wird man sagen müssen, daß mit Kants Freiheitsbegriff, der impliziert, daß nie empirisch nachgewiesen werden kann, daß auch nur ein einziger Mensch je aus Freiheit gehandelt hat, auch der Begriff der Person letztlich ein Postulat bleibt.

---

[3] Es scheint mir eine verlockende Vorstellung zu sein, daß der „Interpret" nicht nur beobachtet und quasi ständig „sanktioniert" was geschieht, sondern auch in der Lage ist, im Sinne des „reaktiven Konzeptualisierungsdruckes" (Emrich 1988) durch Rückgriff auf das System Verhaltensalternativen „anzufordern", was zum Konzept der „initialen Aktivität" (Heisenberg 1990) paßt. So ließ sich bereits an einem so einfachen Nervensystem wie dem der Taufliege Drosophila nachweisen, daß das interne Weltmodell bei experimentell erzeugten Wahrnehmungsinkonsistenzen dadurch stabil gehalten wird, daß adaptive Wahrnehmungsmechanismen auftreten.

[4] In diesem Sinne sagt Creutzfeldt (1989): „Dieser Einheit des Bewußtseins, die wir eben dadurch kennen, daß wir sie als Möglichkeit der Erfahrung unentbehrlich brauchen (Kant, Kritik der reinen Vernunft, S. 420) steht doch gerade die Erkenntnis der Neurobiologie über räumlich-zeitliche Erregungsverteilungen über eine weite Fläche, nämlich immerhin über 0,35 m² (oder 3500 cm² Hirnrinde), entgegen."

Aber worin besteht dieses Postulat, und gibt es Hinweise darauf, wie es gewissermaßen „neurobiologisch konkretisiert" werden kann? Mir scheint es fruchtbar und sinnvoll, an dieser Stelle noch einmal den Intentionalitätsbegriff ins Spiel zu bringen. Personsein, scheint mir, erschöpft sich nicht darin, daß Metarepräsentationen von Gefühlen auftreten, sondern der wesentliche Punkt scheint mir zu sein, daß Personen durchgängig durchschauen, daß sie Zentren von Bedeutungswelten sind. Spaemann (pers. Mitteilung) hat darauf hingewiesen, daß das Personsein insofern abstrakt ist, als es nichts gibt, auf das ich zeigen kann, um meine Person als solche zu definieren. Person ist gewissermaßen kein „dieses da", Personsein definiert sich aus sich selbst heraus (s. auch obiges Schiller-Zitat) als der Vollzug einer Intentionalität zweiter Ordnung im Sinne des Gewahrwerdens der Bedeutungen von Bedeutungen. So sagt der Bremer Neurophysiologe Roth: „Wir finden uns auf der Bedeutungsebene vor." So könnte man formulieren: Person-Sein heißt, den Vollzug des Bewußtsein-Habens bemerken; erleben können: ich finde mich auf der Bedeutungsebene vor, ohne daß damit impliziert wäre, als wer, wann und wo. Beim Personsein ist es nun aber nicht so, daß derjenige, der Person ist, sich notwendigerweise als bedeutungsgenerierendes Zentrum selbst erlebt – in diesem Sinne ist Personsein nicht solipsistisch –, sondern vielmehr kommt seine Wirklichkeit, seine Welt, sein Erleben, in bedeutungsvoller Weise auf ihn zu (F. H. Jacobi spricht von „vernehmender Vernunft"), ohne daß ihm bewußt ist, daß er in gewissem Sinne selbst „bedeutungsgenerierendes Zentrum" ist. Andererseits aber ist mit dem Personsein unmittelbar verknüpft die unabweisbare Anerkenntnis der Existenz anderer Personen, d.h. es wird anerkannt, daß andere Wesen – eben Personen – in eben derselben Weise, wie das betrachtende Subjekt, im Zentrum einer Werte- und Bedeutungswelt stehen. Mit anderen Worten: für das Personsein ist konstitutiv die Anerkenntnis des Personseins anderer, worauf auch Dennett in „Bedingungen der Personalität" (1981) hinwies. Im Hinblick auf die thematisierte Frage nach der Einheit der Person ist nun dabei zu klären, inwieweit die intrapersonale Integration eine unverzichtbare Voraussetzung für das Personsein schlechthin darstellt. Wenn im Sinne der oben dargestellten neurobiologischen Mechanismen die inter- und multimodale Integration nicht realisiert würde, d.h. wenn zwischen verschiedenen Persönlichkeitszentren (z.B. im Sinne der „multipersonality disorder") stets verschiedene Personen in einem Menschen vorhanden wären, dann wäre eine Metarepräsentation im Sinne der Volitionen zweiter Ordnung gar nicht möglich, mit anderen Worten: es müßten dann entweder mehrere Volitionen zweiter Ordnung vorhanden sein, so daß die Frage nach Volitionen dritter Ordnung usw. erhoben werden müßte, die diese wieder zusammenfassen würden, oder das ganze System könnte nicht als Person akzeptiert werden.

In diesem Sinne scheint es so zu sein, daß die Verwirklichung von Einheit der Person nicht etwas ist, was gewissermaßen naturgegeben, von vornherein manifest in uns vorhanden ist – bei vielen Menschen ist offensichtlich, daß die Einheitlichkeit der Willensbildung vage bleibt, daß sie willkürlich und inkonsistent erfolgt. Vielmehr scheint es so zu sein, daß die Manifestation von „Personsein" eine immer neu sich uns stellende Aufgabe darstellt im Sinne der Integration, des gewissermaßen Vollständigwerdens – im Sinne einer Hegel-Assoziation – des gesamten seelisch-geistigen Daseins.

Die vorliegende These von der „‚Einheit der Person' als Grenzbegriff" deckt sich übrigens weitgehend mit der von Daniel Dennett in seinem Artikel „Bedingungen der Personalität" (1981) vertretenen These insofern, als auch er den Personbegriff als „Kontinuum" auffaßt: „Der moralische Begriff einer Person und der metaphysische Begriff einer Person sind nicht zwei separate und distinkte Begriffe, sondern nur zwei verschiedene unstabile Anhaltspunkte auf demselben Kontinuum."

Daß wir dies *in nuce* auch neurobiologisch offensichtlich vorgängig schon sind, ergibt sich aus folgender Überlegung: Wenn es richtig ist, daß Wahrnehmung immer zu einem – wenn auch gelegentlich nur „momentanen" – eindeutigen „Endergebnis" eines komplexen Interaktionsprozesses führt, dann steckt im Wahrnehmungsprozeß selbst bereits die Tendenz, aus einer Vielheit von Teilkomponenten ein einheitliches Bild zu konstruieren, d.h. eine Vereinheitlichungstendenz, die sich auch dann durchsetzt, wenn das Wahrnehmungsresultat eine extrem simplifizierende Abstraktion darstellt, die den objektivierenden „view from nowhere" (Nagel 1986) in scheinbar unendliche Ferne rückt. Aber diese seltsame Mischung aus Subjektivität und Objektivität ist es eben, die unser Leben ausmacht.

Robert Ornstein (1989) spricht in seinem Buch „Multimind" davon, es sei ein Ziel des Menschen, seine Multimind-Natur zu erkennen: „Wir sind erheblich gefährlichere Tiere als wir es gerne glauben würden. Aber wir sind erheblich wandlungs- und entwicklungsfähiger als wir uns manchmal träumen lassen. Wir können etliche der multiplen Fähigkeiten unseres Geistes weiterentwickeln oder überhaupt erst wecken und fördern. Der erste Schritt in diesem Prozeß besteht im Begreifen und Akzeptieren der multiplen Natur unseres Geistes." Hierbei stellt sich allerdings die Frage, unter welcher Perspektive dieses „Begreifen und Akzeptieren" erfolgen soll. Würde es beinhalten, die Diversifikationen unserer „Multimind-Natur" noch zu verstärken, so würde dies den nihilistischen Hedonismus, der unser Jahrhundert so sehr bestimmt, noch weiter verstärken. Vielmehr kann diese Anerkenntnis nur bedeuten, die personale Einheit als Ziel seelisch-geistiger Integration zu vervollkommnen und im Sinne der wesentlichen Aufgabe der Psychotherapie eine „Versöhnung" zwischen unbewußten und bewußten Intentionen zu ermöglichen. In diesem Sinne ist Einheit der Person als Grenzbegriff eine vektorielle Größe, die uns auffordert, das zu werden, was wir irgendwo *in nuce* vorgängig schon sind.

Literatur

Allport A (1988) What concept of consciousness. In: Marcel AJ, Bisiach E (eds) Consciousness in contemporary science. Clarendon Press, Oxford, pp 159–182

Creutzfeldt OD (1989) Modelle des Gehirns – Modelle des Geistes? Veröffentlichungen der Joachim Jungius-Gesellschaften, Hamburg 61:249–285

Dennett DC (1981) Bedingungen der Personalität. In: Bieri P (Hrsg) Analytische Philosophie des Geistes. Hain, Königstein/Ts., S 303−321

Emrich HM (1988) Zur Entwicklung einer Systemtheorie produktiver Psychosen. Nervenarzt 59:456−464

Emrich HM, Weber MM, Wendl A, Zihl J, von Meyer L, Hanisch W (1991) Reduced binocular depth inversion as an indicator of cannabis-induced censorship-impairment. Pharmacol Biochem Behav 40:689−690

Fodor JA (1983) The modularity of mind. MIT Press, Cambridge, Mass.

Frankfurt HG (1981) Willensfreiheit und der Begriff der Person. In: Bieri P (Hrsg) Analytische Philosophie des Geistes. Hain, Königstein/Ts., S 287−301

Gazzaniga M (1989) Das erkennende Gehirn. Junfermann, Paderborn

Gregory RL (1973) The confounded eye. In: Gregory RL, Gombrich EH (eds) Illusion in nature and art. Freeman, Oxford, pp 49−96

Heiligenberg W (1987) Central processing of sensory information in electric fish. Comp Physiol A 161:621−631

Heisenberg M (1990) Gedanken zu einer biologischen Theorie der Wahrnehmung. Vortrag im Max-Planck-Institut für Biochemie, Martinsried b. München

Helmchen H, Henn FA (eds) (1987) Biological perspectives of schizophrenia (Dahlem Conferences). Chichester, Wiley

Hoffman RE (1986) Verbal hallucinations and language production processes in schizophrenia. Behav Brain Sci 9:503−554

Horstmann RP (1990) Welche Freiheit braucht Moral? Kant und Dennett über den freien Willen. Vortrag in der Philosophischen Fakultät der Universität Bielefeld

Hubel DH, Wiesel TN (1979) Brain mechanisms of vision. Sci Am 241:130−144

Huxley A (1984) Die Pforten der Wahrnehmung, 11. Aufl. Piper, München

Jaspers K (1913) Allgemeine Psychopathologie. Springer, Berlin

Jacobsohn H (1952) Das Gespräch eines Lebensmüden mit seinem Ba. In: Zeitlose Dokumente der Seele. Rascher, Zürich

Libet B (1985) Unconscious cerebral initiative and the role of conscious will in voluntary action. Behav Brain Sci 8:529−566

Minden G von (1988) Der Bruchstück-Mensch. Reinhardt, München

Mundt C (1986) Zum gegenwärtigen Stand hirnmorphologischer und „benachbarter" Funktionsdiagnostik bei Schizophrenen. Fortschr Neurol Psychiat 54:84−91

Nagel T (1981) Wie ist es, eine Fledermaus zu sein? In: Bieri P (Hrsg) Analytische Philosophie des Geistes. Hain, Königstein/Ts., S 261−272

Nagel T (1986) The view from nowhere. Oxford University Press, Oxford

Nuechterlein KH, Dawson ME (1984) A heuristic vulnerability/stress model of schizophrenic episodes. Schizophr Bull 10:300−312

Ornstein R (1989) Multimind. Junfermann, Paderborn

Pöppel E, Schill K, von Steinbüchel N (1990) Sensory integration within temporally neutral system states: a hypothesis. Naturwissenschaften 77:89−91

Searle JR (1987) Intentionalität. Suhrkamp, Frankfurt/M.

Singer W (1990) Search for coherence: a basic principle of cortical self-organization. Concepts Neurosci 1:1−26

Spaemann R (1989) Glück und Wohlwollen. Versuch über Ethik. Klett-Cotta, Stuttgart

Watzlawick P (1981) Die erfundene Wirklichkeit. Piper, München

Weiss J (1990) Strategien des Unbewußten. Spektrum der Wissenschaft 5

Wolf R (1985) Binokulares Sehen, Raumverrechnung und Raumwahrnehmung. Biologie in unserer Zeit 15:161−178

Wolf R (1987) Der biologische Sinn der Sinnestäuschung. Biologie in unserer Zeit 17:33−49

Whitehead AN (1979) Prozeß und Realität. Suhrkamp, Frankfurt/M.

Yellott JI Jr (1981) Binocular depth inversion. Sci Am 245:118−125

Der Mensch und sein Alter

E. Lungershausen[1]

Wenn im folgenden einige Überlegungen zum Alter des Menschen vorgelegt und dabei Wesen und Sein des alten Menschen in den Mittelpunkt der Betrachtung gestellt werden, so enthält der Titel dieses Beitrages „Der Mensch und sein Alter" schon eine gewisse Setzung. Gesprochen werden könnte auch über den Menschen „und das Alter", dies scheint jedoch zu unbestimmt.

Alter ist ja ohnehin in unserer Sprache ein sehr vieldeutiger Begriff. Es kann einerseits darunter die bisher im Lebensweg zurückgelegte Zeitstrecke verstanden werden, es kann ein bestimmter Lebensabschnitt gemeint sein oder schließlich auch eine besondere Befindlichkeit des Menschen, dann nämlich, wenn etwa gesagt wird, dieser oder jener sei in den letzten Monaten doch recht alt geworden.

Der Vieldeutigkeit des Begriffes „Alter" ist sich durchaus auch die Umgangssprache bewußt, wenn sie trennt zwischen dem Altwerden, das jeder werden, und dem Alt-sein, das niemand sein möchte.

„Das Alter" kommt auf den Menschen zu, ist ihm auferlegt als letzte Zeitstrecke auf dem Lebensweg, muß er-litten werden. „Sein Alter" im Sinne des je eigenen Alters als Möglichkeit und Aufgabe für den einzelnen verliert die Anonymität des Uneigentlichen, kann er-lebt werden.

Von solchen Zusammenhängen soll im folgenden die Rede sein.

Der Lebensabschnitt „Alter" hat in früheren Jahrhunderten immer wieder Denker und Literaten beschäftigt. Vorwiegend waren es dabei die negativen Aspekte des Alters, die vor allem anderen herausgestellt worden sind.

Wir haben dies früher einmal etwas genauer zu belegen versucht (Lungershausen 1985) und wollen deshalb hier nicht weiter darauf eingehen.

Eine intensivere Beschäftigung mit dem Alter, im übrigen auch innerhalb der Philosophie, hat eigentlich erst in den letzten Jahrzehnten wieder begonnen. Die Gründe für das neue und zunehmende Interesse am Alter liegen auf der Hand, die Verlängerung der Lebenserwartung und die damit verbundene, ständig steigende Zahl alter Menschen überhaupt.

Auch innerhalb der Psychiatrie ist die Beschäftigung mit dem Alter und seinen spezifischen Problemen bis vor wenigen Jahrzehnten einigermaßen

---

[1] Psychiatrische Klinik und Poliklinik der Universität Erlangen-Nürnberg, Schwabachanlage 6–10, W-8520 Erlangen-Nürnberg, Bundesrepublik Deutschland

karg gewesen. Blättert man in älteren psychiatrischen Lehrbüchern und auch in einigen heutigen, so findet man gewöhnlich sehr vieles über hirnorganische Psychosyndrome, über dementiellen Abbau, über Psychosen im Alter, wenig findet man jedoch über das Alter selbst.

Es würde jedoch unsere Sichtweise in unzulässiger Weise einengen, sähe der Psychiater das Alter nur unter solchen Aspekten, denn die Psychiatrie des Alters ist, worauf Lauter (1989) sehr zu recht hingewiesen hat, eben nicht „die Psychiatrie der Demenz".

Diese frühere Betrachtungsweise des Alters mag wohl darin ihren Grund gehabt haben, daß das Alter im Bereich der Medizin „noch weitgehend als ein rein statisches Phänomen oder als ein Prozeß einer negativen Entwicklung mit Zunahme von pathologischen, physiologischen und morphologischen Veränderungen der Häufung von Krankheiten und gleichzeitig fortschreitende Abnahme von physischen und psychischen Fähigkeiten angesehen wurde" (Radebold 1979).

Das Unaufhaltsame, jeden Menschen, kommt er nicht vorzeitig zu Tode, erreichende und ihn schließlich überwältigende Faktum des Alterns schien eine resignative Haltung gegenüber diesem Unausweichlichen nicht nur beim Altwerdenden selbst und innerhalb seiner Umgebung, sondern auch bei seinen Ärzten zu begründen.

In alter Sichtweise bewegte sich anscheinend der Lebensablauf des Menschen in einer Art Kreisbogen, der von Kindheit über Jugend, Erwachsensein, Altwerden und das Greisenalter dann schließlich in vermeintlicher „Rückbildung" zum kindischen Greise führte.

Wie die in den letzten Jahrzehnten immer mehr anschwellende wissenschaftliche Literatur aus den verschiedensten Disziplinen, vor allem auch innerhalb der Medizin, zeigt, hat sich dies deutlich geändert und, sollte man hinzufügen, dies mußte sich auch ändern.

Nachzudenken über sein Alter ist selbstverständlich eine Aufgabe, die jeder von uns ohnehin für sich selbst, für sein eigenes Schicksal, für sein individuelles, ihm eigenes Alter zu leisten hat oder zu leisten haben wird.

Bei solchem Nachdenken aber wird zu fragen sein, ob es in dem Prozeß des Älterwerdens auch bestimmte, allgemeingültige Faktoren gibt, die dessen Ablauf zu beeinflussen vermögen, von denen nur einige wenige hier kurz skizziert werden können.

Schon die allgemeine Lebenserfahrung zeigt, daß Alter eine individuell verschiedene Zeitspanne mit variablem Beginn umfaßt, die neben biographischen auch andere, etwa biologische, psychologische und soziale Dimensionen besitzt. Diese hohe Inter- und Intraindividualität des Alterungsprozesses kommt auch, wie Kruse (1989) dies ausgeführt hat, in dem Begriff des „funktionalen Alters" zum Ausdruck.

„Das funktionale Alter orientiert sich an den Kapazitäten des Individuums in den einzelnen Funktionsbereichen und stellt ein Maß für dessen Gesamtkompetenz im physischen, psychischen und sozialen Bereich dar" (Kruse 1989), und in der „Göteborg-Studie" konnten Svanborg et al. (1986)

zeigen, daß das „funktionale Alter" sowohl nach oben als auch nach unten erheblich abweichen kann.

So scheint es des Nachdenkens wert, ob eigentlich das Altwerden und das Altern in jenem Koordinatensystem von Geschichtlichkeit und Befindlichkeit, innerhalb dessen Leben geschieht, sich unbedingt miteinander ereignen muß, oder ob sich der Alterungsprozeß nicht vielleicht verzögern läßt, sowohl im Hinblick auf den Zeitpunkt seines Beginns wie in der Art seines Verlaufes.

Natürlich werden immer Grenzen gesetzt sein, jenseits derer ein Alter zum Greis wird und sich im Wandel seines Lebens selbst wandelt. Jedoch könnte es sein, daß in unserer eigenen Haltung gegenüber dem Altern und dem Alter Überzeugungen und Verhaltensweisen vorhanden sind, die uns rascher altern lassen als dies notwendig wäre. Gemeint ist dabei jene Haltung, die in erster Linie den Prozeß des Alterns im Sinne von Rückbildung und ständigem Verlust von Freiraum sieht, als eine Art Krankheit, die sich unheilbar, gefährdend und von Tag zu Tag verschlimmernd bis hin zum Tode ereignet.

Bis heute noch ist es oftmals ein Defizienzmodell des Alterns, das sich an äußeren Gegebenheiten, wie etwa dem Welkwerden des Leibes, orientiert und seit langer Zeit den Blick auf das verstellt, was Alter wirklich ist, oder was es zumindest für viele sein könnte.

Der Mensch weiß, daß er alt wird, und er will dies auch, da nur ein möglichst hohes Lebensalter ihn in die Lage versetzt, seinem Lebensweg eine weitere Strecke hinzuzufügen. Dennoch aber möchte er nicht eigentlich altern, weil er im Alter vor allem anderen den Abbau und die Reduktion zu sehen glaubt.

„Die Angst vor dem Alter hat panisches Ausmaß; das Altern selbst wird zu einem Lebensabschnitt großer Verlassenheit ohne Reprozität mit der Jugend. Es ist eine bittere Ironie, daß sich zugleich das durchschnittliche Leben um Jahrzehnte verlängert hat..." (Mitscherlich 1983).

Der Alternde wird sich fragen müssen, ob er als alter Mensch noch derjenige sein wird, der er in bezug auf sich selbst, seine Umwelt und seine Verhältnisse jetzt ist und später einmal gewesen sein wird. Die Haltung gegenüber dem Alter wird von Zwiespältigkeit bestimmt. Der Mensch muß das Alter einerseits erreichen, da er nur so weiteren Raum für seine Möglichkeiten zu sehen vermag, erreicht er es aber, so wird er erwarten müssen, daß das Alter in dem von ihm befürchteten Sinne die auf diese Weise gewonnenen Möglichkeiten nichtet.

Dabei ist für ihn nicht einmal mit Sicherheit zu erkennen, wo die Grenze liegt, an der neu hinzugewonnene Möglichkeiten, z.B. durch die Schaffung bisher nicht gegebener Freiräume oder Beendigung von beruflich bedingten Abhängigkeiten, durch den Verlust der Fähigkeit, sie zu nutzen, wieder entwertet werden.

Aus solcher Sicht wird Alter zu einer unabwendbaren Bedrohung, und man muß kritisch zugeben, daß zu derartigen Sichtweisen auch die Medizin das Ihre beigetragen hat.

Sieht man in die ältere psychiatrische Literatur, die schon eingangs erwähnt wurde, so wird, wenn vom Alter überhaupt die Rede ist, gewöhnlich die zunehmende Defizienz in den Vordergrund gestellt. Für Kraepelin (1899) beispielsweise ist das Alter eine Zeit „des körperlichen Niedergangs" und vom 5. Lebensjahrzehnt an „beginnen sich die Zeichen auch des geistigen Rückganges ...... bemerkbar zu machen". Im „Lehrbuch der Greisenkrankheiten" von Schwalbe aus dem Jahre 1906 stellt dieser fest, daß dem „Werden des Menschen ...... seine Involution, sein Vergehen" gegenüberstünde.

Noch 1960 hält Ruffin in einem Handbuchbeitrag zwar fest, daß die medizinische Frage des Alterns „ohne naturwissenschaftliche Methoden und Ergebnisse nicht zu behandeln ist, in ihnen allein aber auch nicht besteht", verwahrt sich dann jedoch bereits im nächsten Satz gegen den Verdacht, es könnten sich „Philosophie, Psychologie, vielleicht Soziologie und Politik oder gar Weltanschauung oder Dichtung in diesen medizinischen Gegenstand einschleichen".

Glücklicherweise ist diese Sichtweise, die hier kritisiert wird, heute obsolet geworden, und in heutiger Sicht ist Altern nicht nur ein biologisches, sondern auch ein soziales und kulturelles Geschehnis. Deren einzelne Faktoren sind dabei untrennbar miteinander verbunden, ihre Unterscheidung wäre willkürlich.

So definiert sich der Beginn des Alters eher aus sozialen Faktoren als ein gesellschaftlich auferlegter Lebensabschnitt, der sich u.a. durch Beendigung der beruflichen Tätigkeit und dem Ausscheiden aus dem Arbeitsprozeß, und hier hat sich ein interessanter Terminus eingebürgert, nämlich „nach Erreichen der Altersgrenze", bestimmt. Er wird ebenso auch bestimmt durch den damit verbundenen Verlust zahlreicher bislang vorgegebener sozialer Bezüge. Daß dieser so einschneidende Schritt auch heute noch, trotz vieler dem entgegenstehenden Erkenntnisse, fast immer abrupt, von einem Tag zum anderen erfolgt, sei hier nur angemerkt.

Bereits jetzt besitzen die Menschen im höheren Lebensalter von ihrer Zahl her gesehen eine wesentlich größere Bedeutung, als dies ihrem sozialen Ansehen entspricht.

In diesem Zusammenhang sollte, um nur ein Beispiel zu nennen, daran erinnert werden, daß alte Menschen eine ihrer früheren Aufgaben weitgehend verloren haben. Aufgrund von Wissen und Erfahrung waren sie einst auch geachtete Träger von Überlieferung und Tradition und repräsentierten so Weisheit und Gedächtnis der Gesellschaft.

Heute, wo fern von Tradition und Erfahrung nach dem jeweils Neuesten gesucht wird, haben sie diese Rolle und deren Würde, als eben zu alt, weitgehend verloren und werden zu Zaungästen des Geschehens.

Lohmar (1980) hat sich gerade mit diesen Fragen sehr engagiert auseinandergesetzt, wenn er feststellt, daß die Alten als „Repräsentanten der gesamten Gesellschaft nicht mehr benötigt" und stattdessen „in das ›diesseitige Jenseits‹ geschickt" werden.

Jene Vorstellung vom Alter als kontinuierlich zunehmender Defizienz, die sich als Vorurteil im Laufe eines Lebens zusammenfügt, werden von vielen Menschen unverändert in das Alter selbst mit hineingenommen. Und so ist auch der Satz von Lichtenberg zu verstehen, wenn dieser sagt: „Nichts macht schneller alt als der immer vorschwebende Gedanke, daß man älter wird."

Um gerade solche Vorurteile über das Alter, dies sei hier nur eingefügt, nicht auch noch zu bestärken, sollte man es endlich aufgeben in der Medizin unreflektiert vom „Rückbildungsalter" oder der „Involution" zu sprechen, sondern, wie Oesterreich (1989) dies vorgeschlagen hat, sich vielmehr auf die Feststellung der Altersabhängigkeit bestimmter Erkrankungen beschränken.

Wer aber nun dank solcher Vorurteile sein Alter auf sich zukommen sieht in der Überzeugung, daß damit ein kontinuierlicher Schwund seiner körperlichen und geistigen Kräfte verbunden sei, Krankheit und Einsamkeit sich ihm nähern, wird bei sich auch rascher vermeintlich erste Anzeichen seines Alters spüren und ebenso deren Fortschreiten, eher jedenfalls als ein anderer, der unbeschwert in diese Lebensphase hineingeht.

So ist das, was wir im Alter sind, auch z.T. abhängig von der Vorwegnahme des Alters, von den Erwartungen, die wir mit ihm verbinden und jener wird wohl sein Altern rascher und intensiver erleben, der in ihm die Bestätigung für seine in diesen Lebensabschnitt mitgebrachten Ängste sucht und zu finden glaubt.

Aus einer solchen Grundhaltung heraus, die Alter nur mit negativen Assoziationen besetzt sieht, nur als ständig zunehmenden Verlust von Möglichkeiten und Gegebenheiten, ließe sich eine Treppe des Abstiegs konstruieren, deren einzelne Stufen durch Aufgeben- und Verzichtenmüssen bestimmt sind, und die in ihrer Gesamtheit bis hin zu einer trostlosen Entselbstung und zum öden Warten auf den Tod führt.

Das unter solchen Auspizien der Tod herbeigesehnt, sogar sehnsüchtig erwartet oder durch eigenes Handeln vorweggenommen wird, zeigen die Suizidziffern bei alten Menschen, die die höchsten überhaupt sind.

Gerade diese Tatsache scheint uns von besonderer Tragik, da wir im Suizid des Hochbetagten nicht die nüchterne Bilanz, von der jetzt so häufig geredet wird, sondern vielmehr nur die soziale Katastrophe zu erkennen vermögen.

Die Liste von Negativerwartungen in bezug auf das Alter scheint sich dann zu bestätigen, wenn nun zunehmend körperliche, vor allem aber psychische Beeinträchtigungen auftreten. Wenn auch ein dementieller Prozeß nur eine Minderzahl von alten Menschen betrifft, so bringt er diese Betroffenen jedoch in die gefürchtete Situation zunehmender Abhängigkeit und Einschränkung ihrer Selbstverfügbarkeit. Über allen Betrachtungen des Nachlassens psychischer Leistungen im Falle beginnender oder fortgeschrittener Demenz darf diese besondere Lebenssituation nicht außer acht gelassen werden.

Hier ist jetzt das Verständnis der bestehenden Schwäche, ihr Annehmen und das Getragenwerden durch die Personen der Umgebung des alten Menschen, die vieles zu erleichtern vermag.

Die liebende Zuwendung, mit denen Eltern einst ihre Kinder aufgezogen haben, müßte von den jetzt erwachsenen Kindern an die nun altgewordenen Eltern zurückgegeben werden im Rahmen des ungeschriebenen, aber dennoch bestehenden Generationenvertrages. Jedoch ist dieser Tausch der Fürsorge innerhalb der Generationen in zunehmendem Maße nicht mehr möglich oder nicht mehr gewollt (Höffe, 1989).

In diesem Zusammenhang sei auch auf jüngste Arbeiten Höffe's (1990) verwiesen, der sich mit den Problemen einer normativen Gerontologie unter sozialethischen Aspekten im Sinne einer Gerechtigkeitstheorie sehr intensiv auseinandergesetzt hat.

Aus den eben dargelegten Gründen aber ist es deshalb oft nicht das Ausmaß der psychischen Veränderungen und der Hilfsbedürftigkeit, sondern soziale Isolation, Auflösung von Familienstrukturen, Unverständnis oder Fehlen von hilfsbereiten Angehörigen, das über den Verbleib in Wohnung oder Familienverband oder Aufnahme in Alten- und Pflegeheime entscheidet.

Der Akzeptanz der sich nun entwickelnden psychischen Beeinträchtigungen durch Angehörige muß auf der Seite des Erkrankten jedoch auch die Akzeptanz der zunehmenden Verwiesenheit auf fremde Hilfe gegenüberstehen.

Das oft zu beobachtende Verleugnen oder Bagatellisieren psychischer Beeinträchtigung durch den davon Betroffenen auch dort, wo diese Erkenntnis durchaus noch möglich wäre, dürfte dem Widerstand gegen das Eingeständnis der Hilfsbedürftigkeit entsprechen.

Hier aber ergeben sich auch wichtige Ansätze für eine Psychotherapie, beispielsweise im Aufarbeiten von jetzt neu entstandenen oder durch das Angewiesensein reaktivierte Konflikte mit anderen Personen und im Anerkennen und Annehmen von Hilfsbedürftigkeit. Ebenso wichtig ist jedoch die Beratung und Hilfe für jene Angehörigen, die den Erkrankten tragen sollen. Verwiesen sei in diesem Zusammenhang auf die Arbeiten von Lauter u. Kurz (1989), ebenso auch auf Lazarus (1989) und auf Peters (1990).

Dies sei hier nur angedeutet, weil noch auf einige eher grundlegende Überlegungen zur Frage von Prophylaxe und Therapie eingegangen werden soll.

Es ist erneut ein Satz von A. Mitscherlich, den ich hier aufgreife, wenn er feststellt, „man möchte leben, ohne zu altern, aber in Wirklichkeit altert man, ohne zu leben".

Alles Bemühen um den alten und auch um den dementen alten Menschen müßte darauf hinzielen, diesen Gedanken unzutreffend werden zu lassen.

Mir scheinen hier im Grunde zwei Aufgaben zu bestehen, die im weitesten Wortsinne psychotherapeutisch bestimmt sind. Zunächst gilt, daß die zunehmende Lebenserwartung immer weiter steigende Zahlen alter Menschen und immer älterer Menschen in unserer Bevölkerung gebieterisch verlangt, daß dieser Gruppe jene soziale Bedeutung, Kompetenz und Würde beizumessen ist, auf die sie Anspruch hat. Es scheint nicht sinnvoll, für sich selbst den jungen Erwachsenen zum Maß machen zu wollen, an dem man das eigene Alter bestimmt. Von diesem Maß abgehend werden wir begreifen müssen, daß jede Altersgruppe ihre eigene Bedeutung, ihre Aufgaben, ihre Pflichten und Rechte hat.

Diese Erkenntnis sollte aber schon früher eintreten, in der Jugend bereits sollte auf das Alter hin-gedacht werden. Alter muß nicht ein ebenso unabwendbares wie sinnloses Stadium am Ende des Lebens sein, sondern kann auch etwas anderes bedeuten, eine Zeit bewußten Vorwärtsschreitens, der Erfüllung, sogar der Vervollkommnung.

Alter muß verstanden werden als eine weitere Möglichkeit, die das Leben bietet, dann nämlich, wenn aus der Uneigentlichkeit des Arbeitslebens — welches jedenfalls z.T. bestimmt, wie der Mensch zu sein hat — hinausgetreten werden kann in die Eigentlichkeit gelebten Lebens, die den Menschen sein läßt, wie er sein wollte und sein möchte.

In diesem Zusammenhang scheinen auch Überlegungen von Schubert (1972) wichtig, der darauf hingewiesen hat, daß es gilt, die Zeit und das Alter mit Inhalt zu erfüllen und betont „... es wäre grauenvoll, wenn eine mehr an sich als an die Menschen denkende Freizeitindustrie die Lösung dieses enormen Problems übernehmen würde. Die Lösung heißt vielmehr: Weiterbeschäftigung nach eigenem Lebensplan".

So sollte es möglich sein und üblich werden, daß der Mensch Tätigkeiten und Fähigkeiten lange vor Erreichen seiner Altersgrenze bei sich entdecken und entwickeln könnte, die er dann nach Abschluß seiner Berufsarbeit und gleichsam als neuen, ihm eigenen und ihm gemäßen Beruf weiterbetreiben kann.

Hier ist die Gelegenheit für den älterwerdenden Menschen, sich schon möglichst frühzeitig selbst zu finden und später dann Gebiete seiner Begabung und Möglichkeiten auszubilden, die vielleicht sonst brachgelegen hätten oder bisher brachliegen mußten.

Alter kann diese Möglichkeit bieten, sich in der Vervollkommnung zu vollenden.

Dies verlangt nach einer Einstellungsänderung gegenüber dem Alter, die nicht früh genug erfolgen kann, eröffnet andererseits aber auch Möglichkeiten eines therapeutischen Zugangs, dann nämlich, wenn es darum geht, dem alten Menschen zu zeigen, daß auch er noch Zukunft hat, eine Zukunft nämlich, die möglicherweise für sein Leben von besonderer Bedeutung ist, in dem sie darüber befindet, ob seine Vergangenheit lebendig ist und sinnerfüllt. Hier kann auf Gedanken von Böckle (1990) verwiesen werden, wenn er feststellt, daß fehlender Total-Sinn eines Lebens auch jeden Teil-Sinn nichtet.

Sinnhaftigkeit des Alters wird immer über die Sinnhaftigkeit des ganzen Lebens entscheiden.

So scheint es immer wieder notwendig dieses Ziel, dem Alter Sinn zu verleihen, anzustreben. Leben und Alter zu begreifen als Bestandteil eines Lebensentwurfes und in diesem Begreifen dessen Sinnzusammenhänge zu erkennen, sind wesentliche, vielleicht letzte existentielle Aufgaben, die dem alten Menschen gestellt werden und wo die große Herausforderung für ihn liegt. Mancher mag auch hier noch zu jener reifen Weisheit finden, die er für sein Alter erhofft haben mag und die es ihn er-leben läßt.

So wollte vielleicht auch GOYA jenes Selbstbildnis aus seinen letzten Jahren verstanden wissen, wenn er dem Bilde des hinfälligen Greises die stolzen Worte beigibt: „Aun aprendo — noch immer lerne ich."

Nur der Mensch erlebt sein Alter, weil nur er von seiner eigenen Endlichkeit weiß und C. F. von Weizsäcker (1978) hat mit Recht betont, daß „kaum ein anderes Wissen dem Menschen einen so tief eindringenden Weg in die Selbstwahrnehmung geöffnet (hat) wie das Wissen vom eigenen Tod".

Insofern scheint es die große Aufgabe des Menschen, sich in sinnvoller Weise zur Zukunft verhalten zu können, auch zu dieser Zukunft des Todes.

Helfen werden wir dabei vor allem dann, wenn es gelingt, jemand in der so verstandenen Weisheit seines Alters das bevorstehende Ende seines Lebens nicht mehr als dessen sinnlosen Abbruch, sondern als gewirkte Tat und als Vollendung erfahren zu lassen.

Literatur

Böckle F (1990) Erfüllung des Lebens, Krankheit und Tod. Vortrag 106. Wanderversammlung Südwestdeutscher Neurologen und Psychiater, Baden-Baden 1990 (noch nicht veröffentlicht)
Busse EW, Blazer DG (eds) Geriatric psychiatry. Am. Psychiatr. Press, Washington
Höffe O (1989) Normative Gerontologie. Der tauschtheoretische Entwurf einer neuen Disziplin der Sozialethik. Jahrb Christl Sozialwiss 30:135—148
Höffe O (1990) Über Rechte älterer Menschen — eine tauschtheoretische Legitimation. In: Lungershausen E (Hrsg) „Demenz — Herausforderung für Forschung, Medizin und Gesellschaft". Springer, Berlin Heidelberg New York
Kraepelin E (1899) Psychiatrie, Bd 2. Barth, Leipzig
Kruse A (1987) Kompetenz bei chronischer Krankheit im Alter. Z Gerontol 20:355 (1987)
Kruse A (1989) Psychologie des Alters. In: Kisker KP et al. (Hrsg) Psychiatrie der Gegenwart, Bd 8. Springer, Berlin Heidelberg New York Tokyo
Lauter H (1988) Die organischen Psychosyndrome. In: Kisker KP et al. (Hrsg) Psychiatrie der Gegenwart, Bd 6. Springer, Berlin Heidelberg New York Tokyo
Lauter H (1990) Klinik und Therapie von Altersdemenz. Vortrag 106. Wanderversammlung südwestdeutscher Neurologen und Psychiater, Baden-Baden 1990 (noch nicht veröffentlicht)
Lauter H, Kurz A (1989) Demenzerkrankung im mittleren und höheren Lebensalter. In: Kisker KP et al. (Hrsg) Psychiatrie der Gegenwart, Bd 8. Springer, Berlin Heidelberg New York Tokyo
Lazarus LD (1989) Psychotherapy with geriatric patients in the ambulatory care setting. In: Busse EW, Blazer DG (eds) Geriatric Psychiatry. Am. Psychiatr. Press, Washington
Lichtenberg CG (1800) Vermischte Schriften. Bd 2
Lohmar U (1980) Die Ratlosen. Vom Dilemma der Jungen, der Erwachsenen und der Alten. Econ, Düsseldorf

Lungershausen E (1985) Altwerden und Altern. Nervenheilkunde 4:113—118
Mitscherlich A (1983) Gesammelte Schriften, Bd 3. Suhrkamp, Frankfurt/M.
Oesterreich K (1989) Normbegriff in der Gerontopsychiatrie. In: Platt D (Hrsg) Handbuch der Gerontologie, Bd 5: Neurologie, Psychiatrie. Fischer, Stuttgart
Peters UH (1990) Demenz als soziales und medizinisches Problem. In: Lungershausen E (Hrsg) Demenz — Herausforderung an Forschung, Medizin und Gesellschaft. Springer, Berlin Heidelberg New York Tokyo
Radebold H (1979) Psychosomatische Probleme in der Geriatrie. In: Uexküll T von (Hrsg) Lehrbuch der Psychosomatischen Medizin. Urban & Schwarzenberg, München
Ruffin H (1960) Das Altern und die Psychiatrie des Seniums. In: Benda CE et al. (Hrsg) Psychiatrie der Gegenwart, Bd 2. Springer, Berlin Göttingen Heidelberg
Schubert R (1972) Aufgaben und Ziele der Gerontologie. In: Gadamer HG, Vogler P (Hrsg) Neue Anthropologie, Bd 3. Thieme, Stuttgart
Svanborg A, Berg S, Mellström D, Nilsson L, Persson G (1986) Possibilities of preserving physical and mental fitness and autonomy in old age. In: Häfner H, Moschel G, Sartorius G (eds) Mental health in the elderly. Springer, Berlin Heidelberg New York Tokyo
Weizsäcker CF von (1978) Der Garten des Menschlichen. Beiträge zur geschichtlichen Anthropologie, 5. Aufl. Hanser, München

Zur Bedeutung und methodischen Problematik der psychiatrischen Persönlichkeitsforschung: Der Typus melancholicus und andere Konzepte zur prämorbiden Persönlichkeit von Patienten mit affektiven Psychosen

H.-J. MÖLLER[1]

Wie aus zahlreichen Untersuchungen hervorgeht, ist die Kenntnis persönlichkeitsbedingter Dispositionen bei affektiven Erkrankungen u.a. unter dem Aspekt von Krankheitserklärung, Verlaufsdiagnose und therapeutischem Handeln von Bedeutung (Chodoff 1972; Tellenbach 1977; von Zerssen 1977 a; Hirschfeld u. Cross 1982; Akiskal et al. 1983).

So ist z.B. bekannt, daß depressive Patienten mit allgemein neurotischen, hypochondrischen oder hysterischen Zügen einen weniger erfolgreichen Behandlungsverlauf unter trizyklischen Antidepressiva zeigen (Paykel 1972; Deykin u. DiMascio 1972; Ananth 1978; Möller et al. 1987). Für Manien wurde beschrieben, daß besonders Patienten mit zyklothymer Persönlichkeit gut auf die medikamentöse Akutbehandlung mit Neuroleptika oder Lithium (Taylor u. Abrams 1975) sowie auf die prophylaktische Langzeitmedikation mit Lithium ansprechen (Ananth et al. 1979). Auch aus Langzeitkatamnesen gibt es Hinweise, daß unter den Patienten mit depressiven Erkrankungen jene, die Auffälligkeiten der Primärpersönlichkeit im Sinne z.B. depressiver Persönlichkeit oder emotionaler Unstabilität haben, einen ungünstigeren, Patienten mit zyklothymer oder Typus-melancholicus-Struktur einen günstigeren Verlauf aufweisen (Weissman et al. 1978; Akiskal et al. 1978; Nyström 1979; Keller u. Shapiro 1982; Okuhama u. Shimoyama 1972). Beschriebene pathoplastische Effekte der Persönlichkeitsstruktur auf die Ausgestaltung des Krankheitsbildes seien nur beiläufig erwähnt (Videbeck 1975; Lazare u. Klerman 1968; Vaz Serra u. Pollitt 1975).

Persönlichkeitsauffälligkeiten lassen sich als angeboren oder erworben interpretieren. Seit langem wurden besonders die psychogenetischen Aspekte gesehen, während die biologischen Gesichtspunkte erst in neuerer Zeit wieder stärker an Interesse gewonnen haben (Rainer 1979). So gibt es z.B. aus Zwillingsuntersuchungen empirische Hinweise dafür, daß für die Dimension Introversion/Extraversion (Eysenck u. Prell 1951) sowie für die orale Struktur bei Männern und die hysterische Struktur bei Frauen hereditäre Faktoren eine Rolle spielen (Torgersen 1980). Auch wurde berichtet, daß Patienten mit zyklothymen Persönlichkeitsstörungen einen höheren

---

[1] Psychiatrische Klinik und Poliklinik der Universität, Sigmund-Freud-Straße 25, W-5300 Bonn 1, Bundesrepublik Deutschland

Prozentsatz von Verwandten mit manisch-depressiven Erkrankungen haben als Patienten mit nichtaffektiven Persönlichkeitsstörungen (Akiskal et al. 1977). Bestimmte Befunde über biologische Marker lassen sich ebenfalls in Richtung biologischer Theorien interpretieren. So wurde z.B. bei Patienten mit depressiver Charakterstörung eine REM-Latenz in der Größenordnung von Patienten mit „primary depression" gefunden, eine REM-Latenz, die signifikant kürzer war als solche von gesunden Kontrollen oder von Patienten mit nichtaffektiven Persönlichkeitsstörungen (Akiskal et al. 1980). Unter solchen Aspekten ist die Erforschung der Persönlichkeit und ihrer Korrelate bei Patienten mit affektiven Psychosen keinesfalls nur von psychologischem Interesse, sondern auch eine wichtige biologisch-psychiatrische Fragestellung, die u.a. für die Indikation zur medikamentösen Behandlung bei solchen Patienten von Bedeutung sein kann, bei denen sich im bisherigen Verlauf zwar bestimmte Persönlichkeitsauffälligkeiten gezeigt haben, aber nicht manifeste affektive Erkrankungen (Akiskal et al. 1979; King 1977; Sheard u. Martini 1978; van Putten u. Sanders 1975).

Die Aufdeckung von Zusammenhängen zwischen prämorbider Persönlichkeit und Krankheitsfaktoren bzw. Krankheitsverlauf scheint von grundlegender praktischer und theoretischer Bedeutung. Sie kann, wie schon angedeutet, zu verschiedenen weitergehenden Untersuchungen über genetische und peristatische Faktoren anregen, die an der Entstehung bestimmter Persönlichkeitstypen sowie an deren Interaktion mit situativen Faktoren bei der Krankheitsentstehung beteiligt sind (von Zerssen 1977 a).

Historischer Rückblick und klinische Hypothesen

Die psychiatrische Persönlichkeitsforschung im Bereich der affektiven Erkrankungen interessiert sich insbesondere für die folgenden Fragestellungen:

1. Gibt es einen assoziativen Zusammenhang zwischen bestimmten prämorbiden Persönlichkeitsmerkmalen und affektiven Erkrankungen?
2. Sind diese prämorbiden Persönlichkeitsmerkmale mitigierte Formen der jeweiligen affektiven Erkrankung?
3. Sind diese prämorbiden Persönlichkeitsmerkmale als Risikofaktoren für eine bestimmte affektive Erkrankung anzusehen?
4. Kommt es im Rahmen psychiatrischer Erkrankungen zu sekundären, d.h. krankheitsbedingten Veränderungen?

Die Vorstellungen über die Bedeutung der Persönlichkeit erwuchsen auf klinisch-intuitiver Basis. Erfahrene Kliniker gewannen im therapeutischen Kontakt mit den Patienten den Eindruck, daß bestimmte Kombinationen einzelner Persönlichkeitszüge im Sinne von Persönlichkeitstypen beobachtbar seien und daß diese, oft nur unscharf gegeneinander abgrenzbaren Persönlichkeitstypen, Zusammenhänge mit bestimmten psychischen Erkrankungen aufwiesen. Von Kretschmer (1921) wurden dabei nicht nur psychologische Dimensionen in die Überlegungen einbezogen, sondern im Sinne seines konstitutionsbiologischen Ansatzes auch Merkmale des Körperbaues, eine Position, die heute zumindest bezüglich dieser Erweiterung der Betrachtung als empirisch weitgehend widerlegt angesehen werden muß (von Zerssen 1977 b).

Diese Zusammenhänge zwischen Persönlichkeitstypen und psychischen Erkrankungen wurden einerseits im Sinne einer oft psychodynamisch erklärten Prädisposition zu der jeweiligen Erkrankung interpretiert. So z.B. wurde der „orale" Charakter (Abraham 1924) als zu Depressionen, der Typus melancholicus als zur endogenen Depression prädisponierende Persönlichkeitsstruktur (Tellenbach 1977) aufgefaßt, oder sie wurden als mitigierte Form der psychischen Erkrankung (Kraepelin 1913; Kretschmer 1921) mit den entsprechenden theoretischen (u.a. genetischen) Konsequenzen angesehen, so z.B. die sanguinische/hypomanische Persönlichkeit als mitigierte Form der vorwiegend manisch geprägten Form der bipolaren Psychosen (Leonhard 1963). Am häufigsten wurde der Frage nach den Assoziationen zwischen Persönlichkeitsstruktur und psychischen Erkrankungen nachgegangen, ohne daß die weitergehende Frage nach Prädisposition bzw. mitigierter Form bezüglich einer bestimmten Erkrankung ausreichend geklärt wurde.

Schon früh wurden die im Rahmen der Schizophrenie auftretenden sekundären schweren Persönlichkeitsänderungen beschrieben (Kraepelin 1913), während sekundäre Persönlichkeitsänderungen bei affektiven Psychosen erst in neuerer Zeit ins Blickfeld gerückt sind. Die sekundären Persönlichkeitsänderungen bei affektiven Psychosen können verschiedenster Art sein (Kraines 1967; Lauter 1969); u.a. sind asthenische und subdepressive Zustände häufig. Oft wirken diese sekundären Persönlichkeitsveränderungen stark neurotisch und imitieren alle diesbezüglichen Ausprägungsformen. Die Veränderungen können sehr ausgeprägt sein und den Patienten sehr behindern (Welner et al. 1975; Akiskal u. Puzantian 1979). Sie sind als dauerhaft bestehende sekundäre Persönlichkeitsstörungen abzugrenzen von vorübergehenden affektiven Veränderungen und Störungen der sozialen Adaptation, die gelegentlich nach der Remission von depressiven Phasen vorübergehend auftreten und meist durch Fortsetzung der Antidepressivatherapie, gegebenenfalls durch zusätzliche Psychotherapie, behoben werden können (Weisman u. Paykel 1974; Hauri et al. 1974; Klerman 1978).

Es ist hier nicht der Platz, die einzelnen, auf klinisch-intuitiver Basis entstandenen Konzepte ausführlich zu würdigen. Es sei betont, daß mit prämorbiden Persönlichkeitsauffälligkeiten nicht unbedingt abnorme Varianten der Persönlichkeit im Sinne von Persönlichkeitsstörungen (Psychopathien s. str.) gemeint sind, sondern auch die noch dem Normbereich zuzuordnenden Akzentuierungen bestimmter Persönlichkeitszüge. Unter dem Aspekt der affektiven Erkrankungen sind insbesondere die folgenden klinischen Konzepte von prämorbiden Persönlichkeitsauffälligkeiten von Interesse:

1. Zykloide/zyklothyme Persönlichkeit (Kretschmer 1921): aus der Sicht Kretschmers die dispositionelle Grundlage aller affektiven Psychosen, also ohne Differenzierung bezüglich der einzelnen Erscheinungsformen. Die Begriffe „Syntonie" (Bleuler 1922) und „Substabilität" (Sjöbring 1958) zielen etwa auf das gleiche Konzept.
2. Typus melancholicus (Tellenbach 1961): nach Tellenbach eine vornehmlich zur unipolaren endogenen Depression disponierende Wesensart (Tabelle 1).
3. Typus manicus (Dietrich 1968; von Zerssen 1977 a): eine insbesondere zu vorwiegend manisch geprägten bipolaren affektiven Psychosen disponierende Persönlichkeit.
4. Neurotoide Struktur, die vor allem nach psychoanalytischer Auffassung den gemeinsamen Nährboden für verschiedene Neuroseformen bildet (Reich 1933).
5. Orale Struktur (Abraham 1916): eine nach psychoanalytischer Auffassung insbesondere zu depressiven Verstimmungen disponierende Persönlichkeitsstruktur.
6. Anankastische Struktur (Abraham 1924): eine nach psychoanalytischer Auffassung insbesondere zu endogenen Depressionen disponierende Persönlichkeitsstruktur.

Diese Konzepte haben das klinische Denken über die prämorbide Persönlichkeit von Patienten mit affektiven Erkrankungen weitgehend geprägt. Dies gilt insbesondere in der deutschsprachigen Psychiatrie, während die amerikanische Psychiatrie von vorneherein stärker von den vielfältigen Befunden aus Persönlichkeitstests ausgegangen ist (Akiskal et al. 1983). Der modernen Persönlichkeitsforschung obliegt es, die klinischen Hypothesen über Zusammenhänge zwischen Persönlichkeit und psychischen Erkrankungen mit verbesserten Methoden zu überprüfen.

Methodische Ansätze und Probleme der modernen psychiatrischen Persönlichkeitsforschung

Die moderne psychiatrische Persönlichkeitsforschung, insbesondere soweit sie hypothesenprüfend ist, bedient sich der Möglichkeiten standardisierter psychometrischer Untersuchungsinstrumente, die gegenüber freien Interviews, wie sie im klinischen Alltag üblich sind, den Vorteil größerer Objektivität und Reliabilität haben (Tabelle 2). In den meisten Untersuchungen wird dabei zurückgegriffen auf bereits konstruierte und ohne spezielle Bezugnahme zu den klinisch beschriebenen Persönlichkeitstypen an der Allgemeinbevölkerung entwickelte Persönlichkeitsinventare (meistens Selbstbeurteilungsfragebogen), wie z.B. das Maudsley Personality Inventory – MPI – (Eysenck u. Eysenck 1971) oder das Freiburger Persönlichkeits-Inventar – FPI – (Fahrenberg et al. 1978). Diese sind meist hinsichtlich ihrer testpsychologischen Absicherung sehr weit gediehen; sie haben aber den

Tabelle 1. Zentrale Züge des Typus melancholicus. (Nach Tellenbach 1983)

- Inkludenz: Eingeschlossensein in Ordnungsgrenzen
- Remanenz: Zurückbleiben hinter dem Anspruch an das eigene Selbst
- Extreme Gewissenhaftigkeit und hohes Pflichtbewußtsein
- Hohe Zuverlässigkeit und Korrektheit
- Überdurchschnittliche berufliche Leistungswilligkeit
- Hohe Loyalität gegenüber Vorgesetzten
- Fürsorglichkeit und Hilfsbereitschaft
- Vermeidung von Streitigkeiten
- Symbiontische Verbundenheit mit Angehörigen
- Schlichtheit und Sauberkeit im äußeren Erscheinungsbild
- „Pathologische Normalität"

Tabelle 2. Methodische Erfordernisse einer modernen psychiatrischen Persönlichkeitsforschung

1. Verwendung standardisierter Untersuchungsinstrumente
2. Ggf. Verwendung von auf spezielle Konstrukte bezogene Untersuchungsinstrumenten
3. Operationalisierung einer differenzierten nosologischen Diagnostik
4. Vergleich mit gesunden Probanden (pathologische Abweichung) und verschiedenen psychiatrischen Diagnosegruppen (Spezifität der pathologischen Abweichung?)
5. Nicht nur statistische Signifikanz, sondern auch klinische Relevanz der gefundenen Abweichung berücksichtigen
6. Problem der Konfundierung der Selbstschilderung der Persönlichkeit durch eine aktuell bestehende Verstimmung des Patienten beachten

Nachteil, daß die damit erfaßten Dimensionen der Persönlichkeit oft nur geringe oder gar keine Bezüge zu den klinisch interessanten Persönlichkeitskonstrukten haben, so daß die so gewonnenen Ergebnisse entweder gar nicht oder nur annähernd zu den klinischen Hypothesen in Beziehung gesetzt werden können. So wird z.B. „Zwanghaftigkeit" als eine derartige Persönlichkeitstestdimension zum „Typus melancholicus" im Sinne Tellenbachs in Beziehung gesetzt, was dem viel komplexeren Konstrukt des Typus melancholicus nur ansatzweise gerecht wird. Andere typische Persönlichkeitsdimensionen dieser Art von Persönlichkeitstests, wie z.B. „Neurotizismus" (Eysenck 1970), sind wiederum so umfassend, daß sie schwer auf die umgrenzteren klinischen Konstrukte übertragbar sind. Selbst die mehr auf klinischer Grundlage entwickelten Persönlichkeitsinventare, wie z.B. das Minnesota Multiphasic Personality Inventory – MMPI – (Hathaway u. McKinley 1963), sind oft nicht spezifisch genug hinsichtlich der Erfassung der relevanten klinischen Persönlichkeitskonstrukte. Deshalb besteht ein wichtiger Ansatz der psychiatrischen Persönlichkeitsforschung darin, zunächst auf diese klinischen Konstrukte speziell zugeschnittene Persönlichkeitsfragebögen zu entwickeln und dann, nach entsprechender testtheoretischer Absicherung, zur Untersuchung der interessierenden Fragestellungen einzusetzen (von Zerssen 1979), ein Weg, der allerdings sehr lang und beschwerlich ist und deswegen kaum begangen wurde.

Meistens werden bei entsprechenden Untersuchungen Selbstbeurteilungsinstrumente verwendet; selten werden sie ergänzt durch Fremdbeurteilungsinstrumente, die z.B. von nahen Bezugspersonen ausgefüllt werden (Wittenborn u. Maurer 1977; von Zerssen 1980), wodurch Fehlermöglichkeiten auf der Selbstbeurteilungsebene zum Teil kompensierbar sind. Auch Untersuchungsinstrumente für geschulte Untersucher (Ärzte, Psychologen), z.B. der sich auf neurotische Persönlichkeitszüge beziehende „Psychische und Sozialkommunikative Befund" — PSKB — (Rudolf 1979) sowie Persönlichkeitsinventare, die die im DSM-III beschriebenen Persönlichkeitsstörungen erfassen (Saß 1986), wurden entwickelt.

Ein großes Problem ist die mögliche Konfundierung der Selbstschilderung der Persönlichkeit durch eine aktuell bestehende Verstimmung des Patienten (Donnelly et al. 1976 a, b; Pilowsky 1979; Frey 1977; Liebowitz et al. 1979). So schildern sich z.B. endogen Depressive in der Phase introvertierter und emotional labiler als nach Abklingen der depressiven Phase (Coppen u. Metcalfe 1965; Kerr et al. 1970; Perris 1971; Wretmark et al. 1961; Shaw et al. 1975; Wetzel et al. 1980). Gerade die Untersuchung von Hirschfeld et al. (1983 b), bei der die Persönlichkeitsselbstbeurteilungen von Patienten während der depressiven Erkrankung und ein Jahr später verglichen wurden, zeigte, welche Dimensionen besonders betroffen sind, nämlich emotionale Stärke, Abhängigkeit und Extraversion; die Beurteilung von Rigidität, Aktivität und Dominanz scheint hingegen nicht signifikant beeinträchtigt zu werden. Unter Berücksichtigung dieser „State"-Abhängigkeit von Persönlichkeitsselbstbeurteilungen sind die Ergebnisse von Persönlichkeitstests, die in der depressiven Phase durchgeführt worden sind, schwer interpretierbar und müssen ggf. unter dem Aspekt einer „trait"-bezogenen Aussage verworfen werden. Erinnert sei in diesem Zusammenhang an eine Reihe von Untersuchungen mit dem MMPI — gerade mit dem MMPI wurden viele Untersuchungen in der depressiven Phase durchgeführt —, z. B. an die von Donnelly u. Murphy (1973 a, b) und Donnelly et al. (1976 a), die in verschiedenen Untersuchungen bei Monopolaren mehr Depressivität und Psychasthenie als bei Bipolaren fanden, die eher durch Hypomanie und Ich-Stärke gekennzeichnet waren. Die durch die akute Depression bedingten Veränderungen in der Selbstdarstellung der Persönlichkeit können zu so massiven Verfälschungen der prämorbiden Persönlichkeit führen, daß z.B. die endogen Depressiven mit am „abhängigsten" erscheinen (Pilowsky 1979), entgegen allen sonstigen Erfahrungen sogar noch abhängiger als neurotisch Depressive. Darüber hinaus können die Verfälschungen so massiv sein, daß sonst gut reproduzierbare Unterschiede zwischen den Persönlichkeiten, z.B. von Neurotikern und Patienten mit monopolarer Depression, nicht mehr in Erscheinung treten, wie z.B. in der Untersuchung von Silver et al. (1981) oder in der von Davidson et al. (1985). Neben solchen plausiblerweise durch die aktuelle depressive Verstimmung veränderten Dimensionen gibt es aber auch zunächst nicht zu erwartende Befunde, wie z.B. eine leichte

Erhöhung des Psychotizismus-Scores, die dann lediglich im Sinne einer vermehrten Tendenz zur negativen Selbstbeurteilung, nicht aber im Sinne einer prämorbiden Disposition zum psychotischen Zusammenbruch zu interpretieren ist (Davis 1974; von Zerssen 1979).

Wegen dieser Probleme scheint die Grundregel sinnvoll, Untersuchungen zur prämorbiden Persönlichkeit von Patienten mit affektiven Psychosen bereits vor Ausbruch der manifesten Erkrankung (Angst u. Clayton 1986; Nyström u. Lindegard 1975) oder aber im symptomfreien Intervall (Frey 1977) durchzuführen. Allerdings gibt es Hinweise dafür, daß man auch zu validen Schilderungen im symptomfreien Intervall sowie den Fremdschilderungen entsprechenden Resultaten kommen kann, wenn man den Patienten durch die Fragebogeninstruktion zur retrospektiven Schilderung seiner Persönlichkeit, wie sie in gesunden Zeiten war, auffordert (Foulds 1965; Kendell u. DiScipio 1968; von Zerssen 1977 a).

Von großer Wichtigkeit bei derartigen Untersuchungen ist die Differenzierung und Operationalisierung der nosologischen Diagnostik. Besonders die Unterscheidung in endogene und neurotische Depression scheint in diesem Kontext von höchster Relevanz (von Zerssen 1979, 1980). Während z.B. bei Untersuchungen zwischen neurotischen und endogenen Depressionen z.T. sehr sinnvolle Unterschiede in der Persönlichkeit auch testpsychologisch beschreibbar waren, kommt die Untersuchung von Hirschfeld (1981), die Patienten mit „situational major depression" von „non-situational major depression" unterscheidet, trotz Anwendung großer Persönlichkeitstestbatterien nicht zu interpretierbaren Unterschieden. Ebenso bedeutsam ist die Unterscheidung in unipolare Depressionen und bipolare affektive Psychosen (von Zerssen 1980, 1982). Bei letzteren wird heute i. allg. nicht mehr differenziert zwischen reinen oder vorwiegend manischen Verläufen und echten bipolaren Verläufen, da Familienuntersuchungen für die genetische Gemeinsamkeit beider Formen sprechen. Unter dem Aspekt der prämorbiden Persönlichkeit ist aber eine solche Differenzierung wahrscheinlich weiterhin sinnvoll (von Zerssen 1982).

In den meisten Untersuchungen zur prämorbiden Persönlichkeit von Patienten mit affektiven Psychosen werden Vergleiche zwischen der Persönlichkeitsstruktur von Patienten mit verschiedenen Formen affektiver Psychosen sowie anderen psychisch Kranken und körperlich Kranken oder gesunden Kontrollen durchgeführt, wobei häufig nur zwei oder drei Gruppen miteinander verglichen werden und selten Bezug auf Normwerte genommen wird. Dies kann zu verschiedenen Fehlinterpretationen führen. Wird z.B., ohne Bezugnahme auf Normwerte, mit einer Gruppe psychiatrischer Patienten verschiedener anderer Diagnosen verglichen, können die gefundenen Diskrepanzen größer oder kleiner sein als zwischen den Patienten mit affektiven Psychosen und der Normalbevölkerung, je nachdem, wie sich der Mittelwert der Gruppe psychiatrischer Patienten von der Normalbevölkerung unterscheidet. Auffälligkeiten von Patienten mit affektiven Psychosen können so verwischt oder überakzentuiert werden. Andererseits müssen, selbst wenn man auf Normwerte Bezug nimmt, auch psychiatrische Kontrollfälle berücksichtigt werden, um die Spezifität der Befunde zu belegen, eine Regel, gegen die ebenfalls häufig verstoßen wird (Strandman 1978; Wittenborn 1974).

Ein wichtiger Punkt bei der Bewertung von gefundenen Unterschieden ist, daß sie nicht nur signifikant sind, was bei großen Stichproben auch schon bei kleinen Differenzen der Fall ist, sondern daß sie ein bestimmtes Ausmaß erreichen müssen, um als klinisch relevant eingestuft werden zu können. Dieses Ausmaß kann z.B. ausgedrückt sein als eine halbe Standardabweichung über oder unter dem Normwert (von Zerssen 1982), ein Kriterium, das bereits relativ strenge Anforderungen an die Größe der Unterschiede stellt und somit die wirklich relevanten Unterschiede besser hervortreten läßt − Unterschiede, die sich dann auch mit großer Wahrscheinlichkeit reproduzieren lassen.

Hinsichtlich der beschriebenen Unterschiede zwischen verschiedenen Gruppen ist zu bedenken, daß alle bisherigen Ausführungen sich im wesentlichen auf Mittelwertvergleiche beziehen. Solche Mittelwertvergleiche sind zwar durchaus geeignet, die oben erwähnten klinischen Hypothesen zu prüfen, sie machen aber, worauf erst wieder in jüngster Zeit zurecht hingewiesen wurde (Tölle 1987), keine Aussagen darüber, wieviele Patienten mit einer affektiven Psychose wirklich eine derartige Persönlichkeitsauffälligkeit bzw. -störung bestimmten Ausmaßes aufweisen, eine Frage, die grundsätzlich beantwortbar wäre. Je nachdem, wie eng die Grenzen gezogen werden, kommt man allerdings zu unterschiedlichen Häufigkeiten. Bei einer standardisierten, die im DSM-III beschriebenen Persönlichkeitsstörungen erfassenden klinischen Interviewdiagnostik ist die Zahl entsprechender Befunde sicherlich geringer (Tölle et al. 1987) als bei einer auf Normwerte der Bevölkerung Bezug nehmenden Grenzziehung, bei der bereits Normabweichungen geringeren Ausmaßes erfaßt werden. Eine solche individuumbezogene Betrachtungsweise macht auch deutlich, daß neben „reinen" Typen, die im wesentlichen durch eine hervorstechende Persönlichkeitsdimension geprägt werden, eine große Zahl von Mischtypen festzustellen ist, was für die Notwendigkeit einer mehrdimensionalen Betrachtungsweise spricht.

Ergebnisse neuerer Untersuchungen zur prämorbiden Persönlichkeit von Patienten mit affektiven Psychosen

Die meisten Untersuchungen zur prämorbiden Persönlichkeit von Patienten mit affektiven Psychosen beschäftigen sich mit der Analyse der Assoziation bestimmter Persönlichkeitsmerkmale mit affektiven Psychosen durch Vergleich von Patienten mit affektiven Erkrankungen mit Gesunden und/oder psychisch Kranken im zeitlichen Querschnitt.

Es ist hier aus Platzgründen nicht möglich, alle Ergebnisse der neueren diesbezüglichen Forschung zu referieren. Immerhin sind seit 1970 z.B. etwa 40 Untersuchungen über Persönlichkeitstests bei Patienten mit affektiven Psychosen publiziert worden (Tölle 1987). Sonstige, andere Methoden verwendende Untersuchungen sind dabei noch nicht berücksichtigt, z.B. freie klinische Interviews, Beurteilungen aufgrund von Krankengeschichtsdaten etc. Eine genaue Literaturübersicht über die Ergebnisse der mit psychometrischen Verfahren durchgeführten Untersuchungen zur prämorbiden Persönlichkeit von Patienten mit affektiven Psychosen wurde an anderer Stelle gegeben (Möller u. von Zerssen 1987). Nachfolgend kann nur eine Auswahl der Befunde dargestellt werden. Es werden nur solche Untersuchungen berücksichtigt, die entweder nach Remission der affektiven Verstimmung durchgeführt worden sind oder aber mit der ausdrücklichen Instruktion, daß der Patient seine prämorbide Persönlichkeit retrospektiv schildern soll (von Zerssen 1982).

Es fällt schwer, die Ergebnisse in ihrer Vielfältigkeit und teilweisen Widersprüchlichkeit zu einer Synopse zu verbinden. Das hängt u.a. mit den schon beschriebenen methodischen Problemen zusammen. Die meisten Untersuchungen vergleichen z.B. nur wenige Gruppen untereinander, meist ohne Bezug auf psychiatrisch unauffällige Kontrollgruppen oder auf Normwerte. In vielen, insbesondere den neueren amerikanischen Arbeiten wird nicht mehr die Differenzierung in neurotische und endogene Depressionen vorgenommen. Häufig fehlt die Unterscheidung in unipolare und bipolare affektive Psychosen. Im amerikanischen Schrifttum kennzeichnet der Begriff „unipolare Depression" nicht die unipolare endogene Depression, sondern, unabhängig von der Endogenitätshypothese, Depressionen, bei denen es keine Hinweise für manische Phasen in der Vorgeschichte und Familienanamnese gibt. Die Vielfalt unterschiedlicher Meßinstrumente, mit teilweise völlig andersartigen Dimensionen, erschwert in besonderem Maße die Vergleichbarkeit. Ein weiterer, besonders kritischer Punkt besteht darin, daß eine Reihe von Untersuchungen während aktuell bestehender affektiver Verstimmungen durchgeführt worden ist, so daß dadurch bedingte Artefakte schwer zu diskriminieren sind.

Von den Persönlichkeitsdimensionen, die sich auf Eysencks (1970) allgemeine Theorie der Persönlichkeit beziehen, zeigt die Extraversions-Skala regelmäßig erniedrigte Werte bei Neurotikern im allgemeinen (Kerr et al. 1970); dies wurde wiederholt auch für neurotisch Depressive und z.T. auch für monopolar endogen Depressive im Vergleich zu psychisch gesunden Kontrollprobanden oder zur Normalbevölkerung beschrieben (Frey 1977; Liebowitz et al. 1979; von Zerssen 1980, 1982; Hirschfeld et al. 1983 a; Kurz 1985; Dietzfelbinger et al., in Vorb.). Bipolar Depressive zeigten im Vergleich zu monopolar Depressiven höhere Extraversions-Scores (Perris 1971; Bonetti et al. 1977; Dietzfelbinger 1985; Dietzfelbinger et al., in Vorb.), auch im Vergleich zu „nicht endogen Depressiven" (Benjaminsen 1981). Insgesamt gleichen offenbar die bipolar Depressiven eher psychisch gesunden Kontrollen bezüglich des Extraversions-Scores (Angst u. Clayton 1986), während monopolare Maniker eine eindeutige Tendenz zur Extraversion aufweisen, was gut zum Konzept des Typus manicus paßt (Dietrich 1968; von Zerssen 1982).

Bezüglich der ebenfalls zur Eysenckschen Persönlichkeitstheorie gehörenden Dimension Neurotizismus sind Gruppenunterschiede weniger konsistent. Offensichtlich reflektiert gerade diese Dimension besonders sensibel residuale depressive Symptomatik (Liebowitz et al. 1979; Shaw et al. 1975). In der Regel wurden höhere Neurotizismus-Scores bei neurotisch Depressiven im Vergleich zu unipolaren oder bipolaren affektiven Psychosen gefunden (Perris 1971; Paykel et al. 1976; Benjaminsen 1981; Kurz 1985; Dietzfelbinger et al., in Vorb.). Hirschfeld u. Klerman (1979) fanden im Vergleich zu Manikern und zur Norm erhöhte Werte bei an „major depressive disorder" erkrankten Patienten. Insgesamt ergibt sich, daß, soweit Unterschiede zwischen neurotisch und endogen Depressiven feststellbar waren, die Mittelwerte der neurotisch Depressiven gewöhnlich die der endogen Depressiven übertrafen, während die der endogen Depressiven trendmäßig höher lagen als die der bipolaren Patienten (von Zerssen 1980, 1982). Die Werte der monopolaren Maniker lagen z.T. sogar niedriger als die der Patienten mit typischen bipolaren affektiven Psychosen und die der nichtpsychiatrischen Kontrollen (Eiband 1979).

Untersuchungen mit auf der Basis psychoanalytischer Konstrukte gebildeten Persönlichkeitsinventare ergaben u.a., daß monopolar Depressive bzw. Depressive überhaupt eine gewisse Assoziation mit anankastischen Persönlichkeitszügen aufweisen (Kendell u. DiScipio 1970; Hirschfeld u. Klerman 1979), insbesondere auch im Vergleich zu bipolaren (Frey 1977), während sich im Vergleich zu neurotisch Depressiven endogen Depressive bzw. auch bipolar Depressive durch niedrige Anankasmuswerte abtrennen ließen (Paykel et al. 1976; Benjaminsen 1982). Noch deutlicher war allerdings der Zusammenhang zwischen Depressiven insgesamt und „oraler", abhängiger Persönlichkeitsstruktur, ein Zusammenhang, der besonders ausgeprägt bei den neurotisch Depressiven war (Eiband 1979; Paykel et al. 1976; Hirschfeld et al. 1984). Dies entspricht weitgehend den psychoanalytischen Konzepten von Freud (1908), Reich (1933) und Abraham (1924). Hysterische Züge waren erhöht bei Patienten mit monopolarer Manie (Eiband 1979), was möglicherweise im Sinne des Typus manicus interpretierbar ist. Allerdings fanden Hirschfeld et al. (1984) einen erhöhten „Hysteriewert" auch bei monopolar Depressiven, während in der Untersuchung von Kurz (1985) der Hysterie-Score bei endogen Depressiven erniedrigt war. Die neurotische Struktur, eine Persönlichkeitsdimension, die im Gegensatz zu den üblichen Neurotizismus-Skalen neurotische Symptome nicht einbezieht, war signifikant ausgeprägter bei Patienten mit monopolarer Depression, ganz besonders aber bei neurotisch Depressiven (Eiband 1979; Weigel 1980; von Zerssen 1979, 1980; Kurz 1985; Dietzfelbinger et al., in Vorb.). Benjaminsen (1982) beschrieb bei neurotisch Depressiven eine stärkere Ausprägung von anankastischen und autoaggressiven Zügen sowie Mangel an Selbstvertrauen und libidinöse Hemmung als bei Bipolaren und Monopolaren.

Ein deutlicher Zusammenhang ergab sich zwischen erhöhten Typus-melancholicus-Werten und monopolar endogener Depression, nicht jedoch zwischen Typus melancholicus und bipolaren affektiven Psychosen (Eiband

1979; von Zerssen 1980; Dietzfelbinger 1985; Dietzfelbinger et al., in Vorb.). Dies geht zwar einerseits in Richtung der Hypothese Tellenbachs, zeigt andererseits aber, daß der Typus melancholicus keineswegs eine Conditio sine qua non für die endogene Depression, jedenfalls nicht für die endogene Depression im Rahmen bipolarer affektiver Psychosen ist. Von Akiskal (1983) wird die innere Beziehung zwischen Typus melancholicus und anankastischen Persönlichkeitszügen betont und der Typus melancholicus weitgehend auf dieses Konzept reduziert.

Untersuchungen mit aufwendigeren Persönlichkeitsinventaren, die eine größere Zahl von Dimensionen erfassen, ergaben z.T. mit den vorgelegten Befunden in der groben Tendenz vereinbare Resultate. So fanden sich im MMPI (Hathaway u. McKinley 1951) in einigen Subskalen Unterschiede zwischen monopolarer endogener Depression und bipolaren affektiven Psychosen, insbesondere hinsichtlich einer stärkeren Introversion bei monopolarer Depression (Donnelly et al. 1976 a; Sauer et al. 1989). Gerade das Problem dieser und der meisten anderen MMPI-Untersuchungen ist aber, wie bereits oben erwähnt, daß sie in der depressiven Phase durchgeführt wurden. In einer MMPI-Untersuchung, bei der Patienten nach der Remission untersucht wurden, ergab sich kein nennenswerter Unterschied zwischen 17 Patienten mit monopolaren und 17 Patienten mit bipolaren Depressionen (Donnelly et al. 1976 b). Im 16-Personality-Factor-Questionnaire (Cattell u. Eber 1957) wurden folgende Unterschiede zwischen den beiden Gruppen beschrieben: Monopolar Depressive sind u.a. ängstlicher, introvertierter, haben weniger Ich-Stärke, weniger Optimismus, weniger Impulsivität, während Bipolare der Allgemeinbevölkerung entsprechen (Murray u. Blackburn 1974). Diese Untersuchung wurde allerdings in der depressiven Phase durchgeführt. In der auf der Basis von Murrays Theorie psychogener Bedürfnisse (Murray 1938) entwickelten „Cesarek Marke Personality Scale" – CMPS – erschienen Bipolare weitgehend unauffällig (Bech u. Rafaelsen 1980; Bech et al. 1980; Strandman 1978), während andere Depressive eine Reihe von Besonderheiten zeigten: erhöhte Schuldgefühle, vermehrte Über-Ich-Konflikte, erhöhtes Bedürfnis nach äußerer Unterstützung des Selbstwertgefühls, geringeres Bedürfnis zu dominieren, geringeres Bedürfnis nach Autonomie (Strandman 1978), sowohl während als auch nach der depressiven Verstimmung.

Ein Problem der meisten Untersuchungen ist, daß oft nur sehr wenige diagnostische Gruppen mit den gleichen Instrumenten verglichen wurden, was die Beurteilung der Spezifität der Zusammenhänge erschwert. Auch werden die traditionellen klinischen Grundkonstrukte nicht oder allenfalls indirekt geprüft; das gilt auch für den hier besonders interessierenden Typus melancholicus. Dieses Problem wird praktisch nur durch die umfangreichen Untersuchungen der Arbeitsgruppe von v. Zerssen überwunden, die mit einer alle relevanten klinischen Dimensionen berücksichtigenden, selber entwickelten Testbatterie die wichtigsten psychiatrischen Patientengruppen untersuchte, unter gleichzeitiger Berücksichtigung von gesunden Kontrollprobanden. Aus einer Zusammenstellung der Ergebnisse (von Zerssen 1982) wird die Komplexität der Zusammenhänge deutlich, die bei Berücksichtigung nur weniger Vergleichsgruppen aus dem Blickfeld zu geraten droht. In der folgenden Darstellung wird aus Gründen besserer Übersichtlichkeit auf die affektiven Störungen fokussiert (Abb. 1). Aus der Abbildung wird deutlich, daß Normabweichungen im Sinne des Typus melancholicus am ausgeprägtesten vorkommen bei Patienten mit unipolar depressiven Psychosen (zu denen auch die Spätmelancholie gehört, die in der Abbildung aus traditionellen Gründen noch als separate Gruppe geführt wird. Weniger stark ausgeprägte Normabweichungen in dieser Persönlichkeitsdimension gibt es allerdings auch bei den depressiven Neurosen und bei den bipolaren affektiven Psychosen, jedenfalls in der Selbstbeurteilung. In der Fremdbeurteilung erreichen nur die unipolaren Verlaufsformen der affektiven Psychosen höhere Ausprägungsgrade, während interessanterweise bei den depressiven Neurosen und bei den bipolaren affektiven Psychosen der Typus melancholicus im Vergleich zur Norm eher geringer ausgeprägt ist. Weitere Normabweichungen der unipolaren depressiven Psychosen beziehen sich auf Anankasmus, Rigidität, Neurotizismus, neurotische Struktur, Oralität und Schizoidie, jeweils im Sinne erhöhter Ausprägungsgrade. Hinsichtlich extraversiver Züge sind die Patienten mit unipolar depressiver Psychose gegenüber der Norm reduziert. Die depressiven Neurosen zeigen die stärksten Auffälligkeiten im Bereich der folgenden Persönlichkeitszüge: Neurotizismus, neurotische Struktur, Oralität und Schizoide, Persönlichkeitszüge, die erheblich stärker im Vergleich zur Norm ausgebildet sind. Extraversion ist bei diesen Patienten, ebenso wie bei den unipolar depressiven Psychosen, verringert. Die unipolaren Psychosen zeigen erhöhte Werte u.a. in den Faktoren Extraversion und Hysterie, was am ehesten mit einem Typus-manicus-Konzept in Verbindung gebracht werden könnte. Darüber hinausgehend bestehen aber weitere Auffälligkeiten, die schwerer zu interpretieren sind. Die bipolaren affektiven Psychosen zeigen die geringsten Normabweichungen.

Durch die Zusammenführung der vielen äußerst differenzierten Persönlichkeitsdimensionen dieses umfassenden Untersuchungsinstrumentariums zu drei Superfaktoren — Extraversion, emotionale Instabilität und Rigidität — wird ein vereinfachender Überblick über die Grundgegebenheiten ermöglicht. Danach sind extravertierte Züge bei Patienten mit unipolarer endogener Depression wie auch bei Patienten mit neurotischer Depression sowie einigen anderen Diagnosegruppen gegenüber gesunden Kontrollen erniedrigt, bei Patienten mit unipolarer Manie erhöht. Emotionale Instabilität ist bei Patienten mit unipolarer Depression, wesentlich jedoch bei Patienten mit neurotischer Depression sowie bei einigen anderen Diagnosegruppen erhöht. Rigidität findet sich stark erhöht bei Patienten mit unipolarer Depression, und zwar im Vergleich zu Kontrollen wie auch im Vergleich mit den meisten anderen psychiatrischen Diagnosegruppen. Patienten mit bipolaren affektiven Psychosen sind am wenigsten auffällig hinsichtlich der genannten Dimensionen.

Es sei an dieser Stelle betont, daß die testtheoretische Entwicklungsarbeit an den von v. Zerssen entwickelten Persönlichkeits-Skalen zur Erfas-

	Depressive Neurose	Unipolar manische affektive Psychose	Bipolare affektive Psychose	Unipolar depressive affektive Psychose	Involutions-melancholie
n_{SR}	58-82	17-24	22-26	30-61	18-31
Extraversion					
E_{ENR}		↑			
Hy_{N-SR}		⇑			
Zy_{M-SR}	↓			↓	⇓
Zy_{M-RR}	↓	↑			
Instabilität					
N_{ENR}	↑	↓			
NSt_{N-SR}	⇑			↑	↑
O_{N-SR}	⇑	↑		↑	↑
Sc_{Sc-SR}	⇑		↑	↑	↑
Sc_{Sc-RR}	⇑	↑	↑	↑	↑
Rigidität					
R_{ENR}				↑	↑
A_{N-SR}					⇑
Tm_{M-SR}	↑		↑	⇑	⇑
Tm_{Sc-SR}				⇑	⇑
Tm_{M-RR}	↓	↓	↓*	↑	
Tm_{Sc-RR}	↓	⇓		↑	↑

Abb. 1. Prämorbide Persönlichkeitszüge bei Patienten mit verschiedenen affektiven Erkrankungen (Nach von Zerssen 1982). * $n < 10$; n_{SR} = Zahl der Selbstbeurteilungen pro Gruppe; $_{SR}$ = Selbstbeurteilung; $_{RR}$ = Beurteilung durch Angehörige; E = Extraversion; Hy = Hysterische Struktur; Zy = Zyklothyme Struktur; N = Neurotizismus; NSt = Neurotische Struktur; O = Orale Struktur; Sc = Schizoidie; R = Rigidität; A = Anankasmus; Tm = Typus melancholicus; ↑ $z \geq 0.5$; ⇑ $z \geq 1.0$; ⇑⇑ $z \geq 1.5$; ↓ $z \leq -0.5$; ⇓ $z \leq -1.0$

Tabelle 3. Korrelation von Selbst- und Fremdbeurteilung der PPI-Dimensionen (n = 47; nur auf dem p < 0,05-Niveau signifikante Korrelationen aufgeführt)

		PPI-S					
		1	2	3	4	5	6
PPI-F	1 Extraversion	66					
	2 Selbstunsicherheit	−33	31				
	3 Frustrationsintoleranz			35			
	4 Ordentlichkeit				38		
	5 Schizoidie					45	
	6 Soziale Erwünschtheit						

Tabelle 4. PPI-Skala „Ordentlichkeit"

Alle Items positiv gepolt

4. Ich sorge immer dafür, daß meine Arbeit sorgfältig geplant und organisiert ist
8. Manchmal komme ich mir vor wie ein Gefangener meiner eigenen Gründlichkeit
17. In meinem Leben folge ich gerne festen Leitlinien
28. Ich mache es mir zum Prinzip, mich nicht durch Freunde von der Arbeit abhalten zu lassen
31. Man sollte nach meiner Auffassung seine Freizeit erst dann richtig genießen, wenn man seine Pflichten restlos erfüllt hat
34. Am liebsten habe ich einen streng geregelten Tagesablauf
44. Ich finde, daß man seinen Vorgesetzten unbedingtes Vertrauen entgegenbringen sollte
48. Wenn ich etwas anfange, will ich es unbedingt ganz perfekt machen
51. Meine Reisen plane ich immer wohl im voraus unter Festlegung eines genauen Reiseweges, von dem ich nur ungern abweiche
59. Meinen Arbeitsplatz verlasse ich immer erst, wenn ich ihn tadellos aufgeräumt habe, selbst wenn dadurch meine Arbeitszeit überschritten wird
63. Schon ein schiefhängendes Bild kann mich ungemein stören
68. Ich betrachte meine Arbeit gewöhnlich als eine todernste Angelegenheit

sung prämorbider Primärpersönlichkeitszüge noch nicht abgeschlossen ist, und daß derzeit eine Item-Reduktion unter Aspekten der Retest-Reliabilität erfolgt. Dabei zeigte sich, daß eine größere Menge von Items aus dem gesamten Testinstrumentarium herausgenommen werden mußte. Die erneute faktorenanalytische Dimensionierung ergab dann die folgenden Persönlichkeitsdimensionen des „prämorbiden Persönlichkeitsinventars" (PPI): Extraversion, Selbstunsicherheit, Frustrationsintoleranz, Ordentlichkeit, Schizoidie und als Kontrollskala die Dimension soziale Erwünschtheit. Den diesbezüglichen Selbstbeurteilungsskalen des PPI entsprechen analoge Fremdbeurteilungsskalen. In einer eigenen Untersuchung (Dietzfelbinger et al., in Vorb.) zeigte sich, daß die Korrelationen zwischen Selbst- und Fremdbeurteilung, abgesehen von der Dimension Extraversion, nur mäßig sind (Tabelle 3). Bei dieser Überarbeitung der ursprünglichen Selbstbeurteilungsskalen zur prämorbiden Persönlichkeit ist der Faktor „Typus melancholicus" zu einem Faktor „Ordentlichkeit" geschrumpft (Tabelle 4), die übrigen Items

% des theoretischen Maximal-Scores

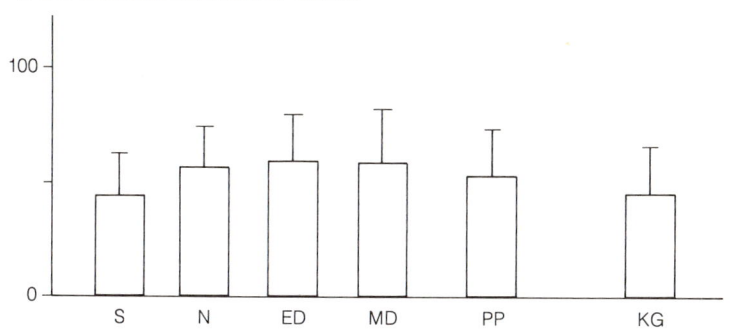

Abb. 2. PPI-Dimension „Ordentlichkeit" bei verschiedenen Diagnosegruppen. *S* = Schizophrene Psychosen (n = 30); *N* = Neurotische Erkrankungen (n = 12); *ED* = Endogene Depressionen, bisher nur unipolar (n = 25); *MD* = Zirkuläre Verlaufsform einer manisch-depressiven Psychose (n = 11); *PP* = Gesamtgruppe der psychiatrischen Patienten (n = 78); *KG* = Kontrollgruppe (n = 49)

konnten unter dem Aspekt der Reteststabilität nicht beibehalten werden. Wir führten erste orientierende Untersuchungen mit dem PPI an psychiatrischen Patienten durch (Dietzfelbinger et al., in Vorb.). Beim Vergleich verschiedener diagnostischer Gruppen wurde der höchste Score in der PPI-Skala „Ordentlichkeit" von den unipolar endogen Depressiven erreicht (Abb. 2). Der Wert liegt signifikant ($p \leq 0{,}01$), wenn auch nicht sehr eindrucksvoll, über denen der Kontrollgruppen und der Schizophrenien. Für die neurotischen und manischen depressiven Patienten, deren Mittelwert nur knapp unter dem der monopolar Depressiven liegt, ergaben sich dagegen keine signifikanten Differenzen zu den anderen Gruppen. Inzwischen wurde das PPI erneut testtheoretisch verbessert. Der so entstandene Münchener Persönlichkeitstest – MPT – (von Zerssen et al. 1988) enthält die folgenden Persönlichkeitsdimensionen: Extraversion, Neurotizismus, Frustrationsintoleranz, Rigidität, Isolationstendenz, esoterische Tendenzen (die beiden letzteren entstanden aus der ursprünglichen Schizoidie-Skala), außerdem als Kontrollskala soziale Erwünschtheit und Motivation. Diesbezügliche Daten über Patienten mit affektiven Erkrankungen wurden noch nicht publiziert.

Wegen ihrer hohen methodischen Qualität sei hier noch eine andere Untersuchung erwähnt; die prospektive Längsschnittuntersuchung an einer epidemiologisch repräsentativen Stichprobe von Angst u. Clayton (1986). Aus einer Stichprobe von über 6000 Schweizer Rekruten, die 1973 mit dem FPI untersucht wurden, wurden die identifiziert, die bis 1983 in psychiatrische Behandlung (n = 183) gekommen waren. Die bipolaren Patienten zeigten in keiner Persönlichkeitsdimension signifikante Abweichungen von den gesunden Kontrollprobanden. Unipolar Depressive zeigten einen hohen Aggressions-Score und hohe vegetative Labilität, ähnlich wie Soziopathen. Die Schizophrenen wiesen einen hohen Wert bezüglich der vegetativen Labilität auf. Hohe Aggressions-Scores lagen bei den durch Suizid sowie durch Unfall Verstorbenen vor sowie, unabhängig von der Diagnose, bei Patienten mit Suizidversuch. Diese letzteren Befunde sind von besonderem Interesse, da sie sich theoretisch in Beziehung setzen lassen zu Befunden über erniedrigte Hydroxyindolessigsäurespiegel im Liquor von Patienten mit ernsthaften Suizidversuchen (Möller 1984).

Interessant scheinen einige Untersuchungen, die familienanamnestische, verlaufs- und therapiebezogene Gemeinsamkeiten von Patienten mit zyklothymen bzw. dysthymen Persönlichkeitsstörungen mit Patienten mit bipolaren Erkrankungen beschreiben (Akiskal et al. 1977; Akiskal 1981; Depue et al. 1981; Rosenthal et al. 1981; Dunner et al. 1982). Auf der Basis dieser Untersuchungen wurde ein Kontinuum zwischen „dysthymischen" und „zyklothymen" Persönlichkeitsstörungen postuliert und dieses Spektrum in Beziehung zu den affektiven Psychosen gesetzt (Turner u. King 1981; Akiskal 1983).

Einige Untersuchungen geben Hinweise dafür, daß die prophylaktische Gabe von Lithium ggf. Einflüsse auf die prämorbide Persönlichkeitsstruktur hat, insbesondere in dem Sinne, daß sich die Auffälligkeiten bipolarer Patienten normalisieren (Bonetti et al. 1977; Bech u. Rafaelsen 1980; Bech et al. 1976, 1980; Kropf u. Müller-Oerlinghausen 1985). Kritisch muß allerdings geprüft werden, ob sich hier nicht Residuen der Erkrankung im Rahmen der Lithium-Therapie zurückgebildet haben.

Zusammenfassung

Beim derzeitigen Erkenntnisstand scheint es am ehesten gerechtfertigt, inhaltliche Schlußfolgerungen auf einer sehr globalen Ebene zu ziehen. Demnach scheinen Patienten mit bipolaren Psychosen insgesamt weit weniger Auffälligkeiten in ihrer prämorbiden Persönlichkeitsstruktur aufzuweisen als Patienten mit unipolarer Depression. Während Patienten mit bipolaren Psychosen weitgehend gesunden Kontrollprobanden vergleichbar sind, scheinen Patienten mit unipolarer Depression durch vermehrte Introvertiertheit, Zwanghaftigkeit und andere Struktureigentümlichkeiten des Typus melancholicus bzw. der Supersolidität gekennzeichnet. Die neurotisch Depressiven sind gegenüber den endogen Depressiven durch stärker ausgeprägte orale, anankastische und allgemein neurotische Züge charakterisiert. Einige wenige empirische Ergebnisse sprechen dafür, daß Patienten mit unipolaren Manien bzw. vorwiegend manisch geprägten bipolaren Psychosen durch erhöhte Extraversion sowie durch Strukturelemente des Typus manicus in ihrer prämorbiden Persönlichkeit gekennzeichnet werden können.

Erwähnenswert ist, daß gerade kürzlich eine Arbeit erschienen ist (Schäfer 1991), die zeigte, daß der von Peters (1977) beschriebene Typus migraenicus vom Konzept her und auch von den psychometrischen Befunden mit dem Typus melancholicus große Ähnlichkeit zeigt, was Zweifel an der Spezifität dieser Persönlichkeit bezüglich bestimmter Erkrankungen aufkommen läßt.

Literatur

Abraham K (1916) Untersuchungen über die früheste prägenitale Entwicklungsstufe der Libido. I. Z Ärztl Psychoanal 4:71; abgedruckt in: Abraham K (1969) Psychoanalytische Studien zur Charakterbildung und andere Schriften, hrsg. von Cremerius. Fischer, Frankfurt, S 84–112

Abraham K (1924) Versuch einer Entwicklungsgeschichte der Libido auf Grund der Psychoanalyse seelischer Störungen. Neue Arbeiten zur ärztlichen Psychoanalyse, Heft 1, 1; abgedruckt in: Abraham K (1969) Psychoanalytische Studien zur Charakterbildung und andere Schriften, hrsg. von Cremerius. Fischer, Frankfurt, S 113–183

Akiskal HS (1981) Subaffective disorders: dysthymic, cyclothymic, and bipolar II disorders in the „borderline" realm. Psychiatr Clin North Am 4:25–46

Akiskal HS (1983) Dysthymic and cyclothymic disorders: A paradigma for high-risk research in psychiatry. In: Davis M, Maas J (eds) Affective disorders. American Psychiatric Press, Washington/DC

Akiskal HS, Puzantian VR (1979) Psychotic forms of depression and mania. Psychiatr Clin North Am 2:419–439

Akiskal HS, Djenderedjian AH, Rosenthal RH, Khani MK (1977) Cyclothymic disorders: validation criteria for inclusion in the bipolar affective group. Am J Psychiatry 134:1227–1233

Akiskal HS, Bitar AH, Puzantian VR, Rosenthal TL, Walker PW (1978) The nosological status of neurotic depression: a prospective three- to four-year follow-up examination in the light of the primary-secondary and the unipolar-bipolar dichotomies. Arch Gen Psychiatry 35:756–766

Akiskal HS, Rosenthal RH, Rosenthal TL, Kashgarian M, Khani MK, Puzantian VR (1979) Differentiation of the primary affective illness from situational, symptomatic, and secondary depression. Arch Gen Psychiatry 36:635–643

Akiskal HS, Rosenthal TL, Haykal RF, Lemmi H, Rosenthal RH, Scott-Strauss A (1980) Characterological depressions: clinical and sleep EEG findings separating „subaffective dysthymias" from „character-spectrum disorders". Arch Gen Psychiatry 37:777–783

Akiskal HS, Hirschfeld RMA, Yerevanian BI (1983) The relationship of personality to affective disorders. Arch Gen Psychiatry 40:801–810

Ananth J (1978) Clinical prediction of antidepressant response. Int Pharmacopsychiatry 13:69–93

Ananth J, Engelman F, Kiriakos R, Kolivakis T (1979) Prediction of lithium response. Acta Psychiatr Scand 60:279–286

Angst J, Clayton P (1986) Premorbid personality of depressive, bipolar, and schizophrenic patients with special reference to suicidal issues. Compr Psychiatry 27:511–532

Bech P, Rafaelsen OJ (1980) Personality and manic-melancholic illness. In: Achté K, Aalberg V, Lönnqvist J (eds) Psychopathology of depression. Psychiatr Fennica (Suppl):223–231

Bech P, Vendsborg PB, Rafaelson OJ (1976) Lithium maintenance treatment of manic-melancholic patients: its role in the daily routine. Acta Psychiatr Scand 53:70–81

Bech P, Shapiro W, Sihm F, Nielsen BM, Sorensen B, Rafaelsen OJ (1980) Personality in unipolar and bipolar manic-melancholic patients. Acta Psychiatr Scand 62:245–257

Benjaminsen S (1981) Primary non-endogenous depression and features attributed to reactive depression. J Affective Disord 3:245–259

Benjaminsen S (1982) Neurotic personality traits in patients with subtypes of affective disorders. Nord Psykiatr Tidskr 36:9–19

Bielski RJ, Friedel RO (1976) Prediction of tricyclic antidepressant response. A critical review. Arch Gen Psychiatry 33:1479–1489

Bleuler E (1922) Die Probleme der Schizoidie und der Syntonie. Z Ges Neurol Psychiatr 78:373–399

Bonetti U, Johansson F, Knorring L von, Perris C, Strandman E (1977) Prophylactic lithium and personality variables: an international collaborative study. Int Pharmacopsychiatry 12:14–19

Cattell RB, Eber HW (1957) Handbook for the Sixteen Personality Factor Questionnaire. Institute for Personality and Ability Testing, Champaign/IL
Chodoff P (1972) The depressive personality. Arch Gen Psychiatry 27:666–673
Coppen A, Metcalfe M (1965) Effect of a depressive illness on MPI scores. Br J Psychiatry 111:236–239
Davidson J, Miller R, Strickland R (1985) Neuroticism and personality disorder in depression. J Affective Disord 8:177–182
Davis H (1974) What does the P-scale measure? Br J Psychiatry 125:161–167
Depue RA, Slater JF, Welfstetter-Kausch H, Klein D, Goplerud E, Farr D (1981) A behavioral paradigm for identifying persons at risk for bipolar depressive disorders: a conceptual framework and five validation studies. J Abnorm Psychol 90 (Suppl):381–438
Deykin EJ, DiMascio A (1972) Relationship of patient background characteristics to efficacy of pharmacotherapy in depression. J Nerv Ment Dis 155:209–215
Dietrich H (1968) Manie – Monomanie – Soziopathie und Verbrechen. Enke, Stuttgart
Dietzfelbinger T (1985) Quantifizierende Erfassung biographischer Aspekte und prämorbider Persönlichkeitsdimensionen bei Neurosen und endogenen Psychosen. Inaug-Diss, TU München
Dietzfelbinger T, Kurz A, Möller HJ (in Vorbereitung) Empirische Untersuchungen zur prämorbiden Persönlichkeit von Patienten mit endogenen Psychosen.
Donnelly EF, Murphy DL (1973 a) Social desirability and bipolar affective disorder. J Consult Clin Psychol 41:409
Donnelly EF, Murphy DL (1973 b) Primary affective disorder: MMPI-differences between unipolar and bipolar depressed subjects. J Clin Psychol 29:303–306
Donnelly EF, Murphy DL, Waldman IN, Reynolds TD (1976 a) MMPI-differences between unipolar and bipolar depressed subjects. A replication. J Clin Psychol 32:610–612
Donnelly EF, Murphy DL, Goodwin FK (1976 b) Cross-sectional and longitudinal comparisons of bipolar and unipolar depressed groups on the MMPI. J Consult Clin Psychol 44:233–237
Dunner DL, Russek D, Russek B, Fieve RR (1982) Classification of affective disorder subtypes. Compr Psychiatry 23:186–189
Eiband HW (1979) Vergleichende Untersuchungen zur prämorbiden Persönlichkeit von Patienten mit verschiedenen Formen affektiver Störungen. Inaug-Diss, München
Eysenck HJ (1970) The structure of human personality, 3rd ed. (1st ed. 1953) Methuen, London; Wiley, New York
Eysenck HJ, Eysenck SBG (1971) Manual of the Eysenck Personality Inventory, 4th ed. (1st ed. 1964) University Press, London
Eysenck HK, Prell DB (1951) The inheritance of neuroticism: an experimental study. J Ment Sci 97:441–465
Fahrenberg I, Selg H, Hampel R (1978) Freiburger Persönlichkeitsinventar. Hogrefe, Göttingen
Foulds GA (in collaboration with Caine TM) (1965) Personality and personal illness. Tavistock, London
Freud S (1908) Charakter und Analerotik. Abgedruckt in: Gesammelte Werke, Bd VII, 6. Aufl. Fischer, Frankfurt 1976
Frey R (1977) Die prämorbide Persönlichkeit von monopolar und bipolar Depressiven. Ein Vergleich aufgrund von Persönlichkeitstests. Arch Psychiatr Nervenkr 224:161–173
Hathaway SR, McKinley JCA (1951) The Minnesota Multiphasic Personality Inventory Manual. Revised. Psychological Corporation, New York
Hathaway SR, McKinley JCA (1963) MMPI Saarbrücken. Handbuch zur deutschen Ausgabe des MMPI. Huber, Bern
Hauri P, Chernik D, Hawkins D, Mendels J (1974) Sleep of depressed patients in remission. Arch Gen Psychiatry 31:386–391
Hirschfeld RMA (1981) Situational depression: validity of the concept. Br J Psychiatry 139:297–305
Hirschfeld RMA, Cross CK (1982) Epidemiology of affective disorders. Arch Gen Psychiatry 39:35–46

Hirschfeld RMA, Klerman GL (1979) Personality attributes and affective disorders. Am J Psychiatry 136:67−70
Hirschfeld RMA, Klerman GL, Clayton PJ, Keller MB (1983 a) Personality and depression. Empirical findings. Arch Gen Psychiatry 40:993−998
Hirschfeld RMA, Klerman GL, Clayton PJ, Keller MB, McDonald-Scott P, Larkin B (1983 b) Assessing personality: effects of depressive state in trait measurement. Am J Psychiatry 140:695−699
Hirschfeld RMA, Klerman GL, Clayton PJ, Keller MB, Andreasen NC (1984) Personality and gender-related differences in depression. J Affective Disord 7:211−221
Keller MB, Shapiro RW (1982) Double depression: Superimposition of acute depressive episodes on chronic depressive disorders. Am J Psychiatry 139:438−442
Kendell RE, DiScipio WJ (1968) Eysenck personality inventory scores of patients with depressive illnesses. Br J Psychiatry 114:767−779
Kendell RE, DiScipio WJ (1970) Obsessional symptoms and obsessional personality traits in patients with depressive illness. Psychol Med 1:65−72
Kerr TA, Shapiro K, Roth M, Garside RF (1970) The relationship between the Maudsley Personality Inventory and the course of affective disorders. Br J Psychiatry 116:1−19
King D (1977) Pathological and therapeutic consequences of sleep loss: a review. Dis Nerv Syst 38:873−879
Klerman GL (1978) Long-term treatment of affective disorders. In: Lipton DM, DiMascio A, Killiam KF (eds) Psychopharmacology: a generation of progress. Raven, New York, pp 1303−1311
Kraepelin E (1913) Psychiatrie, Bd III, Teil 2. Barth, Leipzig
Kraines SH (1967) Therapy of the chronic depression. Dis Nerv Syst 28:577−584
Kretschmer E (1921) Körperbau und Charakter (1. Aufl. 1921; 26. Aufl. 1977, von Kretschmer W). Springer, Berlin Heidelberg New York
Kropf D, Müller-Oerlinghausen B (1985) The influence of lithium long-term medication on personality and mood. Pharmacopsychiatry 18:104−105
Kurz A (1985) Skalierte Erfassung von frühkindlichen Entwicklungen und Erfahrungen sowie prämorbide Persönlichkeitszüge psychiatrischer Patienten. Inaug-Diss, TU München
Lauter H (1969) Phasenüberdauernder Persönlichkeitswandel und persistierende Symptome bei der endogenen Depression. In: Hippius H, Selbach H (Hrsg) Das depressive Syndrom. Urban & Schwarzenberg, München, S 127−132
Lazare A, Klerman G (1968) Hysteria and depression: the frequency and significance of hysterical personality features in hospitalized depressed women. Am J Psychiatry 124:48−56
Leonhard K (1963) Die präpsychotischen Temperamente bei den monopolaren und bipolaren phasischen Psychosen. Psychiatr Neurol (Basel) 146:105−115
Liebowitz MR, Stallone F, Dunner DL, Fieve RF (1979) Personality features of patients with primary affective disorders. Acta Psychiatr Scand 60:214−224
Möller HJ (1984) Biochemische Hypothesen und medikamentöse Behandlungsmöglichkeiten suizidalen Verhaltens. In: Welz R, Möller HJ (Hrsg) Bestandsaufnahme der Suizidforschung. Roderer, Regensburg, S 111−127
Möller HJ, Zerssen D von (1987) Prämorbide Persönlichkeit von Patienten mit affektiven Psychosen. In: Kisker KP, Lauter H, Meyer J-E, Müller C, Strömgren E (Hrsg) Psychiatrie der Gegenwart, Bd 5. Springer, Berlin Heidelberg New York Tokyo, S 165−179
Möller HJ, Fischer G, Zerssen D von (1987) Prediction of therapeutic response in acute treatment with antidepressants. Results of an empirical study involving 159 endogenous depressive patients. Eur Arch Psychiatr Neurol Sci 236:349−357
Murray HA (1938) Exploration in personality. Oxford University Press, New York
Murray LG, Blackburn IM (1974) Personality differences in patients with depressive illness and anxiety neurosis. Acta Psychiatr Scand 50:183−191
Nyström S (1979) Depressions: factors related to 10-year prognoses. Acta Psychiatr Scand 60:225−238

Nyström S, Lindegard B (1975) Predisposition for mental syndromes: a study compar predisposition for depression, neurasthenia and anxiety state. Acta Psychiatr Sc 51:69–76

Okuhama T, Shimoyama N (1972) Course of endogenous manic-depressive psychoses, p cipitating factors, and premorbid personality – a statistical study. Folia Psychiatr Net Japanica 26:19–33

Paykel ES (1972) Depressive typologies and response to amitriptyline. Br J Psychi 120:147–156

Paykel ES, Klerman GL, Prusoff BA (1976) Personality and symptom pattern in dep sion. Br J Psychiatry 129:327–334

Perris C (1971) Personality patterns in patients with affective disorders. Acta Psych Scand (Suppl) 221:43–51

Peters UH (1977) Psychiatrie des Kopfschmerzes. Inform Arzt 5:42–52

Pilowsky I (1979) Personality and depressive illness. Acta Psychiatr Scand 60:170–176

Putten T van, Sanders DG (1975) Lithium in treatment failures. J Nerv Ment 161:255–264

Rainer JD (1979) Hereditary and character disorders. Am J Psychother 33:6–16

Reich W (1933) Charakteranalyse (2. Aufl. 1970). Kiepenheuer & Witsch, Köln

Rosenthal TL, Akiskal HS, Scott-Strauss A et al. (1981) Familial and developmental fac in characterological depressions. J Affective Disord 3:183–192

Rudolf G (1979) Psychischer und sozialkommunikativer Befund. Z Psychosom Med Psychoanal 25:1–15

Saß H (1986) Zur Klassifikation der Persönlichkeitsstörungen. Nervenarzt 57:193–203

Sauer H, Richter P, Saß H (1989) Zur prämorbiden Persönlichkeit von Patienten mit schizoaffektiven Psychosen. In: Marneros A (Hrsg) Schizoaffektive Psychosen. Diagnose, Therapie und Prophylaxe. Springer, Berlin Heidelberg New York Tokyo, S 109–118

Schäfer ML (1991) Migräne und Persönlichkeit. Enke, Stuttgart

Shaw DM, MacSweeny DS, Johnson AL, Merry J (1975) Personality characteristics of alcoholic and depressed patients. Br J Psychiatry 126:56–59

Sheard MH, Martini J (1978) Treatment of human aggressive behavior: four case studies of the effect of lithium. Compr Psychiatry 19:37–45

Silver RJ, Mansky G et al. (1981) MMPI correlates of affective disorders. J Clin Psychol 37:836–839

Sjöbring H (1958) Personality structure and development. Acta Psychiatr Scand (Suppl) 244 (1973) (English translation of: Struktur och utveckling, en personlighetsteori. Gleerup, Lund 1958)

Strandman E (1978) „Psychogenic needs" in patients with affective disorders. Acta Psychiatr Scand 58:16–29

Taylor MA, Abrams R (1975) Acute mania. Clinical and genetic study of responders and nonresponders to treatments. Arch Gen Psychiatry 32:863–865

Tellenbach H (1961) Melancholie. Springer, Berlin Heidelberg New York (4. Aufl 1983)

Tellenbach H (1977) Psychopathologie der Cyclothymie. Nervenarzt 48:335–341

Tölle R (1987) Persönlichkeit und Melancholie. Nervenarzt 58:327–339

Tölle R, Peikert A, Rieke A (1987) Persönlichkeitsstörungen bei Melancholiekranken. Nervenarzt 58:227–236

Torgersen S (1980) The oral obsession and hysterical personality syndromes: a study of hereditary and environmental factors by means of the twin method. Arch Gen Psychiatry 37:1272–1277

Turner WJ, King S (1981) Two genetically distinct forms of bipolar affective disorders? Biol Psychiatry 16:417–439

Vaz Serra A, Pollitt J (1975) The relationship between personality and the symptoms of depressive illness. Br J Psychiatry 127:211–218

Videbeck T (1975) The psychopathology of anancastic endogenous depression. Acta Psychiatr Scand 52:336–373

Weigel B (1980) Vergleichende Untersuchungen zur prämorbiden Persönlichkeit von Patienten mit verschiedenen Neuroseformen. Inaug-Diss, München

Weissman MM, Paykel ES (1974) The depressed women: a study of social relationship. University of Chicago Press, Chicago

Weissman MM, Prusoff BA, Klerman GL (1978) Personality and the prediction of long-term outcome of depression. Am J Psychiatry 135:797–800

Welner A, Welner Z, Leonard MA (1975) Bipolar manic-depressive disorder: a reassessment of course and outcome. Compr Psychiatry 16:125–131

Wetzel RD et al. (1980) Personality as a subclinical expression of the affective disorders. Compr Psychiatry 21:197–205

*Wittenborn JR (1974) Personality and depression. In: Angst J (ed) Classification and prediction of outcome of depression. Schattauer, Stuttgart, pp 305–310

Wittenborn JR, Maurer HS (1977) Persisting personalities among depressed women. Arch Gen Psychiatry 34:969–971

Wretmark G, Aström J, Ölander F (1961) MPI-resultat vid endogen depression före och efter behandling. Nord Psykiat Tidsskr 15:448–454

Zerssen D von (1977 a) Premorbid personality and affective psychoses. In: Burrows GD (ed) Handbook of studies on depression. Excerpta Medica, Amsterdam, pp 79–103

Zerssen D von (1977 b) Konstitutionstypologische Forschung. In: Strube G (Hrsg) Die Psychologie des 20. Jahrhunderts, Bd V. Kindler, Zürich, S 545–616

Zerssen D von (1979) Klinisch-psychiatrische Selbstbeurteilungs-Fragebögen. In: Bauman U, Berbalk H, Seidenstücker G (Hrsg) Klinische Psychologie. Trends in Forschung und Praxis, 2. Aufl. Huber, Bern, S 130–159

Zerssen D von (1980) Persönlichkeitsforschung bei Depressionen. In: Heimann H, Giedke H (Hrsg) Neue Perspektiven in der Depressionsforschung. Huber, Bern, S 155–178

Zerssen D von (1982) Personality and affective disorders. In: Paykel ES (ed) Handbook of affective disorders. Churchill Livingston, Edinburgh, pp 212–228

Zerssen D von, Pfister H, Koeller D-M (1988) The Munich Personality Test (MPT) – a short questionnaire for self-rating and relatives' rating of personality traits: formal properties and clinical potential. Eur Arch Psychiatr Neurol Sci 238:73–93

Krankheit und Persönlichkeit: Psychotherapie-Indikationen bei Melancholie-Kranken

R. TÖLLE[1]

Wenn die Beziehungen zwischen Persönlichkeit und Psychose angesprochen werden, denkt man i.allg. nur an konstitutionelle Zusammenhänge bzw. ätiologisch-pathogenetische Beziehungen, wobei das Hauptinteresse der Typenbildung und Systematik gilt. Demgegenüber müssen wir unseren Blickwinkel erweitern. So sprechen Akiskal et al. (1983) von drei möglichen Beziehungen: Persönlichkeit als Modifikator der affektiven Psychose, Persönlichkeitseinflüsse als Komplikationen der Krankheit und Persönlichkeitsstörung als abgeschwächter Ausdruck der affektiven Psychose.

Darüber hinausgehend fragen wir (Tölle 1988 b)
– nach entwicklungspsychologischen und psychodynamischen Beziehungen,
– nach den persönlichkeitseigenen Bewältigungsstrategien und Selbstheilungsversuchen
– und nach der Bedeutung der Persönlichkeitsstruktur für die Behandlung des melancholisch Kranken, speziell für Psychotherapie-Indikationen.

Die letzte Frage ist das Thema dieses Beitrages. Zunächst aber sind einige Vorbemerkungen notwendig:

Was ist Melancholie? Wir meinen das gleiche wie endogene Depression, bevorzugen aber den Terminus Melancholie, weil Depression eine zu unbestimmte Bezeichnung, endogen ein fast schon obsoleter Begriff ist. Die Krankheitsbezeichnung Melancholie wurde und wird in der Psychiatrie einvernehmlich und unmißverständlich benutzt (außerhalb der Psychiatrie wird Melancholie allerdings oft anders verstanden). Auch in der anglo-amerikanischen Psychiatrie spricht man wieder zunehmend von Melancholie, z.B. Hamilton (1989) in seiner letzten Veröffentlichung. DSM-III-R führt Melancholie ebenfalls an, wenn auch in etwas anderem Sinne, nämlich als Unterbegriff: „major depressive episode with melancholia" (typische depressive Episode mit Melancholie). ICD-10 formuliert an der entsprechenden Stelle, allerdings mit etwas anderen Kriterien: schwere depressive Episode mit psychotischer Symptomatik.

---

[1] Klinik für Psychiatrie der Westfälischen Wilhelms-Universität, Albert-Schweitzer-Straße 11, W-4400 Münster/Westf., Bundesrepublik Deutschland

Sodann eine Vorbemerkung zur Persönlichkeitsstruktur der Melancholie-Kranken: Die vorherrschende Theorie einer relativ einheitlichen Struktur bedarf einer Revision; denn:

1. Eine Reihe empirischer Untersuchungen ergab zahlreiche verschiedene Persönlichkeitsstrukturen bei diesen Kranken.
2. Was als beschreibbares Kernmerkmal des sog. Typus melancholicus herausgestellt wurde, nämlich Ordentlichkeit im Sinne eines besonderen Angewiesenseins auf Ordnung, stellt nur einen Aspekt dar und repräsentiert nicht eine Persönlichkeitsstruktur im ganzen. Ordentlichkeit ist, psychodynamisch gesehen, eine ubiquitäre Reaktionsweise. Zudem ist einschränkend festzustellen: Ordentlichkeit in diesem Sinne wird nicht regelmäßig bei Melancholie-Kranken angetroffen, und sie ist unspezifisch, d.h. sie kommt bei zahlreichen anderen psychischen Kranken, z.T. in annähernd gleicher Häufigkeit vor, zudem bei Gesunden.

Die These einer einheitlichen Persönlichkeitsstruktur müssen wir ebenso aufgeben wie die weitverbreitete Auffassung, Melancholie-Kranke würden i. allg. keine auffälligen und komplizierten Persönlichkeitsstrukturen aufweisen; denn

3. diese Kranken zeigen prämorbid in großer Häufigkeit ausgeprägte Persönlichkeitsstörungen. Hieran lassen mehrere sorgfältige Untersuchungen nicht mehr zweifeln (Charney et al. 1981; Pfohl et al. 1984; Koenigsberg et al. 1985; Tölle et al. 1987).

Diese Forschungsergebnisse werden klinisch noch zu wenig beachtet, worauf viele Fehler in der Melancholie-Diagnostik zurückzuführen sind. Fehlen eines Typus melancholicus spricht ebenso wenig gegen die Diagnose Melancholie wie das Vorkommen von Konflikten im Vorfeld oder die Feststellung einer neurotischen Störung oder Persönlichkeitsstörung.

Auch in der *Behandlung* der Melancholiekranken sind die Aspekte der betroffenen *Persönlichkeit* mehr zu berücksichtigen.

Hinsichtlich der somatischen Behandlung wird seit längerem untersucht, ob bei Patienten mit affektiver Psychose eine Persönlichkeitsstörung mit geringerer Antidepressiva-Response und mit ungünstigerer Prognose einhergeht. Keine der vorliegenden Arbeiten scheint diese These zweifelsfrei zu bestätigen (vgl. Philipp in diesem Band, S. 102). Eine neuere, sorgfältige Untersuchung (Joffe u. Regan 1989) kommt zu einem negativen Ergebnis. Wohl aber gibt es einzelne Hinweise für derartige Beziehungen. So zeigte eine Arbeit von Rüger (1982): Von 20 affekt-psychotischen Patienten einer Lithium-Studie wiesen, bei tiefenpsychologischer Untersuchung, 14 Kranke mittelschwere bis schwere neurotische Störungen auf, und es zeichneten sich Beziehungen zwischen Rezidiven im weiteren Verlauf und zuvor schon feststellbaren psychodynamischen Auslöserfaktoren ab.

Psychotherapie ist aus wenigstens drei Gründen bei Melancholie-Kranken indiziert:

Erstens schon des Leidenszustandes wegen. Hierzu der Bericht eines Patienten. In dieser Selbstschilderung kommt die spezifische melancholische Erlebnisveränderung in schwerster Ausprägung, mit Schuldwahn zum Ausdruck. Hier und für jede Melancholie gilt, daß in dieser seelischen Verfassung der Patient nicht ohne psychotherapeutische Hilfe bleiben darf.

„Ich denke immer nur zurück..., als ob ich alles falsch gemacht habe. Ich komme nicht von dem Gedanken los, kann nicht vorwärts denken... es hat alles keinen Sinn mehr... Wenn alle Menschen solche Versager wären, wäre die Welt längst untergegangen.... ich habe gefehlt in meinem Leben. Das ist hier jetzt die Strafe... mit meinem Beruf, die vielen Schulden, auch meiner Frau gegenüber habe ich gesündigt... ich habe mich völlig verstrickt.... Ich komme da nicht mehr heraus... ich bin nichts mehr wert... ich kann nichts, tue nichts..."

Die Psychotherapie, die hier indiziert ist, ist eine andere als die Psychotherapie bei Neurosen, anders auch als bei depressiven Neurosen. Am besten wurde diese Psychotherapie für Melancholie-Kranke von Schulte (1962) als kommunikative Psychotherapie beschrieben, später ähnlich von Benedetti (1987) als partizipative Psychotherapie. Es fehlt die Zeit, das im einzelnen auszuführen. Ein Satz von Schulte sei zitiert: „Das Entscheidende ist, daß der melancholisch Kranke regelmäßig zu erfahren bekommt, daß keine Hemmung, keine Selbstbezichtigung des Kranken und keine Enthüllung den Arzt davon abbringen kann, immer da zu sein, zu ihm zu stehen und bei ihm zu bleiben. Es ist erstaunlich, wie das zu verpflichten, zu halten und zu erleichtern vermag." Diese kommunikative Psychotherapie ist ganz auf die melancholische Erlebnisveränderung eingestellt, insofern ist sie krankheitsgerichtet.

Zweitens: Psychotherapie ist um so mehr indiziert, wenn ein Konflikt in das melancholische Schulderleben sozusagen hineingezogen wird. Das soll an zwei Beispielen mit unterschiedlichen Akzentuierungen erklärt werden.

Ein Beispiel ist die persönliche Situation der sogenannten Umzugsdepression. Nicht selten sprechen Wohnungs- und Ortswechsel sowie die hiermit verbundenen Abbrüche menschlicher Beziehungen und nicht zuletzt gegensätzliche Auffassungen in der Familie bezüglich des Umzuges für einen ernsthaften Konflikt, der dem Ausbruch der Melancholie vorausging und in der Melancholie unlösbar erscheint. Bei manchen dieser Patienten ist diese Problematik nach der Remission wie weggeblasen. Aber auch in diesen Fällen ist es angesichts des quälenden und konflikthaften Erlebens unumgänglich, hierauf psychotherapeutisch einzugehen, wenn auch behutsam und dem affektiven Vermögen der Patientin angepaßt, und selbstverständlich in Verbindung mit antidepressiver Medikation und Wachtherapie.

Ein anderes Beispiel, bei dem die personbezogene Psychotherapie-Indikation noch mehr in den Vordergrund rückt, ist die Pensionierungsdepression (wiederum ein verkürzender Begriff). Wenn auch bei manchen dieser Patienten die melancholische Phase eigengesetzlich abzulaufen scheint, ist doch die mit der Krankheit verbundene Persönlichkeitsproblematik zu beachten und psychotherapeutisch zu bearbeiten.

Drittens wird Psychotherapie bei Melancholie-Kranken notwendig, wenn der affektiven Psychose eine ausgeprägte neurotische Entwicklung vorausgegangen ist. Solche Kombinationen von Neurose und Melancholie sind nicht selten. So kann neben einer melancholischen Symptomatik gleichzeitig eine neurotische Symptomatik deutlich werden, z.B. neurotische Angst. Hierzu sei angemerkt, daß melancholische Angst und neurotische Angst bei sorgfältiger psychopathologischer Analyse durchaus zuverlässig zu unterscheiden sind (Kuhs 1990). Auf klinische Einzelheiten ist hier nicht einzugehen (s. hierzu Tölle 1988 a), sondern speziell auf die Psychotherapie-Indikationen.

Dabei sind die sehr unterschiedlichen Beziehungen zwischen Neurose und Melancholie zu beachten. Eine vorbestehende neurotische Symptomatik kann während der melancholischen Phase zurücktreten und unkenntlich werden, oder aber stärker hervortreten und zuweilen so verstärkt werden, daß die Melancholie-Erkrankung schwer zu erkennen ist. Bei manchen Patienten gewinnt man den Eindruck eines relativ unabhängigen Ablaufens der neurotischen Entwicklung einerseits und der melancholischen Phase andererseits. Bei anderen Patienten sind deutliche zeitliche und thematische Beziehungen zu erkennen. Zuweilen scheint eine lange neurotische Entwicklung sozusagen in eine melancholische Erkrankung einzumünden. Ein Hinweis hierfür können Beziehungen zwischen neurotischem Erleben und Inhalte melancholischer Befürchtung bzw. Themen des melancholischen Wahns sein. Bei diesen Patienten ist eine psychodynamische Psychotherapie indiziert.

Psychotherapie muß also bei Melancholie-Kranken sowohl den *Leidenszustand,* die krankheitsbedingte Erlebensveränderung, als auch die betroffene *Persönlichkeit* und ggf. deren neurotische Entwicklung berücksichtigen. Der Leidenszustand und speziell das persönliche Schuld- und Konflikterleben sind Indikationen für eine Psychotherapie, die kommunikativ vorgeht und auf das Kranksein ausgerichtet ist, ggf. aber auch auf die lebensgeschichtlichen und situativen Belastungen der betroffenen Person, selbstverständlich während sorgfältig durchgeführter Somatotherapie. Eine ausgesprochen persönlichkeitsbezogene und konfliktzentrierte Psychotherapie mit psychodynamischem Vorgehen wird insbesondere dann erforderlich, wenn schon vor der Melancholie-Erkrankung eine ausgeprägte neurotische Entwicklung ablief.

In der Praxis kommt es zunächst auf die *Basistherapie* an: überlegter und angemessener Umgang mit dem Kranken, bei stationärer Behandlung auch das Abstimmen von Betreuung, Tagesstrukturierung und Anregung auf diese besondere Art des psychisch Krankseins. Diese Basistherapie ist ebenso wie die *kommunikative* oder *partizipative* Psychotherapie bei jedem Melancholie-Kranken indiziert, evtl. verbunden mit behutsamer kognitiver Therapie. So ist während der Phase vorzugehen, um der melancholischen Erlebnisveränderung entgegenzuwirken. Eine *psychodynamisch* bzw. *psychoanalytisch* orientierte Psychotherapie ist hingegen nur bei einem relativ kleinen Teil der Melancholie-Kranken angebracht, nämlich wenn zugleich neurotische Störungen bzw. Persönlichkeitsstörungen bestehen. Diese Psychotherapie soll erst bei fortgeschrittener Remission eingesetzt werden, hauptsächlich ist sie im Intervall durchzuführen. Sie zielt auf die neurotischen Persönlichkeitszüge und Verhaltensweisen ab.

Die psychodynamisch orientierte Psychotherapie darf nicht zu früh beginnen, um den Patienten nicht zu überfordern und zu gefährden, solange ihm krankheitsbedingt noch die seelischen Kräfte für eine psychotherapeutische Arbeit fehlen, solange – nach einem Bild von Peters – noch „kein Wind die Segel aufbläst" (1978). Sie darf aber auch nicht zu spät beginnen, weil der Patient infolge der melancholischen Erlebnisveränderung verstärkt unter seinen Konflikten leidet.

Im einzelnen ist das Vorgehen individuell zu bestimmen. Es ist oft sehr schwer, zwischen den berechtigt erscheinenden Forderungen des Patienten (und auch seiner Angehörigen) nach Psychotherapie einerseits und der psychiatrisch wohlbegründeten Zurückhaltung andererseits einen psychotherapeutischen Weg zu finden. Dabei kommt es am meisten auf den Zeitpunkt im Ablauf der melancholischen Phase an, wie Peters u. Glück in Arbeiten über die ausklingende Phase (1972) und über die abgeklungene Phase (1973) gezeigt haben.

Probleme der Psychotherapie Melancholie-Kranker ergeben sich auch aus dem Spannungsfeld direktiven versus non-direktiven Arztverhaltens. Antidepressiva und weitere Somatotherapie einzusetzen sowie den Patienten sicher und bestimmt durch die melancholische Phase zu führen, und dann jene behutsame, zurückhaltende und abwartende Position zum Patienten einzunehmen, wie sie für eine psychodynamische Psychotherapie Voraussetzung ist, diese zugleich direktive und non-direktive Vorgehensweise ist nicht leicht zu verwirklichen. Dabei können komplizierte Übertragungen entstehen.

Auch im übrigen kommt es in der Betreuung des Melancholie-Kranken (in der Tagesstrukturierung, bei der Ergotherapie, Physiotherapie usw.) darauf an, zwischen Schonung und Anregung einen gangbaren Weg für jeden Patienten und jedes Stadium der melancholischen Phase zu finden. Mit den Worten von Peters (1978): „Es müssen sich den speziellen Gegebenheiten angepaßte Psychotherapien bilden, wie wir es in den letzten Jahren versucht haben" – und (füge ich heute als Wunsch hinzu) in der nächsten Zeit weiter fortführen werden.

Literatur

Akiskal HS, Hirschfeld MA et al. (1983) The relationship of personality to affective disorders. Arch Gen Psychiatr 40:801–810
Benedetti G (1987) Analytische Psychotherapie der affektiven Psychosen. In: Kisker KP et al. (Hrsg) Psychiatrie der Gegenwart, Bd 5, 3. Aufl. Springer, Berlin Heidelberg New York Tokyo
Charney DS, Nelson JC, Quinlan DM (1981) Personality traits and disorder in depression. Am J Psychiatry 138:1601–1604
Hamilton M (1989) Frequency of symptoms in melancholia (depressive illness). Br J Psychiatry 154:201–206
Joffe RT, Regan JJ (1989) Personality and response to tricyclic antidepressants in depressed patients. J Nerv Ment Dis 177:745–749
Koenigsberg HW, Kaplan MD (1985) The relationship between syndrome and personality disorder in DSM-III. Am J Psychiatry 142:207–212

Kuhs H (1990) Angst und Depression. Psychopathologische Untersuchungen des Angsterlebens melancholischer und neurotischer Kranker. In: Hippius H et al. (Hrsg) Monographien aus dem Gesamtgebiet der Psychiatrie, Bd 59. Springer, Berlin Heidelberg New York Tokyo

Peters UH (1978) Dynamik der Melancholie. Med Welt 29:333−338

Peters UH, Glück A (1972) Die Problematik der ausklingenden depressiven Phase. Nervenarzt 43:505−511

Peters UH, Glück A (1973) Die Persönlichkeit am Ende der depressiven Phase. Beobachtungen nach Ausklingen endogen-depressiver Phasen. Nervenarzt 44:14−18

Pfohl B, Stangl D et al. (1984) The implications of DSM-III personality disorders for patients with major depression. J Affective Disord 7:309−318

Rüger U (1982) Kombination von Psychotherapie und Pharmakotherapie bei endogener Depression. In: Helmchen H et al. (Hrsg) Psychotherapie in der Psychiatrie. Springer, Berlin Heidelberg New York

Schulte W (1962) Psychotherapeutische Bemühungen bei der Melancholie. Dtsch Med Wochenschr 44:2225−2231

Tölle R (1988 a) Neurose und Melancholie. Schweiz Arch Neurol Psychiat 139:43−58

Tölle R (1988 b) Beziehungen zwischen Persönlichkeit und Psychose. In: Janzarik W (Hrsg) Persönlichkeit und Psychose. Enke, Stuttgart

Tölle R, Peikert A, Rieke A (1987) Persönlichkeitsstörungen bei Melancholie-Kranken. Nervenarzt 58:227−236

Der „Typus manicus" — eine Variante der Zyklothymie?*

D. von Zerssen[1]

Einleitung

Der „Typus manicus" (v. Zerssen 1977 a/b, 1980, 1982, 1988) wurde als „Gegenstück" zum „Typus melancholicus" (Tellenbach 1961) konzipiert. Auf deskriptivem Niveau entspricht er der hypomanischen Variante des zyklothymen Temperaments (Kretschmer 1921), so daß sich die Frage erhebt, ob es sich nicht um eben diesen Subtypus der Zyklothymie bzw. um das eine Extrem einer Variationsreihe (= Dimension) handelt, das über die Zwischenstufen des reizbaren und des im eigentlichen Sinne zyklothymen[2], d.h. zwischen den Extremen der Reihe hin- und herpendelnden, (sowie — bei Kretschmer — des syntonen[3] = ausgeglichenen) Temperaments mit dem anderen Extrem der Reihe, nämlich dem (sub)depressiven Temperament, verbunden ist. Diese Frage kann nur im Kontext der jeweiligen theoretischen Konstrukte auf dem Hintergrund ihrer historischen Entwicklung und der Ergebnisse objektivierender Untersuchungen beantwortet werden, was im folgenden geschehen soll.

Das Konzept des zyklothymen Temperaments

Wir beginnen mit der Darstellung des Zyklothymiekonzepts und seiner historischen Entwicklung, da diese weiter zurückreicht als die der entsprechenden Konzepte von „Typus manicus" und „Typus melancholicus"[4]. Diese

---

* In: Marneros A, Philipp M (Hrsg) (1992) Persönlichkeit und psychische Störungen. Springer, Berlin Heidelberg New York Tokyo.
[1] Max-Planck-Institut für Psychiatrie, Kraepelinstraße 2, W-8000 München 40, Bundesrepublik Deutschland
[2] Kraepelin (1913): „cyklothymische Veranlagung".
[3] E. Bleuler (1922) verwendete diesen Begriff global zur Kennzeichnung der prämorbiden Wesensart von Patienten mit affektiven Psychosen.
[4] Der historische Hintergrund des letztgenannten Konzepts wird andernorts (Kraus 1977; Tellenbach 1961; v. Zerssen 1969, 1982, 1991) ausführlich gewürdigt (speziell bezüglich psychoanalytischer Beiträge: Mendelson 1976; bezüglich der Beiträge japanischer Autoren: Kraus 1971; Shinfuku u. Ihda 1969), weshalb wir in dieser Arbeit auf eine entsprechende Darstellung verzichten.

Darstellung wird allerdings dadurch erschwert, daß der Begriff „Zyklothymie" bis heute in sehr unterschiedlichen Bedeutungen verwendet wird, nämlich

- als blande Form einer bipolaren (früher als „cyklisch" oder „cirkulär" bezeichneten) affektiven Erkrankung (American Psychiatric Association 1980, 1987; ähnlich schon Kahlbaum 1882);
- als Gemütsveranlagung, die sich gehäuft bei Patienten mit einer zirkulären Form des „manisch-depressiven Irreseins" findet (Kraepelin 1913);
- als mit dem pyknischen Körperbau korrelierende Grundform des Temperaments, die über die „zykloide Psychopathie" (von anderen als „zyklothyme Persönlichkeitsstörung" bezeichnet; s. Degkwitz et al. 1980) mit dem Vollbild affektiver Psychosen (unter Einschluß unipolar depressiver Formen) verbunden ist (Kretschmer 1921);
- als Temperamentsform, die speziell den bipolaren affektiven Psychosen zugeordnet ist oder bereits eine Vorform derselben darstellt (Akiskal et al. 1977), bzw.
- als „zyklothyme Persönlichkeit", der etwas eigenartigen Kennzeichnung einer unbehandelten bipolar-affektiven Erkrankung (Dunner et al. 1982), und schließlich
- als Wechselbegriff für affektive Psychosen schlechthin (z.B. Schneider 1936).

Wir beziehen uns hier ausschließlich auf die Verwendung des Begriffs im Sinne einer mit dem gesamten Formenkreis affektiver Erkrankungen – zumindest hypothetisch – assoziierten prämorbiden Persönlichkeitsstruktur, die selbst noch nichts Krankhaftes – im Sinne einer „zyklothymen Persönlichkeitsstörung" (s. oben) – an sich trägt oder zu tragen braucht und die nicht nur (prämorbid) bei Erkrankten, sondern ebenfalls gehäuft bei (zumindest bisher) nicht erkrankten nahen Blutsverwandten derselben und, wenn auch relativ seltener, bei Gesunden ohne nachweisbare familiäre Beziehung zum Formenkreis affektiver Erkrankungen anzutreffen ist. Dabei unterscheiden wir – in Anlehnung an den bisherigen Sprachgebrauch – die Zyklothymie im engeren, u.a. von Kraepelin (1913) gebrauchten Sinn (s. oben), die durch ausgeprägte Gemütsschwankungen zwischen gehobener und gedrückter Stimmungslage gekennzeichnet ist, von der Zyklothymie im weiteren (u.a. von Kretschmer verwendeten) Sinne, die alle Spielarten habitueller affektiver Gestimmtheit von dauerhaft gedrückter (= subdepressiver) Stimmungslage über die „syntone Mittellage" (Kretschmer 1921), die Zyklothymie im engeren Sinne mit ausgeprägten Stimmungsschwankungen bis zu leichter Erregbarkeit und zu dauerhaft gehobener (hypomanisch-hyperthymer) Gestimmtheit umfaßt.

In der psychiatrischen Literatur ist die hypomanisch-hyperthyme Variante der Zyklothymie wiederholt speziell mit der Veranlagung zur Manie bzw. einem überwiegend manisch geprägten Krankheitsverlauf bipolarer affektiver Erkrankungen in Verbindung gebracht worden, z.B. von Reiss (1910), Kraepelin (1913), Rehm (1919) und schließlich Leonhard

(1963), während Kretschmer (1921) die Zuordnung der Temperamentsvarianten zu den verschiedenen klinischen Verlaufstypen nicht vollzogen hat; denn in seiner Konzeption bildete der pyknische Habitus, der mit allen Formen des zyklothymen Temperaments (im weiteren Sinne) assoziiert sein sollte, durch die ihm hypothetisch zugrundegelegte hormonelle Konstellation das Bindeglied zwischen Temperament und Psychosendisposition. Seine Beschreibung des „flott hypomanischen Typus" entspricht aber durchaus der, die andere Autoren für die prämorbide Persönlichkeit manischer Patienten gegeben haben – auch solche, die dabei nicht das übergeordnete Zyklothymiekonzept im Auge hatten (z.B. Arieti 1959; Bond u. Partridge 1925; Dietrich 1968; Häfner 1962; Kraus 1977; Sone u. Ueki 1984; Tellenbach 1965); Darunter finden sich sogar Beschreibungen aus einer Zeit, als dieses Konzept noch gar nicht existierte (z.B. Jung 1903; Nitsche 1910; Saiz 1907; Specht 1905).

Die Tatsache, daß die prämorbide Persönlichkeit von Manikern – auch ohne Bezugnahme auf das Zyklothymiekonzept – fast durchgehend im Sinne des sanguinischen (Esquirol 1816), hypomanischen (Reiss 1910) oder hyperthymen (z.B. Dietrich 1968) Temperaments geschildert wurde, spricht für die klinische Validität des Konzepts eines „Typus manicus", aber nicht *gegen* die Zugehörigkeit dieses Typus zu einer Temperamentsdimension mit dem Gegenpol des (sub)depressiven oder „dysthymen" Temperaments (s. Akiskal et al. 1979).

Dieses Zyklothymiekonzept hat sich auch in der angelsächsischen Psychiatrie durchgesetzt (s. Mayer-Gross et al. 1969), wobei z.T. die Beziehung der einzelnen Varianten zu den unterschiedlichen Verlaufstypen affektiver Psychosen und damit auch die der hypomanischen Variante zu überwiegend manisch geprägten Verlaufsformen herausgestellt wurde (so u.a. durch Campbell 1953). Erst Akiskal (1989; Akiskal et al. 1977, 1979) hat dann – unter dem Eindruck der Ergebnisse familiengenetischer Untersuchungen (Angst 1966; Perris 1966; Winokur u. Clayton 1967), die eine Unterteilung affektiver Erkrankungen in unipolar depressive und bipolar manisch-depressive Verlaufsformen und die Zugehörigkeit aller Manien zu den letzteren (s. auch Abrams et al. 1979) nahelegten – eine globale Zuordnung der Zyklothymie zu den bipolaren Formen vorgenommen (s. auch Goodwin u. Jamison 1990), wobei allerdings die Grenze zwischen Temperament und Erkrankung weitgehend aufgehoben wurde (s. oben)[5]. Dementsprechend wird in den operationalen Diagnosesystemen der American Psychiatric Association (1980/1987) – dem DSM-III und dem DSM-III-R – die Zyklothymie als Variante affektiver Störungen auf Achse I (d.h. bei den aktuellen psychischen Störungen) und nicht – wie in der ICD (s. Degkwitz et al. 1980) – bei den Persönlichkeitsstörungen, die einer Kategorie auf Achse II des DSM-III/DSM-III-R entsprechen, aufgeführt.

---

[5] Darin ähnelt es freilich gerade frühen Konzeptbildungen wie denen von Specht (1905), Nitsche (1910) und Kraepelin (1913).

Tabelle 1. Typische Konstellationen prämorbider Persönlichkeitszüge bei Patienten mit affektiven Psychosen (vgl. v. Zerssen 1977)

„Typus melancholicus"	„Typus manicus"
– beharrlich	– unstet
– auf Sicherheit bedacht	– risikofreudig
– besonnen	– begeisterungsfähig
– pedantisch	– großzügig
– wenig vital	– vital
– autoritätsgebunden	– eigenständig
– unoriginell	– originell
– konventionell	– unkonventionell
– einseitig interessiert	– vielseitig interessiert
– phantasiearm	– phantasievoll

beide
– aktiv
– tüchtig
– gefühlsbetont
– warmherzig

(aus: v. Zerssen 1980).

Das Konzept des „Typus manicus"

Das Konzept des „Typus manicus" ist vom Ansatz her grundsätzlich verschieden von den zuletzt genannten Fassungen des Zyklothymiekonzepts. Weder soll es sich bei diesem Typus um eine blande Form hypomanischer Verstimmungszustände im Sinne einer krankhaften Abwandlung der prämorbiden Persönlichkeit handeln (wie in DSM-III/DSM-III-R), noch um eine allen Formen bipolarer affektiver Psychosen gleichermaßen zugeordnete Variante einer Persönlichkeitsdimension mit dem Gegenpol des (sub)-depressiven oder dysthymen Temperaments; vielmehr wurde der „Typus manicus" – auch in der Wortwahl – als „Gegenstück" (v. Zerssen 1988) zum „Typus melancholicus" im Sinne Tellenbachs (1961) konzipiert: Dieser soll mit einer Disposition zur Depressivität, jener hingegen mit einer Disposition zum Manischen verbunden sein und dementsprechend in der prämorbiden Struktur von Patienten mit überwiegend manischem Krankheitsverlauf am deutlichsten zutage treten.[6] Die Gegenüberstellung einzelner Merkmale beider Typen (aus v. Zerssen 1980) zeigt die postulierte Gegensatzbeziehung zwischen ihnen, wird allerdings ergänzt durch gemeinsame Züge, die die Gegensätzlichkeit der Typen einschränken (s. Tabelle 1).

Einen Gegensatz zwischen den bei Manikern vorkommenden Persönlichkeitszügen im Sinne des Hypomanischen und den durch „Ordentlichkeit"

---

[6] Es erscheint trivial, daß die Persönlichkeitsentwicklung eines Menschen nicht allein von der Disposition zu einer bestimmten Form psychischer Störungen abhängen kann, sondern immer auch von einer Vielzahl anderer Faktoren bestimmt wird. Deshalb ist eine völlige Konkordanz von Persönlichkeitstyp und Krankheitsform auch bei affektpsychotischen Patienten von vornherein nicht zu erwarten (s. v. Zerssen 1991).

(Tellenbach 1961), „Hypernomie", d.h. übermäßige Orientierung an sozialen Normen (Kraus 1977), bzw. „Hypersolidität" (Blankenburg 1988) gekennzeichneten Zügen des „Typus melancholicus" haben auch Häfner (1962) und Tellenbach (1965) angenommen (s. auch Blankenburg 1967), diesen aber psychodynamisch auf eine hypomanische Abwehr von auch bei Manikern postulierten Zügen des „Typus melancholicus" zurückgeführt – eine Interpretation, die wohl dem Einfluß psychoanalytischer Hypothesen über die Manie als Abwehr einer zugrundeliegenden Depression (s. Arieti 1959; Mendelson 1976; Schmidt-Degenhard 1983) zuzuschreiben ist. Im Konzept des „Typus manicus" ist aber impliziert, daß es sich bei ihm um den unmittelbaren Ausdruck einer Disposition zur manischen Dekompensation im Rahmen einer bipolaren affektiven Erkrankung und weder um die Abwehr anderer Tendenzen (sei es zur Depression, sei es zum „Typus melancholicus") noch um eine „forme fruste" der Erkrankung selber handelt (s. v. Zerssen 1991[7]).

Unter Berufung auf Tellenbachs 1969 gegebenen Hinweis, daß in der Depression viele Züge des „Typus melancholicus" ins Gegenteil verkehrt würden (Ordnung in Unordnung, Leistenmüssen in Nicht-mehr-leisten-können, enge Bindung an nahe Angehörige in „innere Ferne von den Nächsten"), wurde der „Typus melancholicus" von mir in einem psychodynamischen Sinne als Abwehrstruktur interpretiert, aber nicht etwa im Sinne der Abwehr von Zügen des „Typus manicus", sondern von (sub)depressiven Tendenzen bei zur Depressivität disponierten Individuen (v. Zerssen 1977 a, 1980, 1982, 1991). Dieser „kausalen Typeninterpretation" (s. v. Zerssen 1973, 1977 b) lag der Gedanke zugrunde, daß es eine Disposition zu gravierenden Formen der Depression gibt, die durch eine schon von Kindheit an bestehende Tendenz zur Entmutigung und Selbstentwertung subjektiv als negativ erlebt wird und zum Aufbau einer Abwehrstruktur führt oder zumindest beiträgt, die das Selbstwertgefühl durch Leistung und durch das Aufgehen im Dasein für andere stabilisiert und so – prämorbid – auch eine leidlich ausgeglichene Gemütsverfassung gewährleistet.

Durch ein „subjektives Scheitern der Selbstverwirklichung" (v. Zerssen 1991) im Erbringen von Leistung und im Dasein für andere kann es zu einem Zusammenbruch dieser Abwehrstruktur in Form einer depressiven Entgleisung kommen, in der dann – wie von Tellenbach (1969) ausgeführt (s. oben) – die Züge des „Typus melancholicus" ins Gegenteil verkehrt werden. Lediglich die – trotz aller Abwehrleistung – im „Typus melancholicus" sich manifestierende Neigung zu Schuldgefühlen wird in diesem Zustand der depressiven Dekompensation noch verstärkt – u.U. bis zu Schuld- und Versündigungswahn als krankhafter Übersteigerung eines habituellen Grundzugs der Persönlichkeit, in der aber außerhalb der Krankheitsepisoden die meisten typischen Merkmale einer depressiven Grundverfassung weitgehend kompensiert sind.

---

[7] Hier wird auch eine alternative Erklärungsmöglichkeit für die Affinität zwischen Persönlichkeitstyp und Verlaufsform einer affektiven Erkrankung angeführt.

Bei einer Disposition zur bipolaren affektiven Erkrankung kommt nach dieser Auffassung eine Tendenz zur Auslenkung von Aktivitätsniveau, Stimmungslage und Selbstwertgefühl in einer der depressiven Auslenkung diametral entgegengesetzten Richtung hinzu (v. Zerssen 1988), die subjektiv als positiv erlebt wird und keine Abwehrformation herausfordert. Bei relativ starker Ausprägung dieser Tendenz überwiegen deshalb in der prämorbiden Persönlichkeitsstruktur hypomanisch anmutende Züge, die den „Typus manicus" konstituieren und sich im Falle einer krankhaften Auslenkung in Richtung maniformer Dekompensation karikaturhaft verstärken. Hier würde also die von Tiling (1904), Kretschmer (1921) u.a. gegebene Interpretation der Psychosen als krankhaft übersteigerter Zerrformen der normalen Grundpersönlichkeit *in toto* zutreffen.

Das Konzept des „Typus manicus" ist damit bezüglich der darin implizierten Typeninterpretation grundverschieden von den auf deskriptivem Niveau mit ihm weitgehend übereinstimmenden Konzepten anderer Autoren, ob diese nun die Persönlichkeit manischer Patienten im psychodynamischen Sinne auf den „Typus melancholicus" bezogen oder sie dem depressiven Temperament als Gegenpol einer Variationsreihe affektiver Temperamente gegenübergestellt haben.

Kraus (1977), der auch — darin Häfner (1962) und Tellenbach (1965) folgend — eine partielle Gegensatzbeziehung zwischen dem „Typus melancholicus" und den hypomanischen Grundzügen in der Persönlichkeit von Manikern sieht (er spricht auf S. 33 seines Buches wörtlich von den „Persönlichkeiten des manischen und des depressiven Pols"), hat auf eine kausale Typeninterpretation verzichtet. Seine formale Interpretation (s. v. Zerssen 1973, 1977 b) dieser beiden Typen im Sinne einer Überidentifikation mit den ihnen eigenen inneren Haltungen und Gefühlen hat keine Entsprechung in unseren Typenkonzepten.

Vom Konzept der hyperthymen Variante der Zyklothymie im Sinne nordamerikanischer Autoren (USA: Akiskal et al. 1977, 1979; Kanada: Waters 1979) unterscheidet sich das des „Typus manicus" noch fundamentaler als von den vorgenannten Konzepten, insofern keine globale Zuordnung zu allen Formen bipolarer affektiver Erkrankungen vorgenommen und zudem der Typus als im echten Sinne *prämorbide* Eigenart aufgefaßt wird, in der sich eine Krankheitsdisposition, nicht aber die Erkrankung selber manifestiert. Insbesondere ist in der Grundkonzeption, nach der „Typus manicus" und „Typus melancholicus" ein den Verlaufsformen affektiver Erkrankungen zugeordnetes Gegensatzpaar (mit partiellen Gemeinsamkeiten: s. Tabelle 1) bilden, kein Platz für die im eigentlichen Sinne zyklothyme Variante affektiver Temperamente; vielmehr soll in der prämorbiden Persönlichkeit affektiv Erkrankter mit typisch bipolarem Krankheitsverlauf, bei denen ja die manischen Episoden nicht im Vordergrund stehen (Angst 1966, 1978; Kinkelin 1954), Züge des einen oder anderen Typus dominieren bzw. sich gegenseitig weitgehend aufheben, und zwar in Abhängigkeit von der Relation manischer zu depressiven Komponenten im Langzeitverlauf der Erkrankung (v. Zerssen 1977 a, 1980, 1982, 1991).

Validierungsstudien

Während eine große Zahl auch neuerer empirischer Studien unter Anwendung standardisierter Persönlichkeitsinventare – bis hin zu familiengenetischen Untersuchungen (s. Maier et al., im Druck; Maier et al., in diesem Band) – die Validität des Konzepts eines „Typus melancholicus" als der prämorbiden Struktur unipolar depressiv Erkrankter unterstreicht (Bergmann 1983; Dörr Alamos u. Viani Barbagelata 1991; Schäfer 1991; s. auch Möller u. v. Zerssen 1987; v. Zerssen 1976 b, 1982; v. Zerssen u. Pössl 1990 b)[8], sind die Verhältnisse bei bipolaren Erkrankungen komplizierter (s. Kröber 1988), und die Zahl einschlägiger Untersuchungen an Patienten mit ganz oder überwiegend manisch geprägten Krankheitsverläufen ist – schon wegen deren Seltenheit (s. oben) – sehr gering.

Für unipolar Depressive kann das Zyklothymiekonzept Kretschmers als widerlegt gelten; diese Patienten erwiesen sich vielmehr in mehreren, voneinander unabhängigen Untersuchungen im Vergleich zu Kontrollgruppen psychisch Gesunder gerade als *weniger* zyklothym (v. Zerssen 1969; v. Zerssen et al. 1970; Wetzel et al. 1980; Dörr Alamos u. Viani Barbagelata 1991). Für die Gesamtgruppe bipolar Erkrankter konnte in den Untersuchungen von v. Zerssen et al. (1970), Perris (1966), Dörr Alamos u. Viani Barbagelata (1991) lediglich eine stärkere Tendenz zur Zyklothymie als bei unipolar Depressiven nachgewiesen werden, die aber offenkundig allein auf die verminderte Zyklothymieneigung bei den unipolar Depressiven zurückgeht; denn – soweit Kontrollgruppen psychisch Gesunder einbezogen wurden – unterschieden sich diese in den einschlägigen Persönlichkeits-Skalen nicht von den Bipolaren (s. auch Angst u. Clayton 1986). Das gilt auch für die Fremdbeurteilung durch einen nahen Angehörigen der Patienten (Eiband 1980; Hofmann 1973; v. Zerssen et al. 1970).

Eine Erhöhung von Werten einer Zyklothymieskala gegenüber den Werten psychisch gesunder Kontrollpersonen konnte allerdings bei Patienten mit rein oder überwiegend manischen Erkrankungen ermittelt werden (Eiband 1980; Dörr Alamos u. Viani Barbagelata 1991), wobei der Unterschied auf Itemebene speziell den Merkmalen der hypomanischen Variante der Zyklothymie zuzuschreiben war (Eiband 1980). Dies steht im Einklang mit dem Konzept des „Typus manicus", das auch durch andere Fragebogenuntersuchungen gestützt wird (v. Zerssen 1977 a, 1980, 1988). Mit Ausnahme der Untersuchung von Eiband (1980) wurden diese Untersuchungen allerdings nur an den Patienten selber (während des Abklingens oder nach Beendigung einer manischen Phase) durchgeführt, weshalb sich eine Verzerrung der Stellungnahme zu den Test-Items durch den durchgemachten Verstimmungszustand nicht ausschließen läßt.

---

[8] Tölles (1987, 1988; Tölle et al. 1987) Kritik an diesem Konzept wird durch seine eigenen Befunde nicht gestützt (v. Zerssen 1988, 1991).

Aus diesem Grunde haben wir uns in den letzten Jahren auf die Auswertung von Krankengeschichtseintragungen zur prämorbiden Entwicklung psychiatrischer Patienten konzentriert, wie sie früher schon (Tellenbach Jr. 1975) zur Entwicklung unseres Konzepts des „Typus manicus" geführt hatte (s. v. Zerssen 1977 a, 1980, 1982, 1991). Bei dieser Vorgehensweise läßt sich Prämorbides von Morbidem bzw. Postmorbidem besser abgrenzen, als es bei Fragebogenuntersuchungen der Fall ist. Das methodische Vorgehen der „Typenfindung", „Typenbeschreibung" und „Typendiagnose" (v. Zerssen 1973, 1977 b) solcher Krankengeschichtsauswertungen wurde bereits an anderer Stelle ausführlich dargestellt (Pössl u. v. Zerssen 1990 a), nicht dagegen die Weiterentwicklung der Typendiagnose von einem ganzheitlich-intuitiven Vorgehen (analog der üblichen klinischen Diagnostik von Persönlichkeitsstörungen nach der ICD-9; s. Degkwitz et al. 1980) zu einem operationalisierten (algorithmischen) Ansatz.

Dieser neue methodische Ansatz unterscheidet sich allerdings nicht nur inhaltlich, sondern auch formal von dem gängiger operationaler Diagnosesysteme (RDC: Spitzer et al. 1978; DSM-III/DSM-III-R), indem er über die Bildung von Typen-Scores für die vorgegebenen Typen der prämorbiden Persönlichkeit („Typus manicus", „Typus melancholicus" sowie einen ängstlich-unsicheren und einen nervös-gespannten Typ: Pössl u. v. Zerssen 1990 b) aufgrund eines intraindividuellen Vergleichs dieser Scores grundsätzlich zur Entscheidung für einen und nur einen dieser Typen führt. Es sei hier noch angemerkt, daß die Typendiagnose – ob nun ganzheitlich-intuitiv, ob algorithmisch – ohne Kenntnis der klinischen Diagnose nur anhand von Krankengeschichtsauszügen erfolgt, aus denen alle Angaben zu psychiatrischen Erkrankungen von Angehörigen des Patienten aus seiner Familienanamnese und alle Angaben zu seinen eigenen psychiatrischen Erkrankungen und seiner Entwicklung vom Einsetzen erster krankheitsverdächtiger Erscheinungen an aus der Eigen- und Fremdanamnese getilgt sind.

Die noch nicht publizierten Ergebnisse dieses Vorgehens bestätigen eindrucksvoll die vorher auch ohne Operationalisierung des diagnostischen Prozesses (Pössl u. v. Zerssen 1990 b; v. Zerssen u. Pössl 1990 a) gewonnenen Resultate bezüglich der prämorbiden Persönlichkeit endogen psychotischer Patienten, insbesondere solcher mit verschiedenen Verlaufsformen einer affektiven Erkrankung, und ergänzen sie zudem hinsichtlich der Zusammenhänge von Persönlichkeit und verschiedenen Formen neurotischer Störungen (Gruben, in Vorb.; Tauscher, in Vorb.).

Von diesen Ergebnissen ist für die Fragestellung der vorliegenden Arbeit am wichtigsten, daß nicht nur die Hypothese von einer Affinität zwischen dem „Typus melancholicus" und unipolar-endogenen Depressionen sowie dem „Typus manicus" und überwiegend manisch geprägten Verlaufsformen bipolarer affektiver Psychosen bestätigt wurde, sondern auch eine vorher (s. v. Zerssen u. Pössl 1990 a; v. Zerssen 1991) – offenkundig wegen zu kleiner Fallzahlen – nur andeutungsweise erkennbare Häufigkeitsbeziehung beider Typen zur Ausprägung depressiver bzw. manischer Anteile bei den übrigen bipolaren Störungen statistisch zu sichern war: Bei den bipolaren Erkran-

Tabelle 2. Prozentuale Verteilung der Persönlichkeitstypen auf die beiden Grundformen affektiver Psychosen nach Marneros et al. (1991) und Tauscher (in Vorb.)

Persönlichkeitstyp (nach Krankengeschichte)	Psychoseform (ICD-Diagnose)			
	unipolar-depressiv		bipolar-affektiv	
	M. et al. (n = 75)	Tauscher (n = 36)	M. et al. (n = 30)	Tauscher (n = 41)
„Typus melancholicus"	52	72	27	39
Asthenisch/selbstunsicher	25	8	23	17
Sthenisch/selbstsicher (= „Typus manicus")	23	20	50	44
Gesamt	100	100	100	100

kungen mit lediglich hypomanischen Schwankungen (bipolar II) überwog zahlenmäßig der „Typus melancholicus", bei denen mit ausgeprägten manischen Episoden (bipolar I) dagegen der „Typus manicus" (ähnlich, wenn auch nicht ganz so deutlich, wie bei den in einer eigenen Gruppe zusammengefaßten Verlaufsformen überwiegend manischer Prägung).

Ein prämorbid im eigentlichen Sinne „zyklothym" zwischen den Polen gehobener und gedrückter Stimmungslage hin- und herpendelndes Temperament ist im Stadium der „Typenfindung" bei unseren Krankengeschichtsauswertungen bezüglich der prämorbiden Entwicklung affektpsychotischer Patienten weder in früheren (Tellenbach Jr. 1975) noch in den neueren Untersuchungen (Pössl u. v. Zerssen 1990 a) entdeckt worden und konnte dementsprechend bei der „Typendiagnose" nicht berücksichtigt werden. Eine Tendenz manischer Patienten zum reizbaren (Kraepelin 1913; in unserer Terminologie: nervös-gespannten) Typ hat sich allerdings – in Übereinstimmung mit den von Kraepelin (1913) referierten Befunden – auch bei unseren neueren Krankengeschichtsauswertungen ergeben (Tauscher, in Vorb.).

Bemerkenswert erscheint in diesem Zusammenhang noch die prinzipielle Übereinstimmung unserer Befunde mit denen von Marneros et al. (1991) bezüglich der prämorbiden Persönlichkeit von unipolar-depressiven und bipolar manisch-depressiven Patienten. Diese Autoren haben den nervösgespannten Typ, der auch in unserem Krankengut affektpsychotischer Patienten vergleichsweise selten (bei den unipolar Depressiven und den Patienten vom Bipolar-II-Typ sogar in keinem Fall) vorkommt, nicht berücksichtigt, wohl aber den „Typus melancholicus" und den ängstlichunsicheren Typ, letzteren unter der Bezeichnung „asthenisch-selbstunsicher" sowie einen von ihnen „sthenisch-selbstsicher" genannten Typ, der offenbar unserem „Typus manicus" entspricht oder zumindest nahesteht.

Tabelle 2 zeigt die Verteilung der 3 genannten Typen im Krankengut von Marneros et al. und in unserem Krankengut nach der Auswertung durch

Tauscher (in Vorb.), bei der (aufgrund der Eintragungen des Untersuchers in einer Merkmalsliste) eine algorithmische Typenzuordnung vorgenommen wurde. Obwohl die Methoden von „Typenfindung", „Typenbeschreibung" und „Typendiagnose" der beiden Arbeitsgruppen differierten und in der Untersuchung von Marneros et al. die (seltenen) Fälle eines überwiegend manisch geprägten Verlaufs[9] nicht aus der Gruppe der bipolar Erkrankten ausgegliedert worden sind, stimmen die Ergebnisse bezüglich der Typenverteilung grundsätzlich miteinander überein. Die Seltenheit des ängstlich-unsicheren Typs in der Tauscher'schen Auswertung (die im übrigen nicht ganz den Verhältnissen bei ganzheitlich-intuitiver Auswertung – s. Pössl u. v. Zerssen 1990 b – entspricht) wird dadurch relativiert, daß die Scores für diesen Typus und die für den „Typus melancholicus" deutlich positiv miteinander korrelieren und oft eine ähnliche Höhe erreichen. Im diagnostischen Algorithmus gibt aber schon ein minimaler Unterschied zwischen den Scores den Ausschlag für die Typenzuordnung.

Eine negative Korrelation besteht zwischen unseren Typen-Scores für den ängstlich-unsicheren Typ und den „Typus manicus", was zur Typenkonzeption und Typenbeschreibung von Marneros et al. („asthenisch-selbstunsicher" vs. „sthenisch-selbstsicher") paßt. Zu unserer Überraschung war die Korrelation zwischen den Scores für den „Typus manicus" und den „Typus melancholicus" zwar auch negativ, aber schwächer ausgeprägt als die vorgenannte. Dieser Befund erscheint auf den ersten Blick unvereinbar mit dem Konzept des „Typus manicus" als „Gegenstück" zum „Typus melancholicus". Dabei ist doch die von uns postulierte Affinität beider Typen zu den entsprechenden Verlaufsformen affektiver Erkrankungen als empirisch gut gesichert ausgewiesen, während das Zyklothymiekonzept keine Bestätigung durch objektivierende Untersuchungen gefunden hat. Wie ist dieser scheinbare Widerspruch zu erklären? Darauf soll im folgenden und letzten Abschnitt dieser Arbeit eingegangen werden.

Schlußbetrachtungen

Möglicherweise ist das Zyklothymiekonzept einerseits zu eng, indem es – wohl aufgrund seiner Herleitung von der Symptomatik affektiver Erkrankungen – einen (sub)depressiven Pol oder Subtypus postuliert, wo es eher um eine allgemeine Selbstunsicherheit und Asthenie geht, die ebensowohl zu ängstlichen wie zu depressiven Verstimmungen und bei letzteren ebensowohl zur „Dysthymie" wie zu gravierenden Depressionen disponiert (Tauscher, in Vorb.; Gruben, in Vorb.); andererseits ist das Konzept offenbar zu weit, indem es ausgeprägte Stimmungsschwankungen (als Zyklothymie im eigentlichen Sinne) einschließt, die wahrscheinlich keine Zwischenstufe zwischen dem asthenisch-selbstunsicheren und dem sthenisch-selbstsicheren Pol

---

[9] In ihrem Krankengut 20% der Bipolaren (Rohde; persönliche Mitteilung).

der Variationsreihe bildet, die durch die Interkorrelationen unserer Typen-Scores für den ängstlich-unsicheren (= asthenisch-selbstunsicheren) Typ und den „Typus manicus" (= sthenisch-selbstsicherer Typ) nahegelegt wird.

Der „Typus melancholicus" könnte in diesem Kontext als Ausdruck einer sthenischen Komponente (s. dazu auch Peters 1991) bei asthenisch-selbstunsicherer Grundverfassung interpretiert werden, die sich speziell bei zu gravierenden Depressionen disponierten Menschen findet (s. dazu auch Tölle et al. 1987) und bei ihnen den von uns postulierten Abwehrvorgang (s. oben) bewirkt. Die asthenische Grundverfassung könnte − nach unseren bisherigen Untersuchungen zu urteilen (s. auch Pössl u. v. Zerssen 1990 b) − den Mutterboden für ganz verschiedene Formen psychischer Störungen (insbesondere solche neurotischer Genese: Gruben, in Vorb.; Tauscher, in Vorb.) bilden, aber auch − in Abhängigkeit von anderen Komponenten der persönlichen Veranlagung (wie einer sthenischen Komponente) − Kompensationsversuche (eben in Richtung auf den „Typus melancholicus") zur Folge haben.

Abschließend soll noch zu der Frage Stellung genommen werden, wie die Befunde nordamerikanischer Autoren (s. oben) zu erklären sind, die − in Abweichung von den Ergebnissen der hier besprochenen Validierungsstudien − eine enge Beziehung der Zyklothymie (auch der Zyklothymie im eigentlichen Sinne) zu bipolaren affektiven Erkrankungen vermuten lassen. Nach unserer Auffassung handelt es sich in diesen Fällen tatsächlich − im Sinne des DSM-III/DSM-III-R − um blande Formen einer affektiven Erkrankung, also um eine morbide und eben *nicht* um eine *prä*morbide Verfassung. Dazu sei auf die Feldstudie der Gruppe um Angst über die Häufigkeit hypomanischer Verstimmungen in der Bevölkerung verwiesen (Wicki u. Angst 1991). Diese krankhaften, wenn auch meist relativ harmlosen Zustände entstehen nicht in der Kindheit oder Pubertät (wie die Grundzüge des „Typus manicus"; s. Pössl u. v. Zerssen 1990 a), sondern i. allg. erst in der Adoleszenz oder im frühen Erwachsenenalter (Angst 1991). Sie stellen auch dann keinen Dauerzustand dar, sondern zeigen − wie ausgeprägtere Formen einer bipolaren affektiven Erkrankung − typischerweise einen phasenhaften Verlauf, zumeist in Verbindung mit ebenfalls phasenhaften (sub)depressiven Verstimmungen. Auch führen sie zu Problemen in der Lebensbewältigung − ganz im Gegensatz zur sthenisch-selbstsicheren Persönlichkeitsstruktur im Sinne des „Typus manicus", die − nach unseren Krankengeschichtsauswertungen zu urteilen − nur selten als beeinträchtigend und damit im psychiatrischen Sinne auffällig einzustufen ist, sondern von den betreffenden Individuen gewöhnlich als positiv erlebt und oft auch von ihrer Umgebung und vom Untersucher als positiv bewertet wird (s. dazu auch Richards et al. 1988; Woodruff et al. 1971).

Es handelt sich beim „Typus manicus" danach weder um einen blanden krankhaften Verstimmungszustand − wie im Falle episodischer Hypomanien (Wicki u. Angst 1991) − noch um eine Persönlichkeitsstörung im Sinne der hyperthymen oder „hyperthymischen" Psychopathie (Schneider 1923), sondern um eine im allgemeinen durchaus normal erscheinende Persönlichkeitsstruktur, die sich gehäuft in der prämorbiden Entwicklung manischer Patienten nachweisen läßt, ohne für diese spezifisch zu sein. Ihre komplexen Beziehungen zu anderen Strukturen bedürfen weiterer Analysen unter Verwendung neuer methodischer Ansätze. Wir entwickeln derzeit[10] ein dafür geeignetes Interview, das „Biographische Persönlichkeits-Interview", von dem wir u.a. Aufschlüsse über die in diesem Beitrag behandelten Fragen erhoffen.

Literatur

Abrams R, Taylor MA, Hayman MA, Rama Krishna N (1979) Unipolar mania revisited. J Affective Disord 1:59–68
Akiskal HS (1989) Validating affective personality types. In: Robins LN, Barrett JE (eds) The validity of psychiatric diagnosis. Raven, New York, pp 217–227
Akiskal HS, Djenderedjian AH, Rosenthal RH, Khani MK (1977) Cyclothymic disorder: Validating criteria for inclusion in the bipolar affective group. Am J Psychiatry 134:1227–1233
Akiskal HS, Khani MK, Scott-Strauss A (1979) Cyclothymic temperamental disorders. Psychiatr Clin North Am 2:527–554
American Psychiatric Association (1980) Diagnostic and statistical manual of mental disorders (DSM-III), 3rd edn. American Psychiatric Association, Washington/DC. Deutsche Bearb.: Koehler K, Saß H (1984) Diagnostisches und Statistisches Manual Psychischer Störungen (DSM-III). Beltz, Weinheim Basel
American Psychiatric Association (1987) Diagnostic and statistical manual of mental disorders (DSM-III-R), 3rd edn revised. American Psychiatric Association, Washington/DC. Deutsche Bearb.: Wittchen H-U, Saß H, Zaudig M, Koehler K (1989) Diagnostisches und Statistisches Manual Psychischer Störungen (DSM-III-R). Beltz, Weinheim Basel
Angst J (1966) Zur Ätiologie und Nosologie endogener depressiver Psychosen. Springer, Berlin Heidelberg New York
Angst J (1978) The course of affective disorders. II. Typology of bipolar manic-depressive illness. Arch Psychiatr Nervenkr 226:65–73
Angst J (1991) L'hypomanie à propos d'une cohorte de jeunes. Vortrag, gehalten bei den „International Thematic Meetings on Unipolar and Bipolar Affective Disorders". Bordeaux, 2. März 1991
Angst J, Clayton P (1986) Premorbid personality of depressive, bipolar, and schizophrenic patients with special reference to suicidal issues. Compr Psychiatry 27:511–532
Arieti S (1959) Manic-depressive psychosis. In: Arieti S (ed) American Handbook of Psychiatry, vol 1. (2nd edn. 1974, Affective disorders: manic-depressive psychosis and psychotic depression. Manifest symptomatology, psychodynamics, sociological factors, and psychotherapy. In: Arieti S, Brody EB (eds), vol 3, pp 449–490). Basic Books, New York, pp 419–454
Bergmann F (1983) Konstitution und prämorbide Persönlichkeit bei Depressiven mit depressiven Wahninhalten. Med. Diss., Technische Hochschule Aachen
Blankenburg W (1967) Die Manie. In: Schulte W (Hrsg) Almanach für Neurologie und Psychiatrie. Lehmanns, München, S 265–283
Blankenburg W (1988) Das Problem der prämorbiden Persönlichkeit. In: Janzarik W (Hrsg) Persönlichkeit und Psychose. Enke, Stuttgart, S 57–71
Bleuler E (1922) Die Probleme der Schizoidie und der Syntonie. Z Gesamte Neurol Psychiatr 78:373–399

---

[10] Mit dankenswerter Unterstützung durch die Deutsche Forschungsgemeinschaft.

Bond ED, Partridge GE (1925) Interpretations of manic-depressive phases. Am J Psychiatry 4:643–662

Campbell JD (1953) Manic-depressive disease: clinical and psychiatric significance. Lippincott, Philadelphia

Degkwitz R, Helmchen H, Kockott G, Mombour W (1980) (Hrsg) Diagnosenschlüssel und Glossar psychiatrischer Krankheiten. Deutsche Ausgabe der internationalen Klassifikation der WHO: ICD (ICD = International Classification of Diseases), 9. Rev., und des internationalen Glossars, 5. Aufl. Springer, Berlin Heidelberg New York

Dietrich H (1968) Manie – Monomanie – Soziopathie und Verbrechen. Enke, Stuttgart

Dörr Alamos A, Viani Barbagelata S (1991) Personalidad premorbida en los distintos cuadros afectivos. Psychol. Diplomarbeit, Universidad Portales, Facultad De Ciencias Humanas, Escuela De Psicología, Santiago-Chile

Dunner DL, Russek FD, Russek B, Fieve RR (1982) Classification of bipolar affective disorder subtypes. Compr Psychiatry 23:186–189

Eiband HW (1980) Vergleichende Untersuchungen zur prämorbiden Persönlichkeit von Patienten mit verschiedenen Formen affektiver Störungen. Med. Diss., Universität München

Esquirol JED (1816) Von den Geisteskrankheiten. Huber, Bern 1968. (Dt. Übers. von: Folie. In: Dictionnaire des sciences médicales, 16)

Goodwin FK, Jamison KR (1990) Manic-depressive illness. Oxford University Press, New York Oxford

Gruben S (in Vorb.) Reliabilitäts- und Validitätsprüfung eines operationalisierten Ansatzes zur diagnostisch „blinden" Beurteilung der prämorbiden Persönlichkeit anhand von Krankengeschichtsauszügen. Med. Dissertation, Universität München

Häfner H (1962) Struktur und Verlaufsgestaltung manischer Verstimmungsphasen. Jahrb Psychol Psychother Med Anthropol 9:196–217

Hofmann G (1973) Vergleichende Untersuchungen zur prämorbiden Persönlichkeit von Patienten mit bipolaren (manisch-depressiven) und solchen mit monopolar depressiven Psychosen. Med. Diss., Universität München

Jung CG (1903) Über manische Verstimmung. Allg Z Psychiatr 61:15–39. (In: Jung CG (1971) Gesammelte Werke, Bd 1. Walter, Olten, S 117–145)

Kahlbaum KL (1882) Über cyklisches Irresein. Der Irrenfreund 24:145–157

Kinkelin M (1954) Verlauf und Prognose des manisch-depressiven Irreseins. Schweiz Arch Neurol Psychiatr 73:100–146

Kraepelin E (1913) Psychiatrie, Bd III/2, 8. Aufl. Barth, Leipzig

Kraus A (1971) Der Typus melancholicus in östlicher und westlicher Forschung: Der japanische Beitrag M. Shimodas zur prämorbiden Persönlichkeit Manisch-Depressiver. Nervenarzt 42:481–483

Kraus A (1977) Sozialverhalten und Psychose Manisch-Depressiver. Enke, Stuttgart

Kretschmer E (1921) Körperbau und Charakter (26. Aufl. 1977 von Kretschmer W. Springer, Berlin Heidelberg New York), Springer, Berlin

Kröber H-L (1988) Die Persönlichkeit bipolar manisch-depressiv Erkrankender. Nervenarzt 59:319–329

Leonhard K (1963) Die präpsychotischen Temperamente bei den monopolaren und bipolaren phasischen Psychosen. Psychiatr Neurol (Basel) 146:105–115

Maier W, Lichtermann D, Minges J, Heun R (in press) Personality traits in subjects at risk for unipolar major depression: a family study perspective. J Affective Disord

Marneros A, Deister A, Rohde A (1991) Affektive, schizoaffektive und schizophrene Psychosen. Eine vergleichende Langzeitstudie. Springer, Berlin Heidelberg New York Tokyo

Mayer-Gross W, Slater E, Roth M (1969) Clinical psychiatry, 3rd edn. In: Slater E, Roth M (eds) Baillière, Tindall & Cassell, London

Mendelson M (1976) Psychoanalytic concepts of depression, 3rd edn. Thomas, Springfield, Ill

Möller H-J, Zerssen D v (1987) Prämorbide Persönlichkeit von Patienten mit affektiven Psychosen. In: Kisker KP, Lauter H, Meyer J-E, Müller C, Strömgen E (Hrsg) Affektive

Psychosen. Psychiatrie der Gegenwart, 3. Aufl, Bd V. Springer, Berlin Heidelberg New York Tokyo, S 165–179
Nitsche P (1910) Über chronisch-manische Zustände. Zugleich ein Beitrag zur Lehre von den krankhaften Persönlichkeiten. Allg Z Psychiatr Psych Gerichtl Med 67:36–133
Perris C (1966) A study of bipolar (manic-depressive) and unipolar recurrent depressive psychoses. Acta Psychiatr Scand 42 [Suppl 194]:68–82
Peters UH (1991) Der Typus melancholicus in Haus und Familie: Vom Typus melancholicus zur Familia melancholica. In: Mundt C, Fiedler P, Lang H, Kraus A (Hrsg) Depressionskonzepte heute: Psychopathologie oder Pathopsychologie? Springer, Berlin Heidelberg New York Tokyo, S 55–75
Pössl J, Zerssen D v (1990 a) A case history analysis of the „manic type" and the „melancholic type" of premorbid personality in affectively ill patients. Eur Arch Psychiatry Neurol Sci 239:347–355
Pössl J, Zerssen D v (1990 b) Die prämorbide Entwicklung von Patienten mit verschiedenen Psychoseformen. Nervenarzt 61:541–549
Rehm O (1919) Das manisch-melancholische Irresein. Springer, Berlin
Reiss E (1910) Konstitutionelle Verstimmung und manisch-depressives Irresein: Klinische Untersuchungen über den Zusammenhang von Veranlagung und Psychose. Z Gesamte Neurol Psychiatr 2:347–628
Richards R, Kinney DK, Lunde I, Benet M, Merzel APC (1988) Creativity in manic-depressives, cyclothymes, their normal relatives, and control subjects. J Abnorm Psychol 97:281–288
Saiz G (1907) Untersuchungen über die Ätiologie der Manie, der periodischen Manie und des zirkulären Irreseins, nebst Besprechung einzelner Krankheitssymptome. Karger, Berlin
Schäfer ML (1991) Migräne und Persönlichkeit. Enke, Stuttgart
Schmidt-Degenhard M (1983) Melancholie und Depression. Kohlhammer, Stuttgart Berlin Köln
Schneider K (1923) Die psychopathischen Persönlichkeiten (9. Aufl. 1950 Deuticke, Wien). In: Aschaffenburg G (Hrsg) Handbuch der Psychiatrie, Spezieller Teil, 7. Abt., 1. Teil, Deuticke, Leipzig Wien, S 1–96
Schneider K (1936) Psychiatrische Vorlesungen für Ärzte, 2. Aufl. Thieme, Leipzig
Shinfuku N, Ihda S (1969) Über den prämorbiden Charakter der endogenen Depression – Immodithymie (später Immobilithymie) von Shimoda. Fortschr Neurol Psychiatr 37:545–552
Sone K, Ueki H (1984) Vergleichende Forschung über die manischen Zustände zwischen der monopolaren Manie und der manisch-depressiven Erkrankung. Z Klin Psychol Psychopathol Psychother 32:248–259
Specht G (1905) Chronische Manie und Paranoia. Centralbl Nervenheilkd Psychiatr 28:590–597
Spitzer RL, Endicott J, Robins E (1978) Research Diagnostic Criteria: rationale and reliability. Arch Gen Psychiatry 35:773–782
Tauscher R (in Vorb.) Operationalisierte Diagnostik prämorbider Persönlichkeitstypen und die Einschätzung abnormer Persönlichkeitsentwicklungen anhand von Krankengeschichtsdaten psychiatrischer Patienten. Med. Diss., Universität München
Tellenbach H (1961) Melancholie (4. Aufl 1983). Springer, Berlin Göttingen Heidelberg
Tellenbach H (1965) Zur situationspsychologischen Analyse des Vorfeldes endogener Manien. Jahrb Psychol Psychother Med Anthropol 12:174–191
Tellenbach H (1969) Zur Freilegung des melancholischen Typus im Rahmen einer kinetischen Typologie. In: Hippius H, Selbach H (Hrsg) Das depressive Syndrom. Urban & Schwarzenberg, München Berlin Wien, S 173–181
Tellenbach Jr. R (1975) Typologische Untersuchungen zur prämorbiden Persönlichkeit von Psychotikern unter besonderer Berücksichtigung Manisch-Depressiver. Confin Psychiatr 18:1–15
Tiling T (1904) Individuelle Geistesartung und Geistesstörung. Grenzfr Nervenleb 27, Bergmann, Wiesbaden

Tölle R (1987) Persönlichkeit und Melancholie. Nervenarzt 58:327–339

Tölle R (1988) Beziehungen zwischen Persönlichkeit und Psychose. In: Janzarik W (Hrsg) Persönlichkeit und Psychose. Enke, Stuttgart, S 82–90

Tölle R, Peikert A, Rieke A (1987) Persönlichkeitsstörungen bei Melancholiekranken. Nervenarzt 58:227–236

Waters BGH (1979) Early symptoms of bipolar affective psychosis: research and clinical implications. Can Psychiatr Assoc J, 2:55–60

Wetzel RD, Cloninger CR, Hong B, Reich T (1980) Personality as a subclinical expression of the affective disorders. Compr Psychiatry 21:197–205

Wicki W, Angst J (1991) The Zurich Study. X. Hypomania in a 28- to 30-year old cohort. Eur Arch Psychiatry Clin Neurosci 240:339–348

Winokur G, Clayton P (1967) Family history studies. I. Two types of affective disorders separated according to genetic and clinical factors. In: Wortis J (ed) Recent advances in biological psychiatry, vol IX. Plenum Press, New York, pp 35–50

Woodruff Jr. RA, Robins LN, Winokur G, Reich T (1971) Manic depressive illness and social achievement. Acta Psychiatr Scand 47:237–249

Zerssen D v (1969) Objektivierende Untersuchungen zur prämorbiden Persönlichkeit endogen Depressiver. In: Hippius H, Selbach H (Hrsg) Das depressive Syndrom. Urban & Schwarzenberg, München Berlin Wien, S 183–205

Zerssen D v (1973) Methoden der Konstitutions- und Typenforschung. In: Thiel M (Hrsg) Enzyklopädie der geisteswissenschaftlichen Arbeitsmethoden, 9. Lieferung: Methoden der Anthropologie, Anthropogeographie, Völkerkunde und Religionswissenschaft. Oldenbourg, München Wien, S 35–143

Zerssen D v (1976 a) Physique and personality. In: Kaplan AR (ed) Human behavior genetics. Thomas, Springfield, Ill, pp 230–278

Zerssen D v (1976 b) Der „Typus melancholicus" in psychometrischer Sicht (Teil 1 und 2) Z Klin Psychol Psychother 24:200–220, 305–316

Zerssen D v (1977 a) Premorbid personality and affective psychoses. In: Burrows GD (ed) Handbook of studies on depression. Excerpta Medica, Amsterdam London New York, pp 79–103

Zerssen D v (1977 b) Konstitutionstypologische Forschung. In: Strube G (Hrsg) Die Psychologie des 20. Jahrhunderts, Bd V, S 545–616

Zerssen D v (1980) Persönlichkeitsforschung bei Depressionen. In: Heimann H, Giedke H (Hrsg) Neue Perspektiven in der Depressionsforschung. Huber, Bern Stuttgart Wien, S 155–178

Zerssen D v (1982) Personality and affective disorders. In: Paykel ES (ed) Handbook of affective disorders. Churchill Livingstone, Edinburgh London Melbourne, pp 212–228

Zerssen D v (1988) Der „Typus manicus" als Gegenstück zum „Typus melancholicus" in der prämorbiden Persönlichkeitsstruktur affektpsychotischer Patienten. In: Janzarik W (Hrsg) Persönlichkeit und Psychose. Enke, Stuttgart, S 150–171

Zerssen D v (1991) Zur prämorbiden Persönlichkeit des Melancholikers. In: Mundt C, Fiedler P, Lang H, Kraus A (Hrsg) Depressionskonzepte heute: Psychopathologie oder Pathopsychologie? Springer, Berlin Heidelberg New York Tokyo, S 76–94

Zerssen D v, Pössl J (1990 a) The premorbid personality of patients with different subtypes of an affective illness: statistical analysis of blind assignment of case history data to clinical diagnoses. J Affective Disord 18:39–50

Zerssen D v, Pössl J (1990 b) Structures of premorbid personality in endogenous psychotic disorders. In: Sarteschi P, Maggini C (eds) Personalità e psicopatologia. Personality and psychopathology. ETS Editrice, Pisa, pp 257–279

Zerssen D v, Koeller D-M, Rey E-R (1970) Die prämorbide Persönlichkeit von endogen Depressiven. Eine Kreuzvalidierung früherer Untersuchungsergebnisse. Confin Psychiatr (Basel) 13:156–179

Prämorbide und postmorbide Persönlichkeitsmerkmale bei Patienten mit idiopathischen Psychosen

A. Marneros, A. Deister und A. Rohde[1]

Einleitung

Die sogenannten prämorbide Persönlichkeitsstruktur von Patienten mit psychotischen Störungen hat früh das Interesse der Forschung geweckt (s. Übersichten in Janzarik 1988; Mundt 1985; Tellenbach 1976). Vor allem Patienten mit affektiven oder schizophrenen Störungen standen im Mittelpunkt des Interesses (Möller u. von Zerssen 1987; Mundt 1985; Tölle et al. 1987). In bezug auf prämorbide Persönlichkeitsmerkmale von Patienten mit schizoaffektiven Psychosen gibt es dagegen kaum systematische Untersuchungen. Dies vor allem deswegen, weil genauere Definitionsversuche dieser Gruppe von Psychosen erst in den letzten Jahren stattgefunden haben (Marneros et al. 1991; Sauer et al. 1989; von Zerssen u. Pössl 1990). Aber gerade bei der schizoaffektiven Psychose wäre die Erforschung der Persönlichkeitsmerkmale von großer Bedeutung. Unter anderem könnte ein Vergleich von Persönlichkeitsmerkmalen von Patienten mit schizoaffektiven Psychosen mit denen von Patienten mit schizophrenen und affektiven Psychosen einen Beitrag leisten zur Beantwortung der Frage der nosologischen Zuordnung der schizoaffektiven Psychosen. Darüber hinaus könnte der Vergleich von Persönlichkeitsmerkmalen zwischen den verschiedenen diagnostischen Gruppen Antworten zu der Frage der Einwirkung von Persönlichkeitsmerkmalen auf die Langzeitprognose der Psychosen geben. Ein Vergleich von „prämorbider" Persönlichkeitsstruktur von schizophrenen, affektiven und schizoaffektiven Psychosen könnte u.U. auch einige Antworten zur Frage der Bewältigungsstrategien und Bewältigungskapazitäten von Patienten mit verschiedenen idiopathischen Psychosen geben sowie entsprechende Berücksichtigung in therapeutischen Modellen finden. Diese haben wir im Rahmen der Kölner Studie versucht, die wir mit der uneingeschränkten Unterstützung des Direktors der Kölner Psychiatrischen Universitäts-Klinik, Prof. Dr. U. H. Peters, durchgeführt haben (Marneros et al. 1991).

---

[1] Psychiatrische Universitäts-Klinik, Sigmund-Freud-Str. 25, W-5300 Bonn 1, Bundesrepublik Deutschland

Material und Methode

Es handelt sich hier um die Untersuchungen über die „präpsychotische" und „postpsychotische" Persönlichkeitsstruktur von Patienten der Kölner Studie, die schon in detaillierterer Form andernorts publiziert worden sind (Marneros et al. 1991). Einige Merkmale der untersuchten Patienten sind in Tabelle 1 aufgelistet.

Tabelle 1. Merkmale der untersuchten Population

	Schizophrene Psychosen	Schizoaffektive Psychosen	Affektive Psychosen
Zahl der Patienten	148	101	106
Geschlecht			
männlich	86 (58,1%)	37 (36,6%)	26 (24,5%)
weiblich	62 (41,9%)	64 (63,4%)	80 (75,5%)
Alter bei Erstmanifestation			
arithmetisches Mittel	27,7	30,4	36,1
Median	24,0	29,0	35,0
Standardabweichung	10,6	10,4	11,0
Minimum	14	15	15
Maximum	64	58	63
Dauer der Beobachtungszeit (Jahre)			
arithmetisches Mittel	23,0	25,5	27,9
Median	25,0	25,0	25,0
Standardabweichung	9,9	10,5	9,3
Minimum	10	10	10
Maximum	50	61	56

Es wurde eine globale Erfassung von Persönlichkeitsmerkmalen versucht, um damit möglichst die Kontaminationsgefahr von prä- und postpsychotischen Persönlichkeitsmerkmalen zu vermeiden (Marneros et al. 1991). Die Einteilung der präpsychotischen Merkmale erfolgte in vier Kategorien:

- Typus melancholicus,
- sthenisch-selbstsichere Persönlichkeit,
- asthenisch-selbstunsichere Persönlichkeit,
- Persönlichkeitsstruktur nicht bestimmbar.

In die Kategorie „Typus melancholicus" wurden alle Patienten eingruppiert, die die wesentlichen Persönlichkeitsmerkmale des Typus melancholicus erfüllten (Tellenbach 1976). Phänomenologisch gesehen sind dies vor allem:

- Festgelegtsein auf Ordentlichkeit,
- Tendenz zum Perfektionismus,
- Gewissenhaftigkeit,
- Fleiß,
- Inflexibilität bezüglich moralischer und ethischer Werte.

Als „asthenisch-selbstunsichere Persönlichkeit" wurden diejenigen Patienten eingestuft, die *vorwiegend* folgende Merkmale aufwiesen:

- Schwierigkeiten, Projekte zu initiieren oder insgesamt Initiative zu entwickeln,
- Entscheidungsschwierigkeiten im alltäglichen Bereich,
- leichte Verletzlichkeit durch Kritik oder Abweisung,
- Insuffizienzgefühle und Unsicherheit bei der Verwirklichung von Zielen.

Als „sthenisch-selbstsichere Persönlichkeit" wurden diejenigen Patienten eingruppiert, die als Gegenpol zu den Merkmalen der asthenisch-selbstunsicheren Persönlichkeiten gelten können. Die Einteilung der Patienten in eine der genannten Kategorien erfolgte aufgrund der jeweils dominierenden Merkmale. Diese Kategorisierung darf also nicht so verstanden werden, daß die Patienten, die in eine bestimmte Kategorie eingeteilt wurden, keinerlei Kriterien der anderen Kategorien aufwiesen, es handelt sich vielmehr um die Gruppierung nach den hervorstechenden Merkmalen.

Ergebnisse

Sowohl die prospektive als auch die retrospektive Erfassung von Persönlichkeitsmerkmalen bei psychotischen Patienten ist mit einigen Schwierigkeiten verbunden. Wir haben andernorts auf die Gefahr der „Kontamination" von sog. „prodromalen" Erscheinungen, die noch nicht als eindeutig der Krankheit zugehörende Merkmale erfaßt worden sind, hingewiesen, oder im Falle von retrospektiven Studien auf die Kontamination von „postmorbiden" und „prämorbiden" Merkmalen (Marneros et al. 1991). Trotzdem ist von vielen Autoren bestätigt worden, daß eine brauchbare Aussage sowohl bei prospektiven als auch retrospektiven Untersuchungen durchaus möglich ist (Mundt 1985; Fritsch 1976). Die Kölner Studie kam zu folgenden Ergebnissen (Tabelle 2):
a) *Die* Persönlichkeitsstruktur, die charakteristisch für jeweils eine Psychosengruppe wäre, gibt es nicht. *Die* charakteristische Persönlichkeit der affektiven, schizoaffektiven oder schizophrenen Psychose ließ sich nicht eruieren.
b) Es fand sich trotzdem in den drei untersuchten Diagnosegruppen eine unterschiedliche Verteilung der drei beschriebenen globalen klinischen Persönlichkeitskategorien (Tabelle 2). Bei der Mehrzahl der schizophrenen Patienten, bei denen eine Einordnung der prämorbiden Persönlichkeitszüge möglich war, fand sich eine asthenisch-selbstunsichere Persönlichkeitsstruktur (81,5% der Patienten, bei denen die Persönlichkeitszüge bestimmt werden konnten). Nur ein einziger Patient mit einer schizophrenen Psychose hatte „prämorbid" die Merkmale des Typus melancholicus. In der Gruppe der affektiven Psychosen war der Typus melancholicus am häufigsten zu finden (44,8%), die übrigen Patienten verteilten sich in etwa gleichmäßig auf die beiden anderen Kategorien. Bei den schizoaffektiven Patienten fanden sich asthenisch-selbstunsichere Persönlichkeiten am häufigsten (45,8%), im

Tabelle 2. Prämorbide Persönlichkeitsstruktur (globale Kategorien) und prämorbide soziale Interaktionsstruktur

	Schizophrene Psychosen p1	Schizoaffektive Psychosen p2	Affektive Psychosen p3
Prämorbide Persönlichkeit			
Nicht bestimmbar	56	5	1
Bestimmbar	92	96	105
	**	**	**
davon:			
Typus melancholicus	1 (1,1%)	23 (24,0%)	47 (44,8%)
Sthenisch-selbstischer	16 (17,4%)	29 (30,2%)	32 (30,5%)
Asthenisch-selbstunsicher	75 (81,5%)	44 (45,8%)	26 (24,8%)
Prämorbide soziale Interaktion			
Nicht bestimmbar	10	1	1
Bestimmbar:	138	100	105
	**	–	**
davon:			
Tendenz zur Zurückgezogenheit	88 (63,8%)	26 (26,0%)	39 (37,1%)
Gute bis umfassende soziale Kontakte	50 (36,2%)	74 (74,0%)	66 (62,9%)

Signifikanzen (X^2-Test): *p1* Schizophrene vs. schizoaffektive Psychosen; *p2* Schizoaffektive vs. affektive Psychosen; *p3* Schizophrene vs. affektive Psychosen; ** $p < 0,01$, – nicht signifikant.

Gegensatz zu den schizophrenen Patienten sind allerdings auch die beiden anderen Kategorien mit 30,2% (sthenisch-selbstsichere Persönlichkeit) bzw. 24,0% (Typus melancholicus) relativ häufig zu finden.

In der untersuchten Gruppen fanden sich innerhalb ein- und derselben Diagnosegruppe einige Differenzen bezüglich der prämorbiden Persönlichkeitsstruktur sowie bezüglich der prämorbiden sozialen Interaktion zwischen den beiden Geschlechtern (Tabellen 3–5).

Bei den schizophrenen Patienten unterschied sich die Verteilung der drei Persönlichkeitstypen trendmäßig (auf dem 10%-Niveau, Tabelle 3) in bezug auf das Geschlecht. Dieser Unterschied entsteht vorwiegend durch den höheren Anteil von sthenisch-selbstsicheren Persönlichkeiten bei weiblichen schizophrenen Patienten und mehr asthenisch-selbstunsicheren männlichen schizophrenen Patienten. Die Verteilung der bestimmbaren prämorbiden Interaktionsmuster zwischen weiblichen und männlichen Patienten differiert auf dem 5%-Niveau, und zwar aufgrund der größeren Häufigkeit weiblicher Patienten mit guten bis umfassenden sozialen Kontakten und durch die Überrepräsentation von männlichen Patienten mit prämorbider Tendenz zur Zurückgezogenheit.

Bei schizoaffektiven Psychosen sind die Unterschiede zwischen den Geschlechtern bezüglich der Primärpersönlichkeit hochsignifikant (Tabelle 4). Das ergibt sich dadurch, daß der Typus melancholicus viel häufiger bei weiblichen schizoaffektiven Patienten und die asthenisch-selbstunsichere Persönlichkeitsstruktur viel häufiger bei männlichen schizoaffektiven

Tabelle 3. Geschlechtsabhängige Unterschiede bei schizophrenen Patienten

	Weiblich (n = 62)	Männlich (n = 86)	Signif.
Prämorbide Persönlichkeit			
nicht bestimmbar	22	34	
bestimmbar	40	52	
davon:			0,059 (1)
Typus melancholicus	–	1 (1,9%)	
Sthenisch-selbstsicher	11 (27,5%)	5 (9,6%)	
Asthenisch-selbstunsicher	29 (72,5%)	46 (88,5%)	
Prämorbide soziale Interaktion			
nicht bestimmbar	3	7	
bestimmbar	59	79	
davon:			0,018* (1)
Tendenz zur Zurückgezogenheit	31 (52,5%)	57 (72,2%)	
Gute bis umfassende Kontakte	28 (47,5%)	22 (27,8%)	

* $p < 0,05$; (1) X^2-Test.

Tabelle 4. Geschlechtsabhängige Unterschiede bei schizoaffektiven Psychosen

	Weiblich (n = 64)	Männlich (n = 37)	Signif.
Prämorbide Persönlichkeit			
nicht bestimmbar	1 (1,6%)	1 (2,7%)	
bestimmbar	60	36	
davon:			0,006** (1)
Typus melancholicus	20 (33,3%)	3 (8,3%)	
Sthenisch-selbstsicher	19 (31,7%)	10 (27,8%)	
Asthenisch-selbstunsicher	21 (35,0%)	23 (63,9%)	
Prämorbide soziale Interaktion			
nicht bestimmbar	4 (6,3%)	–	
bestimmbar	63	37	
davon:			0,110 (1)
Tendenz zur Zurückgezogenheiten	13 (20,6%)	13 (35,1%)	
Gute bis umfassende Kontakte	50 (79,4%)	24 (64,9%)	

$p < 0,01$; (1) X^2-Test.

Patienten zu finden war. Es ergab sich kein Unterschied zwischen weiblichen und männlichen schizoaffektiven Patienten bezüglich der prämorbiden sozialen Interaktionen.

In der Gruppe der untersuchten Patienten mit affektiven Psychosen fand sich kein Unterschied zwischen weiblichen und männlichen Patienten, sowohl bezüglich der prämorbiden Persönlichkeitsstruktur als auch bezüglich der prämorbiden Interaktionsmuster (Tabelle 5).

Sowohl zwischen unipolaren und bipolaren affektiven als auch zwischen unipolaren und bipolaren schizoaffektiven Patienten ergaben sich Differen-

Tabelle 5. Geschlechtsabhängige Unterschiede bei affektiven Psychosen

	Weiblich (n = 80)	Männlich (n = 26)	Signif.
Prämorbide Persönlichkeit	(n = 80)	(n = 25)	0,629 (1)
Typus melancholicus	37 (46,3%)	10 (40,0%)	
Sthenisch-selbstsicher	25 (31,3%)	7 (28,0%)	
Asthenisch-selbstunsicher	18 (22,5%)	8 (32,0%)	
Prämorbide soziale Interaktion	(n = 80)	(n = 25)	0,892 (1)
Tendenz zur Zurückgezogenheit	30 (37,5%)	9 (36,0%)	
Gute bis umfassende Kontakte	50 (62,5%)	16 (64,0%)	

(1) X^2-Test.

zen bezüglich der prämorbiden Persönlichkeit. In der Gruppe der unipolaren Patienten (sowohl affektive als auch schizoaffektive) fanden sich häufiger Patienten mit Typus melancholicus, in der Gruppe der bipolaren Patienten beider Diagnosegruppen viel mehr Patienten mit einer selbstsicheren Persönlichkeitsstruktur.

Postpsychotische Persönlichkeit

Methodisches Vorgehen

Zur Beschreibung der persistierenden Alterationen der Persönlichkeit und Interaktionen von Patienten nach langjährigem Verlauf von sog. endogenen Psychosen haben wir eine deskriptive Fallanalyse unternommen, d.h. für jeden einzelnen Patienten sollte ein phänomenologisches Profil erarbeitet werden, das auf folgenden vier Befundquellen basiert:

a) Befunde aus den einzelnen Sektionen des Present State Examination (PSE),
b) vorhandene Störungen bei WHO/PIRS-Items,
c) vorhandene Störungen nach den psychopathologischen Ausgangskriterien von Huber et al. (1979),
d) Gesamtwürdigung des klinisch-interaktionalen Bildes durch den Explorateur.

Die so gewonnenen deskriptiven individuellen Phänomenologie-Profile wurden auf fünf Ebenen − zunächst nach dem Prinzip „vorhanden/nicht vorhanden" − dimensioniert (Abb. 1):

a) Produktiv-psychotische Phänomene (also Wahn, Halluzinationen und psychotische Ich-Erlebnis-Störungen).
b) Energieeinbuße (Mangel an Energie und Initiative, Verminderung des Antriebs, Fehlen von Interesse u.ä.),
c) quantitative Veränderungen der Affektivität (Hyper- und Hypo-Phänomene),

```
Patienten mit persistierenden Alterationen
                    ↓
              1. Schritt
    Dimensionierung persistierender Alterationen
                    ↓
```

Vorhanden — **Dimension A** Psychotische produktive Phänomene — Nicht vorhanden

Dimension B "Energieeinbuße"

Dimension C Affektivitätsveränderungen (quantitativ)

Dimension D Affektivitätsveränderungen (qualitativ)

Dimension E Andere Verhaltensstörungen

```
              2. Schritt
           Gruppierung unter
  klinisch-phänomenologischen Gesichtspunkten
```

1 2 3 4 5 6 7 8

Phänomenologische Konstellation

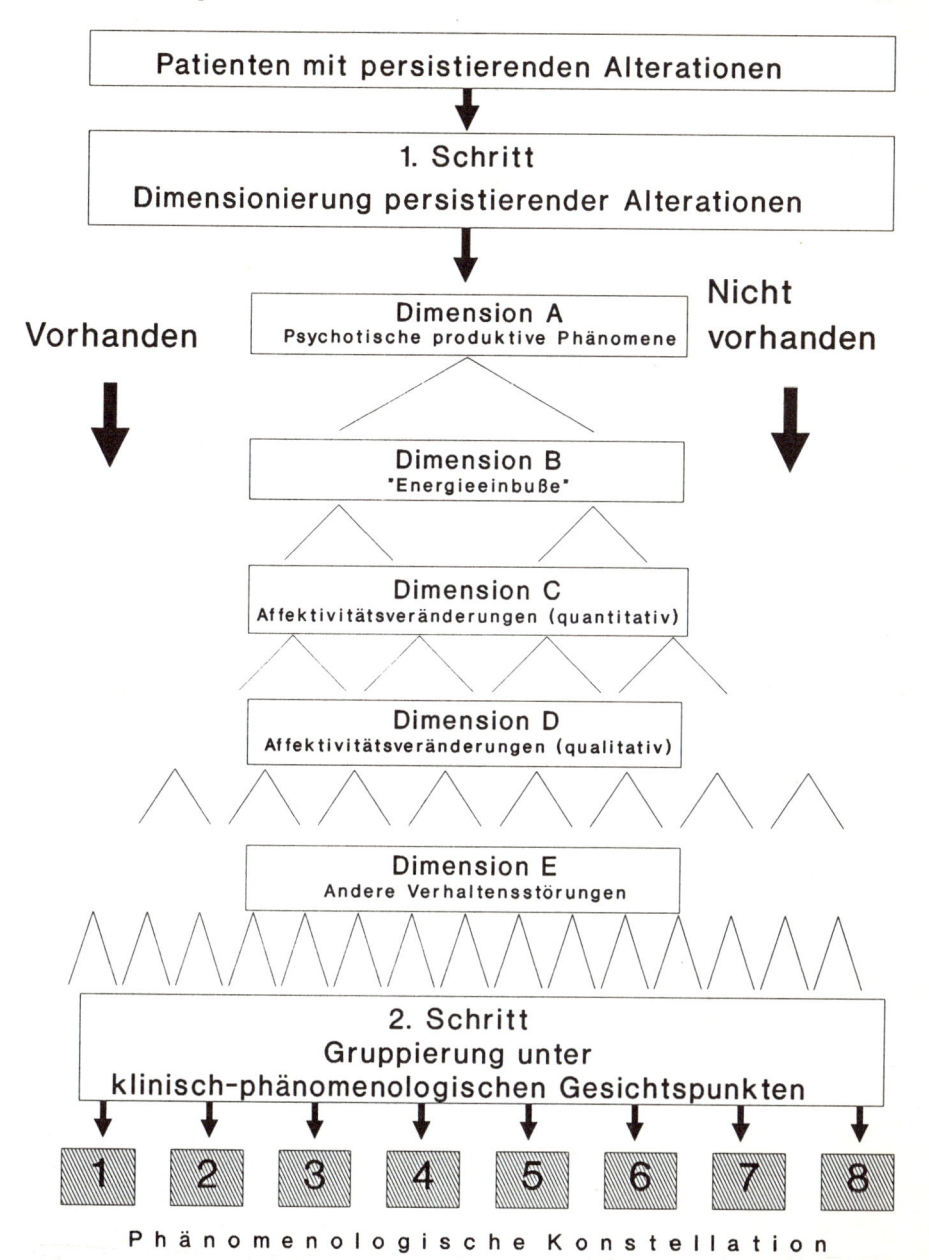

Abb. 1. Dimensionierung phänomenologischer Konstellationen (schematische Darstellung) (aus Marneros et al. 1991)

d) qualitative Veränderungen der Affektivität (wie etwa Parathymie, Gefühl der kühlen Isolierung, Affektverflachung u.ä.),
e) andere Verhaltensauffälligkeiten.

Eine sechste Dimension, die wir anzuwenden versuchten, betraf die *kognitiven Störungen*. Diese erwies sich jedoch als eine von den anderen Dimensionen stark abhängige Dimension, deren phänomenologische Eigenständigkeit in den meisten Fällen schwer belegbar war. Deshalb, und um die Reliabilität des Vorgehens zu bewahren, haben wir die Dimension „kognitive Störungen" als eigenständige Dimension aufgegeben und in die anderen oben erwähnten fünf Dimensionen integriert.

In einem weiteren Schritt wurde eine Gewichtung der erfaßten Phänomene vorgenommen, wobei die Meinung des Explorateurs, der selbst den Patienten erlebt hatte, von ausschlaggebender Bedeutung war.

Die so dimensionierten und gewichteten Einzelprofile konnten acht phänomenologischen Konstellationen zugeordnet werden (Tabelle 6):
— Entleerungssyndrom,
— Apathisch-paranoides Syndrom (bzw. apathisch-halluzinatorisches Syndrom)
— Adynam-defizitäres Syndrom
— Chronifizierte Psychose
— Strukturverformung
— Leichtes asthenisches Insuffizienzsyndrom
— Chronifiziertes subdepressives Syndrom
— Chronifiziertes hyperthymes Syndrom.

Die angewendeten Begriffe sind deskriptiv, und sie reflektieren keine zugrundeliegende Theorie; auch dann nicht, wenn sie nomenklatorisch identisch oder ähnlich sind mit theoretisch ambitionierten Begriffen, wie etwa denen von Janzarik (1968), Huber et al. (1979) und Mundt (1985).

Persistierende Alterationen verteilten sich bei schizophrenen Psychosen auf die ersten sechs phänomenologischen Konstellationen und bei affektiven Psychosen auf die letzten drei Typen (Tabelle 7). Bei schizoaffektiven Psychosen fanden sich die phänomenologischen Typen über das ganze Spektrum verteilt; ein Entleerungssyndrom und eine chronifizierte Psychose bestanden in der schizoaffektiven Population aber nicht. Die häufigste phänomenologische Konstellation persistierender Alterationen bei den untersuchten schizophrenen Patienten war die des apathisch-paranoiden Syndroms, gefolgt von dem Entleerungssyndrom und dem adynam-defizitären Syndrom. Eine chronifizierte Psychose, eine Strukturverformung und das leichte asthenische Insuffizienzsyndrom wurden nur bei einer geringen Zahl von schizophrenen Patienten gefunden. Die drei am häufigsten vorkommenden phänomenologischen Konstellationen persistierender Alterationen bei schizophrenen Psychosen hatten als gemeinsame Achse die Einbuße an dynamischem Potential und Energie.

Bei den affektiven Psychosen fand sich am häufigsten ein leichtes asthenisches Insuffizienzsyndrom, fast genauso häufig bei den schizoaffektiven Psy-

Tabelle 6. Phänomenologische Konstellationen persistierender Alterationen

Entleerungssyndrom:	Starke Verminderung des Antriebs Ausgeprägter Mangel an Energie und Initiative Fehlen von Interesse in allen Bereichen Affektive Verarmung Verflachung von Mimik und Gestik „Kühle Isolierung" Deutliche Störung der Konzentrationsfähigkeit Erhöhte Ablenkbarkeit Gestörte Auffassungsfähigkeit Einbußen werden subjektiv kaum wahrgenommen Keine anhaltende produktive psychotische Symptomatik
Apathisch-paranoides Syndrom (bzw. Apathisch-halluzinatorisches Syndrom):	Anhaltende produktive psychotische Symptomatik Deutliche Verlangsamung Affektive Verarmung Ausgeprägte Störungen der Kontaktfähigkeit Ausgeprägter sozialer Rückzug Fehlen von Interesse in fast allen Bereichen Deutliche Verminderung von Energie und Initiative Einbußen werden subjektiv kaum wahrgenommen
Adynam-defizitäres Syndrom:	Mäßige Reduktion des psychischen energetischen Potentials Verminderung des Interesses für alltägliche Ereignisse Affektivität vermindert, aber nicht völlig verflacht Verhalten und Ausdruck zeigen eine geringe Variationsbreite Kein Eindruck einer „kühlen Isolierung" Keine durchgehend depressive oder gehobene Stimmungslage Produktive psychotische Symptome nur im Hintergrund und passager
Chronifizierte Psychose:	Chronifizierte produktive psychotische Symptome (in der Regel paranoide Symptomatik) Keine wesentlichen Störungen der Affektivität, allenfalls Auftreten leichterer Stimmungsschwankungen Keine wesentlichen Störungen des Ausdrucks oder der Kontaktfähigkeit
Strukturverformung:	Anhaltende Verformung des Charakters in Form des Sonderlingshaften, des Originellen oder auch des Eigenbrötlerischen Produktive psychotische Symptome stehen nicht im Vordergrund des Bildes Keine wesentlichen Störungen der Affektivität Keine Verlangsamung
Leichtes asthenisches Insuffizienz-Syndrom:	Geringe Reduktion des psychischen energetischen Potentials Allenfalls leichte, subjektiv wahrgenommene Konzentrationsstörungen Leichtere affektive Verstimmungen, die aber nicht im Vordergrund des klinischen Bildes stehen Keine produktive psychotische Symptomatik oder allenfalls ganz im Hintergrund und passager
Chronifiziertes subdepressives Syndrom:	Chronifizierte subdepressive Symptomatik steht im Vordergrund des klinischen Bildes Keine Affektverarmung Keine produktive psychotische Symptomatik Keine Verlangsamung
Chronifiziertes hyperthymes Syndrom:	Chronifizierte hyperthyme Symptomatik steht im Vordergrund des klinischen Bildes Keine Affektverarmung Keine produktive psychotische Symptomatik Keine Verlangsamung

Tabelle 7. Vorkommen der verschiedenen phänomenologischen Konstellationen in den einzelnen Diagnosegruppen

	Schizophrene Psychosen	Schizoaffektive Psychosen	Affektive Psychosen
Entleerungssyndrom	+	−	−
Apathisch-paranoides Syndrom (bzw. apathisch-halluzinatorisches Syndrom)	+	+	−
Adynam-defizitäres Syndrom	+	+	−
Chronifizierte Psychose	+	−	−
Strukturverformung	+	+	−
Leichtes asthenisches Insuffizienzsyndrom	+	+	+
Chronifiziertes subdepressives Syndrom	−	+	+
Chronifiziertes hyperthymes Syndrom	−	+	+

+ = kommt vor, − = kommt nicht vor.

chosen. Das leichte asthenische Insuffizienzsyndrom war die einzige phänomenologische Konstellation persistierender Alterationen, die bei allen drei Psychoseformen gefunden wurde. Es scheint, daß das chronifizierte hyperthyme Syndrom eine ganz große Seltenheit darstellt (im untersuchten Kollektiv boten nur zwei affektive und vier schizoaffektive Patienten diese Art persistierender Alterationen). Chronifizierte subdepressive Syndrome wurden mit ca. 13% bei affektiven Psychosen seltener gefunden als man es aus der Literatur zur chronischen Depression erwartet hätte (Marneros u. Deister 1990). Ein Grund dafür scheint zu sein, daß in der Literatur zur chronischen Depression häufig pauschale und wenig differenzierte Begriffe zur Beschreibung persistierender Alterationen verwendet werden (vgl. Angst 1987; Laux 1986; Marneros u. Deister 1990). Auch bezüglich der Phänomenologie persistierender Alterationen zeichnete sich die Mittelstellung der schizoaffektiven Psychosen ab. Ob es sich bei dem Ergebnis, daß in der vorliegenden Studie ein Entleerungssyndrom und eine chronifizierte Psychose bei schizoaffektiven Psychosen nicht gefunden wurden, um einen Zufallsbefund handelt, muß durch weitere Studien überprüft werden.

Beziehung zwischen „prämorbider" Persönlichkeitsstruktur und Phänomenologie der persistierenden Alterationen

Es wurde die Verteilung der Phänomenologietypen persistierender Alterationen in der Gruppe der drei verschiedenen Persönlichkeitstypen getrennt nach Diagnose (Tabelle 8−10) durchgeführt. Die nicht bestimmbaren Persönlichkeiten wurden dabei nicht berücksichtigt.

Tabelle 8. Phänomenologische Konstellationen persistierender Alterationen bei schizophrenen Psychosen und prämorbide Persönlichkeit

	Sthenisch-selbstsicher (n = 16)	Asthenisch-selbstunsicher (n = 75)
Entleerungssyndrom	0	16 (21,3%)
Apathisch paranoides Syndrom (bzw. apathisch-halluzinatorisches Syndrom)	1 (6,3%)	27 (36,0%)
Adynam-defizitäres Syndrom	6 (37,5%)	13 (17,3%)
Chronifizierte Psychose	2 (12,5%)	6 (8,0%)
Strukturverformung	2 (12,5%)	2 (2,7%)
Leichtes asthenisches Insuffizienzsyndrom	4 (25,0%)	5 (6,7%)
Symptomfrei	1 (6,3%)	6 (8,0%)

Tabelle 9. Phänomenologische Konstellationen persistierender Alterationen bei schizoaffektiven Psychosen und prämorbide Persönlichkeit

	Typus melancholicus (n = 23)	Sthenisch-selbstsicher (n = 29)	Asthenisch-selbstunsicher (n = 44)
Apathisch paranoides Syndrom (bzw. apathisch-halluzinatorisches Syndrom)	1 (4,3%)	2 (6,9%)	2 (4,5%)
Adynam-defizitäres Syndrom	0	4 (13,8%)	10 (22,7%)
Strukturverformung	0	1 (3,4%)	1 (2,3%)
Leichtes asthenisches Insuffizienzsyndrom	4 (17,4%)	3 (10,3%)	11 (25,0%)
Chronifiziertes subdepressives Syndrom	3 (13,0%)	1 (3,4%)	0
Chronifiziertes hyperthymes Syndrom	0	2 (6,9%)	2 (4,5%)
Symptomfrei	15 (65,2%)	16 (55,2%)	18 (40,9%)

Tabelle 8 zeigt, daß die zwei schwersten Formen von persistierenden Alterationen, nämlich das Entleerungssyndrom und das apathisch-paranoide Syndrom, am häufigsten in der Gruppe der schizophrenen Patienten, die prämorbid eine asthenische Persönlichkeitsstruktur haben, zu finden war. Schizophrene Patienten mit sthenischen Persönlichkeitsmerkmalen im prämorbiden Leben zeigten postmorbid leichtere Formen von persistierenden Alterationen, und zwar am häufigsten ein adynam-defizitäres Syndrom und ein leichtes asthenisches Insuffizienzsyndrom.

Bei den schizoaffektiven Psychosen fand sich eine Vollremission vorwiegend bei Patienten mit Typus melancholicus und am seltensten bei Patienten

Tabelle 10. Phänomenologische Konstellationen persistierender Alterationen bei affektiven Psychosen und prämorbide Persönlichkeit

	Typus melancholicus (n = 47)	Sthenisch-selbstsicher (n = 32)	Astehnisch-selbstunsicher (n = 26)
Leichtes asthenisches Insuffizienzsyndrom	7 (14,9%)	6 (18,8%)	8 (30,8%)
Chronifiziertes subdepressives Syndrom	4 (8,5%)	4 (12,5%)	6 (23,1%)
Chronifiziertes hyperthymes Syndrom	1 (2,1%)	0	1 (3,8%)
Symptomfrei	35 (74,5%)	22 (68,8%)	11 (42,3%)

mit asthenischer prämorbider Persönlichkeitsstruktur (Tabelle 9). Diejenigen Patienten, die eine asthenische Persönlichkeitsstruktur besaßen, entwickelten am häufigsten adynam-defizitäre und asthenische Insuffizienzsyndrome.

Ähnlich finden wir bei affektiven Psychosen eine Vollremission am häufigsten bei Patienten mit prämorbiden Merkmalen des Typus melancholicus und am seltensten bei Patienten mit einer asthenischen prämorbiden Persönlichkeitsstruktur (Tabelle 10). Sonst gab es keine statistisch relevanten Differenzen bezüglich der Verteilung der phänomenologischen Typen persistierender Alterationen der drei Persönlichkeitsgruppen.

Schlußfolgerungen

Zur Primärpersönlichkeit von Patienten mit endogenen Psychosen

Die Vergleichbarkeit der verschiedenen Studien, die sich mit der Primärpersönlichkeit von Patienten mit endogenen Psychosen beschäftigen, ist durch viele Schwierigkeiten, die mit Design, Population, Methoden und Kriterien zu tun haben, verbunden. Trotz der vielfältigen Einschränkungen gibt es Übereinstimmung zwischen den Befunden der Kölner Studie und der Literatur: In der Gruppe der affektiven Patienten wurde viel häufiger ein Typus melancholicus (zwanghaftes Element) und in der Gruppe der schizoaffektiven Psychosen wurden viel häufiger asthenisch-selbstunsichere Persönlichkeiten (Schizoidie-Merkmale) gefunden. Die Verteilung der drei Persönlichkeitstypen in der hier dargestellten Gruppe schizoaffektiver Patienten befindet sich ebenfalls in Übereinstimmung mit der Feststellung Sauers et al. (1990), daß die schizoaffektiven Psychosen auch in dieser Hinsicht eine heterogene Gruppe darstellen. Von Zerssen u. Pössl (1990) zeigten ebenfalls, daß schizoaffektive Psychosen eine Mittelposition zwischen Schizophrenien und affektiven Psychosen okkupieren.

Bei der Betrachtung der Literatur über die Primärpersönlichkeit von schizophrenen Patienten stellt man fest, daß sie durch Merkmale der „Schizoidie", der „Adynamie", der „Introversion" und der „autonomen Labilität" gekennzeichnet ist (vgl. Angst u. Clayton 1986; Fritsch 1976; Mundt 1985). Über 81% der in der Köln-Studie untersuchten schizophrenen Patienten, bei denen die Primärpersönlichkeit ausreichend gut bestimmbar war, wurden in die Kategorie „asthenisch-selbstunsichere Persönlichkeit" eingeordnet. Dieser Befund stimmt sehr gut überein mit Beschreibungen in der Literatur, auch wenn dort eine andere Terminologie verwendet wird (Mundt 1985; Offord u. Cross 1969; Angst u. Clayton 1986).

Die hier dargestellte Studie bezüglich der Primärpersönlichkeit affektiver Patienten befindet sich im großen und ganzen in Übereinstimmung mit den Befunden der entsprechenden Literatur (s. Literaturdarstellung in Goodwin u. Jamison 1990; Möller u. von Zerssen 1987; von Zerssen u. Pössl 1990). Es kann festgehalten werden, daß Patienten mit unipolaren Depressionen häufig – aber nicht in ihrer Majorität – durch vermehrte Introvertiertheit und Zwanghaftigkeit gekennzeichnet sind, also durch Struktureigenschaften des Typus melancholicus. Auch die Befunde bezüglich der Unterschiede zwischen unipolaren und bipolaren Formen stimmen gut mit der Literatur überein (Angst u. Clayton 1986; Hirschfeld u. Klerman 1979; Hirschfeld et al. 1986; Perris 1971; von Zerssen 1982).

Zur „postmorbiden" Persönlichkeit

Andernorts haben wir auf die Problematik von Begriffen wie „postmorbid" und „prämorbid", „Residuum" und „Prodrom" (Marneros et al. 1991) hingewiesen. Wir haben darauf hingewiesen, daß der Begriff Residuum bedeutet, daß nach Abklingen einer Erkrankung, in unserem Fall einer Psychose, *Reste* dieser Erkrankung zurückbleiben. Berücksichtigt man jedoch die Ergebnisse der psychiatrischen Verlaufsforschung, dann fühlt man sich bei der Anwendung des Begriffes „Residuum" nicht wohl; man stellt rasch fest, daß es ein einengender Begriff ist. Damit werden ja nicht nur „Reste der Erkrankung" im angeren Sinne erfaßt. Es bleiben von der Erkrankung ja nicht nur psychopathologische oder somatologische Erscheinungen zurück, die zum klinischen Bild der Erkrankung bzw. der Psychose gehören, sondern es treten auch *neue* Phänomene bzw. Zustände auf, die mit dem klinischen Bild der Erkrankung selbst nur indirekt etwas zu tun haben. Diese neuen Phänomene können den Menschen in seinem sozialen Leben und in seiner psychosozialen Funktionsfähigkeit ernsthaft behindern. Verschiedene psychologische Funktionen werden durch diese neuen Phänomene beeinträchtigt und mitbestimmt, neue Interaktionsmuster und neue Interaktionssysteme werden geprägt und die Erlebnisweise des Patienten ganz verschiedenartig und verschiedengradig beeinträchtigt.

Relevante Erscheinungen oder Folgen der Erkrankung, die zwar zum Gesamtbild gehören, aber nicht „Restsymptome" oder „Restzustände" sind, sind in diesem Sinne dann auch nicht als „residual" zu bezeichnen.

So ist etwa das Apathiesyndrom, wie es Mundt (1985) beschrieben hat, nichts anderes als ein balancierendes System von Defizit und Produktion, von Schwäche und Kompensation. Die Literatur hat gezeigt, daß sich nach

Abklingen einer endogen depressiven Phase häufig Verunsicherung, Ängstlichkeit, psychogene Fixierungen, phobische Ängste, Habitualisierungen und Neurotisierungen entwickeln. Es handelt sich also vielmehr um Auswirkungen und Folgen der Erkrankung als um eine Restsymptomatik bzw. ein Residuum (Marneros et al. 1991).

Wie die Verlaufsforschung und die Prädiktorenforschung zeigen, prägen und bestimmen prämorbide Merkmale sog. postmorbide Interaktionsmuster, determinieren die Art und Effizienz von Bewältigungsstrategien und bestimmen dadurch entscheidend den Erfolg oder Mißerfolg therapeutischer Maßnahmen mit.

Literatur

Angst J (1987) Verlauf der affektiven Psychosen. In: Kisker KP, Lauter H, Meyer JE, Müller C, Strömgren E (Hrsg) Psychiatrie der Gegenwart, Bd 5, 3. Aufl. Springer, Berlin Heidelberg New York Tokyo

Angst J, Clayton PJ (1986) Premorbid personality of depressive, bipolar and schizophrenic patients with special reference to suicidal issues. Compr Psychiatry 27:511–532

Fritsch W (1976) Die prämorbide Persönlichkeit der Schizophrenen in der Literatur der letzten 100 Jahre. Fortschr Neurol Psychiatr 44:323–372

Goodwin FK, Jamison KR (1990) Manic-Depressive Illness. Oxford University Press, New York

Hirschfeld RMA, Klerman GL (1979) Personality attributes and affectives disorders. Am J Psychiatry 136:67–70

Hirschfeld RMA, Klerman GL, Keller MB, Andreasen NC, Clayton PJ (1986) Personality of recovered patients with bipolar affective disorder. J Affective Disord 11:81–89

Huber G, Gross G, Schüttler R (1979) Schizophrenie. Eine verlaufs- und sozialpsychiatrische Langzeitstudie. Springer, Berlin Heidelberg New York

Janzarik W (1968) Schizophrene Verläufe. Eine strukturdynamische Interpretation. Springer, Berlin Heidelberg New York

Janzarik W (1988) Persönlichkeit und Psychose. Enke, Stuttgart

Laux G (1986) Chronifizierte Depressionen. Enke, Stuttgart

Marneros A, Deister A (1990) Chronische Depression. Psychopathologie, Verlaufsaspekte und prädisponierende Faktoren. In: Möller HJ (Hrsg) Therapieresistenz unter Antidepressiva-Behandlung. Springer, Berlin Heidelberg New York Tokyo

Marneros A, Deister A, Rohde A (1991) Affektive, schizoaffektive und schizophrene Psychosen – Eine vergleichende Langzeitstudie. Springer, Berlin Heidelberg New York Tokyo

Möller HJ, Zerssen D von (1987) Prämorbide Persönlichkeit von Patienten mit affektiven Psychosen. In: Kisker KP, Lauter H, Meyer JE, Müller C, Strömgren E (Hrsg) Psychiatrie der Gegenwart, Bd 5, 3. Aufl. Springer, Berlin Heidelberg New York Tokyo

Mundt C (1985) Das Apathiesyndrom der Schizophrenen. Eine psychopathologische und computertomographische Untersuchung. Springer, Berlin Heidelberg New York Tokyo

Offord DR, Cross LA (1969) Behavioral antecedents of adult schizophrenia: A review. Arch Gen Psychiatry 21:267–283

Perris C (1971) Personality patterns in patients with affective disorders. Acta Psychiatr Scand (Suppl) 221:43–51

Sauer H (1990) Die nosologische Stellung schizoaffektiver Psychosen. Problematik und empirische Befunde. Nervenarzt 61:3–15

Sauer H, Richter P, Sass H (1989) Zur prämorbiden Persönlichkeit von Patienten mit schizoaffektiven Psychosen. In: Marneros A (Hrsg) Schizoaffektive Psychosen. Springer, Berlin Heidelberg New York Tokyo

Tellenbach H (1976) Melancholie. Problemgeschichte, Endogenität, Typologie, Pathogenese, Klinik, 3. Aufl. Springer, Berlin Heidelberg New York

Tölle R, Peikert A, Rieke A (1987) Persönlichkeitsstörungen bei Melancholiekranken. Nervenarzt 58:227–236

Zerssen D von (1982) Personality and affective disorders. In: Paykel ES (eds) Handbook of affective disorders. Churchill Livingstone, Edinburgh

Zerssen D von, Pössl J (1990) Structures of premorbid personality in endogenous psychotic disorders. In: Sarteschi P, Maggini C (eds) Personalitá e psicoatologia. Personality and psychopathology. Edizioni Tecnico Scientifiche, Pisa

Persönlichkeit als diagnostischer Marker und Prädiktor von Antidepressiva-Response und Langzeitverlauf bei depressiven Patienten

M. Philipp[1]

In der klinischen Praxis wird die an der Symptomatik orientierte Diagnostik und Therapieindikation stets von dem Versuch begleitet, die Persönlichkeit des Patienten in ihrem biographischen Kontext zu verstehen, das sich in der aktuellen Lebenssituation zu Krankheitsbeginn Wiederholende zu erkennen und dieses Verstehen nutzbar zu machen für das Durchdringen der Psychodynamik des aktuellen Krankheitsgeschehens und der Sinnerhellung des gestörten Erlebens und Verhaltens. Das Begreifen der Persönlichkeitsdynamik wird somit zum Schlüssel in der Neurosenpsychotherapie wie auch in der psychotherapeutischen Begleitintervention bei endogenen Psychosen; die Einschätzung der Persönlichkeit nimmt aber auch eine gewichtige Bedeutung für die Prognose des Therapieverlaufs und des Langzeitverlaufs ein.

Im folgenden sollen eigene Untersuchungen referiert werden, in denen einzelne Aspekte dieser klinischen Bedeutung der Persönlichkeitseinschätzung empirisch überprüft werden. Es handelt sich dabei um eine Reihe von Untersuchungen bei depressiven Patienten zur operationalisierten Diagnostik endogener Depressionen (s. z.B. Philipp u. Maier 1987) und zur Prädiktoranalyse des Therapieansprechens auf Antidepressiva (s. z.B. Philipp u. Maier 1988) sowie des naturalistischen Langzeitverlaufs (Philipp et al. 1989), deren Befundlage es ermöglicht, an dieser Stelle eine zusammenfassende empirische Überprüfung der von uns klinisch gesehenen Zusammenhänge zwischen Persönlichkeit und Diagnostik bzw. Persönlichkeit und Prognostik bei depressiven Patienten vorzunehmen.

„Abweichende Persönlichkeit" in der Definition der Newcastle-Kriterien

Ich werde im folgenden ausschließlich von einer einzigen Globalkategorie der normabweichenden Persönlichkeit ausgehen. Der Begriff soll hier so verwendet werden, wie er 1965 in den sog. Newcastle-Kriterien von Carney et al. zur Differenzierung endogener und nichtendogener Depressionen eingeführt und 1980 von Bech et al. operational definiert wurde. Als Beispiele abweichender Persönlichkeiten wurden mit Bech in den hier dargestellten

---

[1] Psychiatrische Klinik und Poliklinik der Johannes Gutenberg-Universität, Untere Zahlbacher Straße 8, W-6500 Mainz, Bundesrepublik Deutschland

Tabelle 1. Persönlichkeit und ICD-9-Diagnose

	Abweichende Persönlichkeit
Endogene Depression (n = 169)	10,1%
Nichtendogene Depression (n = 187)	34,8%

p < 0,0001.

Untersuchungen Hinweise darauf gewertet, daß „frühere Nervenzusammenbrüche, frühere neurotische Symptome oder ernsthafte soziale Anpassungsstörungen" bekannt waren. Diese Operationalisierung gibt dem Beurteiler Anhaltspunkte, unter welchen Gesichtspunkten er das Normabweichen einer Persönlichkeit beurteilen kann; sie läßt ihm allerdings die Freiheit, auch andere normabweichende Persönlichkeitsaspekte in die Beurteilung miteingehen zu lassen.

Abweichende Persönlichkeit und klinische ICD-9 Diagnose endogene Depression

An einer Stichprobe von 500 stationären Patienten mit diagnostisch heterogenen funktionellen psychischen Störungen wurde die Beziehung des Merkmals „nichtabweichende Persönlichkeit" zur klinisch-typologischen Diagnose endogener Depressionen nach ICD-9 untersucht. Das Persönlichkeitsmerkmal wurde im Rahmen der Anwendung des von uns entwickelten Polydiagnostischen Interviews (PODI; Philipp u. Maier 1986) innerhalb der ersten 2 Wochen nach der stationären Aufnahme von speziell trainierten Untersuchungsassistenten beurteilt; die klinische Diagnose wurde hiervon unabhängig vom behandelnden Arzt zum Entlassungszeitpunkt gestellt. In die statistische Analyse wurden 356 Patienten einbezogen, die im Polydiagnostischen Interview die Kriterien einer Major Depressive Disorder nach den Research Diagnostic Criteria (RDC; Spitzer et al. 1978) erfüllten. Tabelle 1 zeigt Häufigkeit des Merkmals „abweichende Persönlichkeit" bei endogenen und bei nichtendogenen Depressionen.

Abweichende Persönlichkeiten wurden demnach bei endogenen Depressionen nur in 10,1% der Fälle festgestellt; bei nichtendogenen Depressionen fanden sie sich mit 34,8% hochsignifikant häufiger. Dies bestätigt die Annahme, daß die Persönlichkeitsbeurteilung in die klinische Diagnose der endogenen Depression miteingeht.

Abweichende Persönlichkeit und operationalisierte Diagnostik der endogenen Depression

Diese klinische Diagnosegewohnheit schlägt sich jedoch nur begrenzt in operationalisierten Diagnosen endogener Depressionen nieder. Von 19 Opera-

Tabelle 2. Persönlichkeit und Endogenität

Endogenität (OPD-Score)	% abweichende Persönlichkeit (n = 256)
Score 0 (nichtendogen)	31,2
Score 1	22,0
Score 2	28,3
Score 3	23,2
Score 4	28,2
Score 5	27,0
Score 6 (endogen)	7,4

tionalisierungen endogener Depressionen, die mit Hilfe des Polydiagnostischen Interviews beurteilt werden können, greifen nur zwei auf das Merkmal einer nichtabweichenden Persönlichkeit zurück, nämlich die Newcastle-Kriterien von Carney et al. (1965) und das DSM-III-R (APA 1987); die übrigen Operationalisierungen definieren die endogene Depression weitgehend über die Querschnittssymptomatik einer durch Anhedonie, besondere Stimmungsqualität, Tagesschwankungen, Durchschlafstörungen, Gewichtsverlust und objektivierbare Hemmung oder Agitiertheit definierten Depression. Nun könnte es sein, daß eben diese endogenomorphe Symptomatik bevorzugt bei Patienten mit nichtabweichender Persönlichkeit auftritt; es kann jedoch im folgenden gezeigt werden, daß dies nicht der Fall ist.

Um nicht durch eine Vielzahl von operationalisierten Diagnosen zu verwirren, haben wir für diese Analyse eine dimensionale Erfassung der endogenen Depression gewählt. Wir haben an anderer Stelle gezeigt, daß ein Teil der konkurrierenden Operationalisierung endogener Depressionen auf das gleiche latente diagnostische Konzept bezogen ist (Philipp et al. 1986a; Maier u. Philipp 1986). Die Klassifikationsentscheidungen in diesen sechs Operationalisierungen lassen sich deshalb zu einem Score zwischen 0 und 6 aufsummieren; wir sprechen vom sog. OPD-Score. Ein Score von 0 bedeutet dabei, daß keine der sechs Operationalisierungen erfüllt wird, damit also ein Höchstmaß an diagnostischer Sicherheit besteht, daß keine endogene Depression vorliegt. Ein Score von 6 bedeutet wiederum, daß alle sechs Operationalisierungen erfüllt werden, somit also ein Höchstmaß an diagnostischer Sicherheit für das Vorliegen einer endogenen Depression besteht. In Tabelle 2 haben wir zusätzlich zur eben schon erwähnten stationären Stichprobe eine ambulante Stichprobe von 600 Patienten mit funktionellen psychischen Störungen herangezogen, von denen 170 die RDC-Kriterien einer Major Depression erfüllten. Alle 526 Patienten mit einer Major Depression wurden in diese Analyse aufgenommen.

Es zeigt sich, daß der Anteil abweichender Persönlichkeiten mit zunehmender Endogenität nicht abnimmt; daß die Rate abweichender Persönlichkeiten bei einem Score 6 deutlich niedriger liegt, ist unmittelbar dadurch bedingt, daß bei diesem Score auch die Newcastle-Kriterien von Carney et al.

(1965) erfüllt sein müssen; dies sind die einzigen in den OPD-Score eingehenden Diagnosekriterien für endogene Depressionen, bei denen das Fehlen einer nichtabweichenden Persönlichkeit mitaufgenommen ist. Es besteht also kein statistisch signifikanter Zusammenhang zwischen dem im wesentlichen anamnestisch definierten Merkmal der abweichenden Persönlichkeit und einer an der Querschnittssymptomatik orientierten Diagnose der endogenen Depression. Die klinisch-typologische Diagnostik der endogenen Depression geht also durch die Einbeziehung der Persönlichkeitsbeurteilung in den diagnostischen Prozeß über den Ansatz der symptomatologisch orientierten operationalisierten Diagnostik hinaus.

Abweichende Persönlichkeit und Therapieansprechen auf Antidepressiva

Die zweite zu klärende Frage ist die nach der prädiktiven Kraft der Persönlichkeitsbeurteilung für das Therapieansprechen auf Antidepressiva. In der bisherigen Prädiktorliteratur (Übersicht s. Bielski u. Friedel 1976; Woggon 1983) ist diesem Aspekt kaum einmal eine größere Bedeutung eingeräumt worden. Wir haben in zwei ambulanten Therapiestudien an einer größeren Zahl depressiver Patienten zeigen können, daß die hier zur Rede stehende Persönlichkeitsbeurteilung in normal und normabweichend alle anderen potentiellen Prädiktoren an Vorhersagekraft und Stabilität übertrifft.

In einer ersten Studie wurden 96 depressive Patienten mit endogenen und psychogenen Depressionen 6 Wochen lang von niedergelassenen Psychiatern mit 100 mg Doxepin pro Tag behandelt und der Depressionsverlauf mit der 17-Item-Depressionsskala von Hamilton (1960) erfaßt (Philipp et al. 1985, 1986b). Als Therapie-Response wurde ein Unterschreiten des Hamilton-Scores von 9 Punkten nach 6wöchiger Therapie gewertet. In einer zweiten Studie an 316 Patienten wurden unter Anwendung der gleichen Methodik versucht, die Prädiktorbefunde der ersten Studie zu replizieren (Philipp u. Maier 1988). In Tabelle 3 ist zu sehen, daß Patienten mit einer abweichenden Persönlichkeit eine hochsignifikant niedrigere Responserate zeigen, als Patienten mit einer nichtabweichenden Persönlichkeit; dieser Befund konnte in der zweiten Studie vollauf bestätigt werden, wenngleich auch der Unterschied in den Responseraten in der Replikationsstudie etwas geringer ist.

Tabelle 3. Persönlichkeit und Doxepin-Response

	Response-Raten abweich. Persönl.	nichtabweich. Persönl.	Chiquadrat	p
Erste Studie (n = 96)	37%	80%	13,8	< 0,001
Replikationsstudie (n = 314)	56%	79%	15,9	< 0,0001

Tabelle 4. ICD-9-Diagnose und Doxepin-Response

	Response-Raten endogene Depress.	nichtend. Depress.	Chiquadrat	p
Erste Studie (n = 96)	72%	71%	0,1	n.s.
Replikationsstudie (n = 314)	75%	72%	0,5	n.s.

Tabelle 5. Newcastle-Diagnose und Doxepin-Response

	Response-Raten endogene Depress.	nichtend. Depress.	Chiquadrat	p
Erste Studie (n = 96)	75%	69%	0,4	n.s.
Replikationsstudie (n = 314)	73%	74%	0,0	n.s.

Besonders interessant wird dieser Befund dadurch, daß die diagnostische Einordnung in endogene und nichtendogene Depressionen übereinstimmend in beiden Studien keinen Unterschied in den Responseraten erkennen ließ. Die Tabellen 4 und 5 zeigen, daß dieser Befund fehlender Therapieprädiktivität sowohl für die klinisch-typologische Diagnose nach ICD-9, wie auch für die operationalisierte Diagnose nach den Newcastle-Kriterien (Carney et al. 1965) gilt. Die Persönlichkeitsbeurteilung bestätigt sich also als klinisch wichtigster Prädiktor für das Therapieansprechen auf Antidepressiva.

Abweichende Persönlichkeit und Langzeitverlauf

Der einzige Bereich, in dem wir unsere klinische Erfahrung nicht empirisch bestätigen konnten, war die Beziehung zwischen Persönlichkeitsbeurteilung und Langzeitverlauf. Wir haben hier auf eine prospektive 3-Jahres-Katamnese an 88 Patienten zurückgreifen können, die zwischen 1982 und 1983 mit einer Major Depressive Disorder nach den RDC-Kriterien bei uns in stationärer Behandlung gewesen waren und damals an einer polydiagnostischen Studie unter Einschluß des Dexamethason-Hemmtests teilgenommen hatten. Eine Besonderheit des von uns entwickelten polydiagnostischen Verlaufsinterviews PODI-F (Philipp u. Frommberger 1985) liegt in der getrennten Erfassung und monatsweisen Abbildung jedes einzelnen diagnosenrelevanten Symptoms, so daß aus dem symptomatologischen Verlaufsbild verschiedenste miteinander konkurrierende operationalisierte Diagnosen errechnet und ebenfalls monatsweise abgebildet werden können.

Wir haben uns in diesem Zusammenhang für drei alternative Verlaufstypen interessiert: zunächst einen für endogene Depressionen typischen vollremittierenden, dann aber im Verlaufszeitraum unipolar oder bipolar rezidi-

Tabelle 6. Persönlichkeit und Langzeit-Verlauf

	Prozent Patienten pro Verlaufstyp		
	Typ 1: chronisch/ nichtaffekt.	Typ 2: einzelne Episode	Typ 3: up/bp Rezidiv
nichtabweichend (n = 69)	23%	39%	38%
abweichend (n = 19)	16%	47%	37%

vierenden Verlauf; sodann einen für endogene Depressionen untypischen Verlauf, zu dem wir sowohl die chronische Persistenz der depressiven Symptomatik über die ganzen 3 Jahre oder aber den Übergang in eine schizoaffektive oder schizophrene Querschnittssymptomatik gerechnet haben. Schließlich definierten wir als drittes eine neutrale Verlaufsform mit einer voll remittierenden Einzelepisode ohne Rezidiv im Beobachtungszeitraum. In Tabelle 6 ist zu sehen, daß sich die Patienten mit und ohne abweichende Persönlichkeit in der Verteilung über diese drei Verlaufstypen nicht unterscheiden.

Ein rein affektiver und rezidivierender Langzeitverlauf, wie er für endogene Depressionen typisch ist, findet sich bei abweichenden und nichtabweichenden Persönlichkeiten annähernd gleichhäufig in 37 bzw. 38% der Fälle; Einzelepisoden sind mit 47% bei abweichenden Persönlichkeiten etwas häufiger als bei nichtabweichenden Persönlichkeiten mit 39%; chronische oder nichtaffektive Langzeitverläufe kommen umgekehrt bei nichtabweichenden Persönlichkeiten mit 23% etwas häufiger vor, als bei abweichenden mit 16%; diese geringen numerischen Unterschiede sind jedoch nicht signifikant. Wir können also festhalten, daß die Persönlichkeitsbeurteilung entgegen unserer klinischen Erwartung keine Vorhersagekraft für den Langzeitverlauf von Patienten mit einer Major Depression besitzt; auch die Subtypisierung in endogene und nichtendogene Depressionen konnte im übrigen nicht zwischen diesen drei Verlaufstypen differenzieren; lediglich ein pathologischer Dexamethason-Suppressionstest prädizierte einen typisch endogen depressiven Langzeitverlauf (Philipp et al. 1989).

Zusammenfassung

Zusammenfassend kann festgestellt werden, daß sich die klinische Erfahrung einer hohen prädiktiven Wertigkeit der Grobunterscheidung in abweichende und nichtabweichende Persönlichkeit für den Bereich der klinischen Diagnose endogener Depressionen und für die Vorhersage des Therapieansprechens auf Antidepressiva empirisch bestätigen ließ. Lediglich der Bezug zur endogenomorphen Querschnittssymptomatik und zum für endogene Depressionen typischen Langzeitverlauf ließ sich in den hier referierten Untersuchungen nicht nachweisen. Dennoch verbleibt der Persönlichkeitsbeurteilung für die Therapieprädiktion eine hochrangige Bedeutung, die zumindest in unseren Untersuchungen von keinem anderen psychopathologischen oder diagnostischen Merkmal übertroffen wurde.

Literatur

American Psychiatric Association (1987) Diagnostic and Statistical Manual of Mental Disorders, Third Edition, Revised (DSM-III-R). APA, Washington

Bech P, Gram LF, Reisby N, Rafaelsen OJ (1980) The WHO depression scale: relationship to the Newcastle scales. Acta Psychiatr Scand 62:140–153

Bielski RJ, Friedel RO (1976) Prediction of tricyclic antidepressant response: a critical review. Arch Gen Psychiatry 33:1479–1489

Carney MWP, Roth M, Garside RF (1965) The diagnosis of depressive syndromes and the prediction of ECT response. Br J Psychiatry 111:659–674

Hamilton M (1960) A rating scale for depression. J Neurol Neurosurg Psychiatry 23:56–62

Maier W, Philipp M (1986) A polydiagnostic scale for dimensional classification of endogenous depression. Derivation and validation. Acta Psychiatr Scand 73:112–121

Philipp M, Frommberger U (1985) Das Polydiagnostische Verlaufsinterview: Ein strukturiertes Interview zur prospektiven polydiagnostischen Erfassung von Langzeitverläufen. Psychiatrische Klinik der Universität Mainz

Philipp M, Maier W (1986) The Polydiagnostic Interview: A structured interview for polydiagnostic classification of psychiatric patients. Psychopathology 19:175–185

Philipp M, Maier W (1987) Diagnosensysteme endogener Depressionen. Springer, Berlin Heidelberg New York Tokyo

Philipp M, Maier W (1988) Psychopathologische Prädiktion des ambulanten Doxepin-Response: ein Replikationsversuch. Nervenarzt 59:482–487

Philipp M, Beck V, Glocke M, Metz K, Scherhag R, Schmidt R (1985) Vorhersagbarkeit des Therapieansprechens depressiver Patienten auf Doxepin. In: Philipp M (Hrsg) Grundlagen und Erfolgsvorhersage der ambulanten Therapie mit Antidepressiva. Springer, Berlin Heidelberg New York Tokyo, S 29–45

Philipp M, Maier W, Benkert O (1986a) Dimensional classification as an instrument for biological research in endogenous depression. In: Hippius H, Klerman G, Matussek N (Hrsg) New results in depression research. Springer, Berlin Heidelberg New York Tokyo, pp 146–155

Philipp M, Beck V, Scherhag R, Glocke M, Schmidt R (1986b) Biological and psychopathological prediction of response to doxepine in depressive outpatients. Pharmacopsychiatry 19:262–263

Philipp M, Frommberger U, Maier W (1989) Dexamethason-Nonsuppression prädiziert bei Major Depression einen nichtchronischen, rezidivierenden und rein affektiven Langzeitverlauf. In: Saletu B (Hrsg) Biologische Psychiatrie. Thieme, S 152–153

Spitzer R, Endicott J, Robins E (1978) Research Diagnostic Criteria: Rationale and reliability. Arch Gen Psychiatry 35:773–782

Woggon B (1983) Prognose der Psychopharmakotherapie. Enke, Stuttgart

Prämenstruelles Syndrom und Persönlichkeitsmerkmale bei infertilen Frauen

A. Rohde[1], A. Marneros[1], J. Fischer[1] und K. Diedrich[2]

Einleitung

Besonderes Forschungsinteresse hat in den letzten Jahren der Komplex von psychischen und somatischen Symptomen erweckt, der üblicherweise als „prämenstruelles Syndrom" zusammengefaßt wird, seit Frank (1931) mit seiner Arbeit „Hormonal causes of premenstrual tension" die diesbezügliche Forschung inspiriert hat. Insbesondere hinsichtlich der Ursachenforschung werden verstärkt Anstrengungen unternommen, wobei sowohl biologische und hormonelle als auch psychodynamische und persönlichkeitsbedingte Faktoren untersucht werden. Eine Konsequenz aus dem verstärkten Interesse am prämenstruellen Syndrom ist die Aufnahme einer Kategorie „Dysphorische Störung der Späten Lutealphase" im DSM-III-R in der Rubrik „Vorschläge für diagnostische Kategorien, die weiterer Forschung bedürfen" (APA 1989), womit „weitere systematische klinische Studien und Forschungsarbeiten" angeregt werden sollen.

Schwierigkeiten bei der Durchsicht der Literatur zum prämenstruellen Syndrom ergeben sich aus der Vielzahl verschiedener Definitionen der Störung, so daß eine Vergleichbarkeit bezüglich Häufigkeit und korrelierender soziodemographischer Merkmale oder Persönlichkeits-Charakteristika kaum gegeben ist. So bieten bei Anwendung breiter Definitionen etwa 70% (Lamb et al. 1953; Sutherland u. Stewart 1965; Hallmann 1986) bis zu 95% aller Frauen (Lauersen u. Stukane 1983) prämenstruelle Veränderungen im Befinden, während bei Verwendung engerer Definitionen ca. 40% aller menstruierenden Frauen über ein prämenstruelles Syndrom berichten (Dalton 1964; Benedek-Jaszmann u. Hearn-Sturtevant 1976 etc.). Prämenstruelle Syndrome, die zu ernsthaften Beeinträchtigungen der beruflichen und sozialen Aktivitäten führen, finden sich schließlich nur bei 2–8% der Frauen (Andersch 1980; Hallmann 1986). Hier bietet die neue DSM-III-R-Kategorie mit operationalisierten Kriterien für die Zukunft neue Möglichkeiten, vergleichbare Untersuchungen zu gestalten.

Laut DSM-III-R gehören zu den häufigsten Symptomen der Dysphorischen Störung der Späten Lutealphase: ausgeprägte affektive Labilität (z.B.

---

[1] Universitäts-Nervenklinik, Sigmund-Freud-Straße 25, W-5300 Bonn 1, Bundesrepublik Deutschland
[2] Universitäts-Frauenklinik, Sigmund-Freud-Straße 25, W-5300 Bonn 1, Bundesrepublik Deutschland

plötzlich auftretende Phasen von Weinen, Traurigkeit oder Gereiztheit), andauernde Gefühle von Gereiztheit, Ärger oder Spannung („wie auf Messers Schneide"), und depressive Verstimmung und Selbstvorwürfe. Ebenso häufig sind ein vermindertes Interesse an den normalen Aktivitäten, Ermüdbarkeit und Energieverlust, ein subjektives Gefühl von Konzentrationsschwierigkeiten, veränderter Appetit, Heißhunger auf bestimmte Lebensmittel (besonders Kohlenhydrate) und Schlafstörungen. Andere körperliche Symptome, wie geschwollene oder schmerzhafte Brüste, Kopfschmerzen, Gelenk- und Muskelschmerzen, ein Gefühl des „Aufgeblasenseins" sowie Gewichtszunahme können ebenfalls vorkommen (APA 1989). Die genannten Symptome sind auf die letzte Woche der Lutealphase begrenzt und bilden sich innerhalb einiger Tage nach Beginn der Follikelphase zurück (1 Woche vor und wenige Tage nach dem Beginn der Menses). Da eine Vielzahl von Frauen über körperliche und emotionale Veränderungen in bestimmten Phasen des Menstruationszyklus berichten, sind weitere Kriterien der Dysphorischen Störung der Späten Lutealphase nach DSM-III-R die ernsthafte Beeinträchtigung der beruflichen oder anderen üblichen sozialen Aktivitäten sowie der Beziehungen zu anderen, außerdem soll die Diagnose durch „prospektive, tägliche Selbstbeurteilung während wenigstens 2 symptomatischen Zyklen verifiziert werden" (APA 1989).

Fragestellung und Ziel der Arbeit

1. Mit der vorliegenden Untersuchung soll der Frage nachgegangen werden, inwieweit sich unter Anwendung der operationalisierten DSM-III-R-Kriterien der Dysphorischen Störung der Späten Lutealphase (DSL) und unter Verwendung psychologischer Testverfahren Hinweise auf bestimmte Persönlichkeitsmerkmale von Frauen mit und ohne prämenstruelles Syndrom eruieren lassen.
2. Ausgehend von der Hypothese, daß prämenstruelle körperliche und emotionale Veränderungen hormonell bzw. biochemisch verursacht oder zumindest mitverursacht sind, soll der Frage nachgegangen werden, inwieweit die Persönlichkeitsstruktur der einzelnen Frau dazu beiträgt, ob dieser Symptomkomplex als unbedeutend toleriert wird oder ob sich daraus eine mehr oder weniger ausgeprägte Beeinträchtigung sozialer Aktivitäten und Beziehungen ergibt.

Material und Methode
Stichprobe

In die vorliegende Untersuchung gehen Befunde von 405 Frauen ein, die im Rahmen eines Modellversuches „Psychische Begleit- und Folgeerscheinungen der In-vitro-Fertilisation" in Zusammenarbeit mit der Universitäts-Frauenklinik Bonn (Direktor Prof. Dr. D. Krebs) untersucht wurden. Schwer-

Tabelle 1. Soziodemographische Daten: Infertile Frauen (n = 405)

Alter	x = 30,8 Jahre
	Min = 22,0 Jahre
	Max = 43,0 Jahre
Ehedauer	x = 5,8 Jahre
	Min = 1,0 Jahre
	Max = 17,0 Jahre
Eigene Kinder	9%
Bildungsniveau	
– sehr niedrig	3%
– niedrig	29%
– mittel	35%
– hoch	28%
Berufstätigkeit	
– Einfache Angestellte/Arbeiterin	29%
– Mittlere Angestellte/Beamtin	39%
– Leit. Angestellte/Beamtin/Akademikerin/Selbständige	8%
– Hausfrau	10%

punkt dieses IvF-Projektes, das unter der Leitung von Prof. Dr. A. Marneros und Prof. Dr. K. Diedrich durchgeführt wird, ist die Untersuchung von motivationalen Aspekten und Bewältigungsverhalten im Zusammenhang mit der ungewollten Kinderlosigkeit und während und nach Abschluß der Behandlung.

Einige soziodemographische Merkmale der untersuchten Stichprobe infertiler Frauen sind in Tabelle 1 dargestellt. Da nur verheiratete Paare in das In-vitro-Fertilisations-Programm der Universitäts-Frauenklinik Bonn aufgenommen werden, ist die Gruppe bezüglich des Familienstandes homogen.

Eingesetzte Instrumente

Im Rahmen der Diagnostik bei Aufnahme in das IvF-Projekt wurde den Frauen neben den weiter unten aufgeführten Persönlichkeitsfragebogen ein Fragebogen zu prämenstruellen Beschwerden vorgelegt, in dem die symptomatologischen DSM-III-R-Kriterien der Dysphorischen Störung der Späten Lutealphase (DSL) in ein Selbstbeurteilungsinstrument umgewandelt sind (DSL-SB), und in dem zusätzliche Informationen, u.a. zur sozialen Beeinträchtigung durch die Symptome, erhoben werden. Die Intensität wurde auf einer dreistufigen Ratingskala mit den Ausprägungsgraden „Symptome nicht vorhanden", „Symptom in leichter Ausprägung vorhanden" und „Symptom in schwerer Ausprägung vorhanden" bewertet. Eine Fremdbeurteilungs-Version (DSL-FB) wurde unabhängig den Ehemännern der Patientinnen vorgelegt, außerdem wurde als Kontrollgruppe eine Gruppe von 101 Medizinstudentinnen untersucht. Über die Ergebnisse bezüglich Kontrollgruppe und Fremdbeurteilung wird an anderer Stelle berichtet (Rohde et al. 1992); global läßt sich jedoch sagen, daß sich weder bezüglich Häufigkeit noch bezüglich bestimmter Persönlichkeitszüge statistisch signifikante Unterschiede zwischen infertilen Frauen und Kontrollgruppe zeigten, daß sich ebenfalls kein Alterseffekt finden ließ und daß sich eine erstaunlich gute Übereinstimmung zwischen den Ehepartnern bezüglich der Einschätzung fand.

Zur Persönlichkeitsdiagnostik wird in der vorliegenden Arbeit über folgende eingesetzte Testverfahren berichtet:

FPI-R   (Freiburger Persönlichkeits-Inventar)
        (Fahrenberg et al. 1984, 4. Auflage)
MMPI   (Minnesota Multiphasic Personality Inventory)
        (Gehring u. Bläser 1982)
STAI   (State Trait Anxiety Inventory, Trait version)
        (Laux et al. 1981)

Methodik

Ziel der vorliegenden Arbeit war, subjektiv erlebte prämenstruelle Veränderungen im psychischen und physischen Befinden der Frauen zu erfassen und mögliche Korrelationen zu bestimmten Persönlichkeitsmerkmalen zu erfassen. Es ergaben sich deshalb keine wesentlichen methodischen Probleme aus der Tatsache, daß die Mehrheit der Frauen direkt nach der Erstuntersuchung in die Phase der In-vitro-Behandlung aufgenommen wurden − mit entsprechender hormoneller Stimulation, so daß eine prospektive Selbstbeurteilung über mehrere Zyklen zur Verifizierung der Diagnose nicht durchführbar war. Laut DSM-III-R-Kriterien ist dennoch die vorläufige Stellung der Diagnose zulässig.

Vom Vorliegen eines prämenstruellen Syndroms wurde für die vorliegende Untersuchung also wie unter Punkt B) der DSM-III-R-Kriterien ausgegangen, wenn mindestens 5 der folgenden Symptome genannt waren, wobei wenigstens eines der Symptome (1), (2), (3) oder (4) war:

1. Deutliche Stimmungslabilität
2. Ärger oder Reizbarkeit
3. Ängstlichkeit, Spannung
4. Deutliche depressive Stimmung
5. Vermindertes Interesse an normalen Aktivitäten
6. Leichte Ermüdbarkeit, Energiemangel
7. Subjektives Gefühl von Konzentrationsstörungen
8. Deutliche Appetitveränderung/Heißhunger
9. Hypersomnie oder Insomnie
10. Andere körperliche Symptome wie Brustschmerzen oder Schwellungen, Kopfschmerzen, Gelenk- und Muskelschmerzen, ein Gefühl des „Aufgeblasenseins", Gewichtszunahme.

Das Ausmaß der subjektiv erlebten Beeinträchtigung der beruflichen und sozialen Aktivitäten durch die prämenstruellen Beschwerden wurde zusätzlich erfaßt. Die Antwortkategorien waren hierbei: „keine Beeinträchtigung", „leichte Beeinträchtigung" und „schwere Beeinträchtigung" durch die prämenstruellen Symptome. Für die statistische Untersuchung wurden die Frauen mit leichten und schweren Beeinträchtigungen zusammengefaßt, da nur 3,5% der Frauen über eine schwere Beeinträchtigung der beruflichen und sozialen Aktivitäten und Beziehungen berichteten.

Statistische Auswertung

Für die statistischen Berechnungen wurde die Gesamtgruppe von 405 Frauen in drei Untergruppen aufgeteilt, die jeweils paarweise miteinander verglichen wurden.

Der Vergleich bezüglich der Persönlichkeitsmerkmale wurde auf zwei Ebenen durchgeführt:

Gruppe 1: Frauen, die die obengenannten symptomatologischen Kriterien der Dysphorischen Störung der Späten Lutealphase nicht erfüllten, auch wenn prämenstruelle Symptome angegeben wurden (n = 195).
Gruppe 2: Frauen, die die Kriterien zwar erfüllten, sich in ihren beruflichen und sozialen Aktivitäten durch diese Symptome aber in keiner Weise beeinträchtigt fühlten (n = 97).
Gruppe 3: Frauen, die die symptomatologischen DSL-Kriterien erfüllten und sich in ihren beruflichen und sozialen Aktivitäten durch die prämenstruellen Symptome leicht oder schwer beeinträchtigt fühlten (n = 111).

Zur Überprüfung der Mittelwertdifferenzen der Skalen-Rohwerte wurden die einzelnen Gruppen paarweise mittels t-Test verglichen. Der t-Test fand hierbei den Vorzug vor der Varianzanalyse, da er eine klarere Aussage über die Richtung auftretender signifikanter Differenzen ermöglicht. Die Berechnungen wurden mit dem Programmpaket SAS am Hauptrechner des Instituts für Medizinische Statistik und Dokumentation in Bonn durchgeführt.

Ergebnisse

Ein hoher Anteil aller untersuchten Frauen (343, das sind 84,7% der untersuchten Gesamtpopulation) berichtete über prämenstruelle Veränderungen im psychischen und/oder physischen Befinden. Insgesamt 210 Frauen (51,9%) erfüllten die symptomatologischen DSL-Kriterien nach DSM-III-R. Von diesen berichteten 111 Frauen (27,4% der Gesamtgruppe) über eine Beeinträchtigung der sozialen Beziehungen und Aktivitäten, während 97 (24,0%) zwar die symptomatologischen Kriterien des DSM-III-R erfüllten, sich aber nicht beeinträchtigt fühlten (Abb. 1). Lediglich eine kleine Gruppe von Patientinnen (3,5%) berichtete über schwere Beeinträchtigungen der beruflichen und sozialen Aktivitäten und Beziehungen zu anderen als Folge

```
        ┌─────────────────┐
        │   195           │
        │   48%           │
        │                 │
        │  97      111    │
        │  24%     27%    │
        └─────────────────┘
Prämenstruelle              Prämenstruelle
Beschwerden ohne            Beschwerden mit
Beeinträchtigung der        Beeinträchtigung der
beruflichen und sozialen    beruflichen und sozialen
     Aktivitäten                 Aktivitäten
```

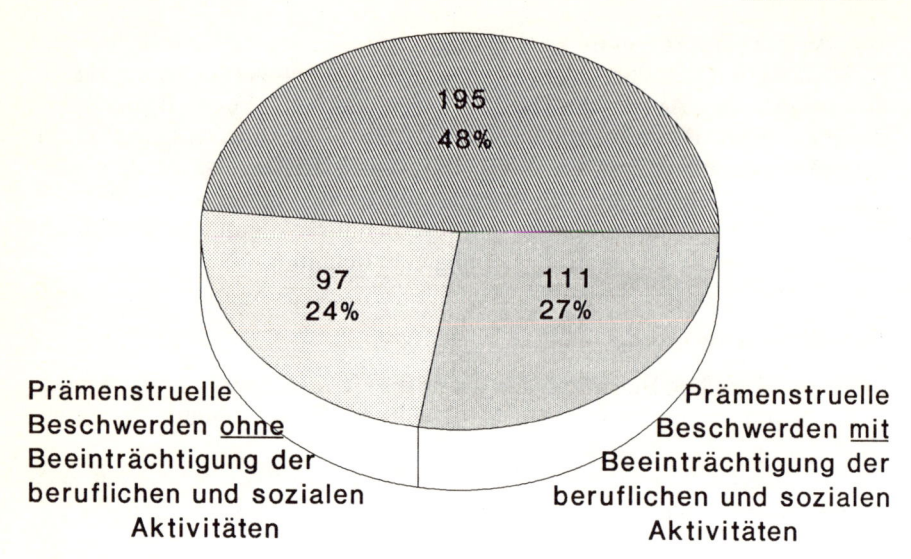

Abb. 1. Prämenstruelle Beschwerden gemäß DSM-III-R (symptomatologische Kriterien, Sektion B)

der prämenstruellen Beschwerden und erfüllte damit die diesbezüglichen DSM-III-R-Kriterien.

Tabelle 2 zeigt in einer Gesamtübersicht die Ergebnisse aller drei Gruppen für die eingesetzten Persönlichkeitsfragebögen. Sehr deutlich zeichnet sich auf fast allen dargestellten Subskalen ein Kontinuum ab, auf dem die Gruppe der Frauen ohne prämenstruelle Symptome einerseits und die Gruppe der Frauen mit einer subjektiv erlebten Beeinträchtigung, bedingt durch die prämenstruellen Symptome, andererseits die Extrempole bilden.

Insbesondere die Frauen, die infolge der prämenstruellen Symptome eine Beeinträchtigung ihrer sozialen und beruflichen Aktivitäten und Beziehungen erleben, berichten über eine insgesamt geringere Lebenszufriedenheit, die sich in den Aspekten Partnerschaft und Beruf abzeichnet. Desweiteren deutet sich sowohl im Freiburger Persönlichkeitsinventar wie auch im MMPI eine stärkere Gehemmtheit an, die sich besonders in der Kontaktaufnahme zu unbekannten Menschen ausdrückt. Gesellschaftliche Zusammenkünfte werden als eher belastend und überfordernd beschrieben.

Weitere Persönlichkeitsmerkmale der Frauen mit Beeinträchtigung durch die prämenstruellen Symptome zeigen sich in einer leichten Erregbarkeit und Gereiztheit; das Allgemeinbefinden wird als eher gestört beschrieben, was sich in körperlichen Beschwerden wie z.B. Schlafstörungen, Wetterfühligkeit und Magenbeschwerden widerspiegelt.

Für die Annahme eines Kontinuums sprechen insbesondere die Ergebnisse zur emotionalen Labilität und zur Angstbereitschaft. Probleme und innere Konflikte werden von den Frauen, die eine Beeinträchtigung ihrer sozialen und beruflichen Aktivitäten bedingt durch die prämenstruellen

Tabelle 2. Persönlichkeitsmerkmale nach FPI R, NMPI und STAI bei Frauen mit und ohne prämenstruellem Syndrom

	Kein PMS n = 195 (Gruppe 1)	S1	PMS *ohne* Beeinträchtigung n = 97 (Gruppe 2)	S2	PMS *mit* n = 111 (Gruppe 3)	S3
FPI-R-Skalen	n = 173		n = 83		n = 99	
– Lebenszufriedenheit	8,6		8,2	*	7,5	**
– Soziale Orientierung	7,8		7,9		7,5	
– Leistungsorientierung	6,9		7,1		6,8	
– Gehemmtheit	5,8		6,2		6,9	**
– Erregbarkeit	5,9	*	6,6		7,1	**
– Aggresivität	3,7		3,7		4,0	
– Beanspruchung	4,9		5,4	*	6,6	**
– Körperliche Beschwerden	3,0	**	4,0		4,1	**
– Gesundheitssorgen	5,5		5,7		5,6	
– Offenheit	5,6		5,9		6,5	**
– Extraversion	6,6		6,3		6,2	
– Emotionale Labilität	5,2	**	6,4	*	7,7	***
MMPI-Skalen	n = 140		n = 72		n = 74	
– Hypochondrie	9,8		9,1	**	10,9	*
– Depression	4,6		5,4		6,4	**
– Konversion/Hysterie	7,5		7,3	*	9,1	*
– Psychopathie	7,8		7,8		8,1	
– Psychasthenie	13,6		14,1		14,3	
– Soziale Introversion	7,3	*	9,0		9,2	**
STAI-Trait-Version Gesamtwert	n = 148 33,6	*	n = 77 36,6	*	n = 89 39,8	***

Rohwerte, Mittelwerte.
Signifikanzen: S1 = Gruppe 1 vs. Gruppe 2.
S2 = Gruppe 2 vs. Gruppe 3.
S3 = Gruppe 3 vs. Gruppe 1.
t-test: * = p < 0,05; ** = p < 0,01; *** = p < 0,001.

Symptome erleben, im Vergleich zu den beiden anderen Gruppen signifikant häufiger beschrieben. Diese Konfliktbeladenheit spiegelt sich in einer weniger konstanten Stimmungslage wider, in der Phasen der Abgespanntheit und der Teilnahmslosigkeit mit Momenten vermehrter Erregbarkeit und Reizbarkeit abwechseln. In diesem Zusammenhang treten vermehrt depressive Verstimmungen auf, was auch die Ergebnisse im MMPI zeigen. Der Gesamtwert des STAI-Trait deutet eine erhöhte Angstbereitschaft für die beiden Gruppen mit PMS an (unter Angstbereitschaft wird hierbei die Neigung verstanden, Situationen verstärkt als angstauslösend zu erleben). Wie auch bei der emotionalen Labilität unterscheiden sich alle drei Gruppen signifikant voneinander, wobei wieder die Gruppe mit Beeinträchtigung durch prämenstruelle Symptome die höchsten Werte aufweist.

Für die Interpretation von besonderem Interesse ist die Tatsache, daß sich die beiden Gruppen mit prämenstruellen Symptomen gemäß den symptomatologischen Kriterien des DSM-III-R hinsichtlich der körperlichen Beschwerden im FPI-R nicht unterscheiden. Das Erleben einer durch prämenstruelle Symptome bedingten Beeinträchtigung scheint somit nicht von einem insgesamt eher gestörten Allgemeinbefinden im Sinne vielfältiger vegetativer Symptome abzuhängen. Vielmehr sprechen die signifikanten Differenzen auf der FPI-R-Skala Beanspruchung dafür, daß das subjektive Gefühl der Anspannung und Überforderung bei den Frauen mit einer subjektiv erlebten Beeinträchtigung wesentlich stärker ausgeprägt ist.

Schlußfolgerungen und Diskussion

Mit der vorliegenden Untersuchung konnte gezeigt werden, daß über 80% der untersuchten infertilen Frauen über prämenstruelle Veränderungen des physischen und psychischen Befindens berichten. Es zeigt sich damit kein Unterschied zu Häufigkeitsangaben in der Literatur (Lauersen u. Stukane 1983; Reid u. Yen 1981), wo in der Regel jedoch nicht unterschieden wurde, ob es sich um fertile oder infertile Frauen handelt. Bei der bereits früher erwähnten Kontrollgruppe von Medizinstudentinnen zeigten sich keine signifikanten Häufigkeitsunterschiede bezogen auf das Vorkommen prämenstrueller Veränderungen insgesamt, so daß der Faktor „Infertilität" dabei keine wesentliche Rolle zu spielen scheint. Etwa die Hälfte aller infertilen Frauen berichtete über vielfältige prämenstruelle Befindensänderungen, so daß die angewendeten operationalisierten Kriterien (Dysphorische Störung der Späten Lutealphase nach DSM-III-R, Sektion B) erfüllt wurden. Mit 51,6% liegt diese Zahl etwas höher als die meist angegebene durchschnittliche Häufigkeit von etwa 40% ausgeprägterer prämenstrueller Beschwerden (Dalton 1964; Benedek-Jaszmann u. Hearn-Sturtevant 1976; Reid u. Yen 1981), wobei jedoch in der Regel ganz unterschiedliche Definitionen des PMS zugrundeliegen.

Die dargestellten Ergebnisse der Gruppenvergleiche zeigen, daß sich die Frauen der drei Gruppen hinsichtlich verschiedener Persönlichkeitsmerkmale unterscheiden (Gruppe 1 – kein PMS, Gruppe 2 – mit PMS/ohne Beeinträchtigung, Gruppe 3 – mit PMS/mit Beeinträchtigung).

Hierbei zeigten sich gerade bei den Frauen, die eine Beeinträchtigung ihrer sozialen und beruflichen Aktivitäten erleben, signifikante Differenzen im Sinne geringerer Lebenszufriedenheit, stärkerer Gehemmtheit, Erregbarkeit und Beanspruchung; der weiterhin gefundenen höheren emotionalen Labilität und der höheren generellen Angstbereitschaft kommt eine besondere Bedeutung zu.

Mit den Ergebnissen der vorliegenden Studie können ebenfalls die diversen Untersuchungen bestätigt werden, die bei Frauen mit prämenstruellem Syndrom höhere „Neurotizismus-Scores" fanden als bei Frauen ohne PMS. Dabei scheint es sich um einen relativ stabilen Befund zu handeln, da dieses

Ergebnis immer wieder reproduziert wurde, auch wenn unterschiedliche Definitionen und verschiedene Persönlichkeitstests zur Anwendung kamen (so etwa Chuong et al. 1988; Coppen u. Kessel 1963; Cullberg 1972; Hallmann et al. 1987; Herzberg u. Coppen 1970; Hain et al. 1970; Keye et al. 1986; Levitt u. Lubin 1967; Nilsson et al. 1967; Walsh et al. 1981).

Die in Tabelle 2 dargestellten signifikanten Unterschiede zwischen allen drei untersuchten Gruppen bei den Skalen Lebenszufriedenheit, Gehemmtheit, Erregbarkeit und Beanspruchung sowie emotionale Labilität und Angstbereitschaft legen allerdings die Annahme nahe, daß es sich hinsichtlich der Persönlichkeitszüge nicht um deutliche Grenzen zwischen einer Gruppe von Frauen mit prämenstruellem Syndrom und einer Gruppe ohne PMS handelt, sondern daß sich die drei untersuchten Gruppen hinsichtlich dieser Merkmale – und statistisch weniger deutlich auch hinsichtlich anderer persönlichkeits-psychologischer Merkmale – auf einem Kontinuum befinden. Dabei stellen die Gruppen der Frauen ohne PMS (Gruppe 1) einerseits und die Gruppe mit PMS *und* einer subjektiv erlebten Beeinträchtigung von sozialen und beruflichen Aktivitäten und Beziehungen (Gruppe 3) andererseits die Extrempole dar. Die Frauen mit PMS, aber ohne Beeinträchtigung (Gruppe 2), nehmen dabei eine Mittelstellung ein.

Eine besondere Bedeutung kommt nach den Ergebnissen der vorliegenden Untersuchung der generellen Angstbereitschaft und der emotionalen Labilität zu. Gerade die Befunde zur Angstbereitschaft stehen in Übereinstimmung mit den Ergebnissen von Halbreich u. Kas (1977), die betonen, daß Frauen mit erhöhter Angstbereitschaft in viel stärkerem Maße prämenstruelle Symptome erleben, und mit Moos et al. (1969), daß Frauen mit prämenstruellem Syndrom im gesamten Zyklus ängstlicher sind als andere. Ebenfalls einen Zusammenhang zwischen Ängstlichkeit und menstruellen bzw. prämenstruellen Symptomen berichten Sherry et al. (1988) und Golub (1976), wobei die letztgenannte Autorin bei den untersuchten Frauen jedoch keine insgesamt erhöhte Angstbereitschaft (im Sinne eines „trait") fand.

Obwohl in der vorliegenden Untersuchung die physiologischen und hormonellen Korrelate prämenstrueller Symptome unberücksichtigt bleiben, unterstützen die dargestellten Ergebnisse Clare (1985), der davon ausgeht, daß ein von den Frauen erlebter Unterschied zwischen prämenstruellen „Veränderungen" oder „Symptomen" einerseits und dem Erleben dieser Veränderungen als „Störung" oder „Krankheit" andererseits mehr von Persönlichkeitszügen oder Lebensumständen abhängt als von dem zugrundeliegenden Zyklusmechanismus bzw. hormonellen Ursachen. Interessanterweise zeigte sich bei den Skalenwerten im Zusammenhang mit körperlichen Beschwerden kein signifikanter Unterschied zwischen den beiden Gruppen mit PMS, dies legt die Vermutung nahe, daß es sich bei den Frauen, die eine Beeinträchtigung erleben, nicht um Frauen handelt, die allgemein vermehrt über körperliche Beschwerden klagen.

Die Ausgangshypothese, daß nämlich bestimmte Persönlichkeitsmerkmale für die unterschiedlich empfundene Beeinträchtigung der beruflichen und sozialen Aktivitäten und Beziehungen verantwortlich sind, konnte dahingehend bestätigt werden, daß nämlich Frauen mit höherer Angstbereitschaft, geringerer Lebenszufriedenheit und höherer emotionaler Labilität etc. sich durch die erlebten prämenstruellen Symptome stärker beeinträchtigt fühlen als diejenigen, die diese Persönlichkeitszüge weniger ausgeprägt zeigen. Die bei den beiden Merkmalen emotionale Labilität und Angstbereitschaft ebenfalls gefundenen signifikanten Unterschiede zwischen Frauen ohne PMS (Gruppe 1) und mit PMS, jedoch ohne Beeinträchtigung (Gruppe 2), weisen darauf hin, daß es sich bei der emotionalen Labilität und der Angstbereitschaft um Persönlichkeitsmerkmale handelt, die für das Erleben prämenstrueller Symptome allgemein von Bedeutung sind.

Literatur

Andersch B (1980) Epidemiological, hormonal and water balance studies in premenstrual tension. Thesis, Gothenburg

American Psychiatric Association (1989) Diagnostisches und Statistisches Manual Psychischer Störungen DSM-III-R Revision. Beltz, Weinheim Basel

Benedek-Jaszmann LJ, Hearn-Sturtevant MD (1976) Premenstrual tension and functional infertility. Aetiology and treatment. Lancet 22:1095–1098

Chuong CJ, Colligan RC, Coulam CB, Bergstralh EJ (1988) The MMPI as an aid in evaluating patients with premenstrual syndrome. Psychosomatics 29:197–202

Clare AW (1985) Psychiatric and social aspects of premenstrual complaints. J Psychosom Res 29:215–233

Coppen A, Kessel N (1963) Menstruation and personality. Br J Psychiatry 109:711–721

Cullberg J (1972) Mood changes and menstrual symptoms with different gestagen-oestrogen combinations. Acta Psychiatr Scand 236:1–86

Dalton K (1964) The Premenstrual Syndrome. Thomas, Springfield, ILL

Fahrenberg J, Hampel R, Selg H (1984) Das Freiburger Persönlichkeitsinventar FPI. Revidierte Fassung FPI-R und teilweise geänderte Fassung FPI-A1. Hogrefe, Göttingen

Frank RT (1931) Hormonal causes of premenstrual tension. Arch Neurol Psychiatr 26:1053–1057

Gehring A, Blaser A (1982) MMPI – Minnesota Multiphasic Personality Inventory.

Golub S (1976) The magnitude of premenstrual anxiety and depression. Psychosom Med 38:4–11

Hain JD, Linton PH, Eber HW, Chapman MM (1970) Menstrual irregularity, symptoms and personality. J Psychosom Res 14:81–87

Halbreich U, Kas D (1977) Variations in the Taylor MAS of women with pre-menstrual syndrome. J Psychosom Res 21:391–393

Hallman J (1986) The premenstrual syndrome – an equivalent of depression? Acta Psychiatr Scand 73:403–411

Hallman J, Oreland L, Edman G, Schalling D (1987) Thrombocyte monoamine oxidase activity and personality traits in women with severe premenstrual syndrome. Acta Psychiatr Scand 76:225–234

Herzberg B, Coppen A (1970) Changes in psychological symptoms in women taking oral contraceptives. Br J Psychiatry 116:161–164

Keye WR, Trunnell EP (1986) A biopsychosocial model of premenstrual syndrome. Int J Fertil 31:259–262

Lamb WM, Ulett GA, Masters WH, Robinson DW (1953) Premenstrual tension: EEG, hormonal and psychiatric evaluation. Am J Psychiatry 109:840

Laux L, Glanzmann P, Schaffner P, Spielberger CD (1981) STAI – Das State-Trait-Angstinventar. Beltz, Weinheim

Levitt EE, Lubin B (1967) Some personality factors associated with menstrual complaints and menstrual attitude. J Psychosom Res 11:267–270
Moos RH, Kopell BS, Melges FT, Yalom ID, Lunde DT, Clayton RB, Hamburg DA (1969) Fluctuations in symptoms and moods during the menstrual cycle. J Psychosom Res 13:37–44
Nilsson L, Slvell L (1967) Acta Obstet Gyneacol Scand XLVI [Suppl 8]
Reid RL, Yen SSC (1981) Premenstrual syndrome. Am J Obstet Gynecol 139:85–104
Rohde A, Marneros A, Fischer J, Diedrich K (1992) Prämenstruelles Syndrom. Selbsterleben und Fremdbeurteilung (im Druck)
Shader RI, Ohly JI (1970) Premenstrual tension, feminity, and sexual drive. Med Aspects Human Sex 4:42–49
Sherry S, Notman MT, Nadelson CC, Kanter F, Salt P (1988) Anxiety, depression, and menstrual symptoms among freshman medical students. J Clin Psychiatry 49:490–493
Sutherland H, Stewart I (1965) A critical analysis of the premenstrual syndrome. Lancet 1180–1183
Walsh RN, Budtz-Olsen I, Leader C, Cummins RA (1981) The menstrual cycle, personality, and academic performance. Arch Gen Psychiatry 38:219–221

Migräne und Persönlichkeit

M. L. Schäfer[1]

Problemstellung

Bei seit über einem Jahrzehnt erfolgenden eigenen Untersuchungen und Behandlungen von Migränepatienten zeigt sich immer wieder, daß Migräniker Persönlichkeitseigenschaften aufweisen, die in Anlehnung an entsprechende Auffassungen von U. H. Peters als „Typus migraenicus" bezeichnet werden können (Peters 1977, 1978a, b, 1982, 1983, S. 14 ff., 1988). Dabei handelt es sich um eine Persönlichkeitsstruktur, die dem Typus melancholicus Tellenbachs entspricht. Der Grundzug dieses speziell bei monopolar Depressiven vorfindbaren Typus besteht in einem „Festgelegtsein auf Ordentlichkeit", welches als übersteigertes Pflichtbewußtsein alle zentralen Lebensbereiche beherrscht und in Situationen, die durch „Inkludenz" und „Remanenz" gekennzeichnet sind, zur akuten klinischen Manifestation einer Depression führt (Tellenbach 1983, S. 66 ff.). Aufgrund von seit über 2 Jahrzehnten von D. von Zerssen und anderen Autoren durchgeführten empirischen Typenanalysen mittels eigens konstruierter und validierter Selbst- und Fremdbeurteilungsskalen konnte der Typus melancholicus Tellenbachs als prämorbide Persönlichkeitsstruktur monopolar Depressiver auch psychometrisch weitgehend objektiviert und als „komparativer Klassentypus" (von Zerssen) gegenüber Gesunden sowie verschiedenen Gruppen anderweitig psychisch Kranker (insbesondere bipolar Affektpsychotischer) definiert werden (Dietzfelbinger 1985, S. 42 ff.; Eiband 1980, S. 42 ff., 68, 71; Frey 1977; Hofmann 1973, S. 34 ff.; Markert 1972, S. 31 ff., Möller u. von Zerssen 1987; Wittchen u. von Zerssen 1988, S. 46; von Zerssen 1973, S. 45 ff., 1976a, 1977, 1979, 1980, 1982, 1988).

Analog hierzu wird bezüglich des Typus migraenicus von der Hypothese ausgegangen, daß es sich hierbei um eine überwiegend bei Migränikern vorfindbare, möglicherweise bereits prämorbid ausgeformte Typus-melancholicus-Struktur handelt, die daher ebenfalls psychometrisch objektiviert und als komparativer Klassentyp gegenüber verschiedenen anderen Personengruppen identifiziert werden soll.

---

[1] Psychiatrische Klinik der Universität, Rudolf-Bultmann-Straße 8, W-3550 Marburg, Bundesrepublik Deutschland

Hypothesenbildung

Geprüft werden soll die Hypothese, ob und ggf. in welchem Umfang und Ausmaß Migränekranke in ihrer Persönlichkeitsausprägung die Merkmale des Typus migraenicus aufweisen. Dies soll entschieden werden aufgrund der Überprüfung folgender spezieller Hypothesen: Migränekranke unterscheiden sich hinsichtlich der Ausprägung von Merkmalen des Typus migraenicus in ihrer Persönlichkeit von
1. Normalpersonen,
2. Neurotikern,
3. Patienten mit psychosomatischen Erkrankungen,
4. Patienten mit anderweitigen Schmerzsymptomen, jedoch *nicht* von
5. monopolar Depressiven.

Methodik

Stichproben

Zur Überprüfung der Hypothesen wurden folgende Stichproben ausgewählt:

1. 121 Migränekranke, davon 94 aus dem Mainzer Schmerzzentrum und 27 aus dem Fachkrankenhaus für Migräne, Kopfschmerzen und Durchblutungsstörungen (Leiter: Dr. Brand) in Königstein/Ts., ausgewählt nach einem eigens konstruierten Migräne-Erfassungsbogen (s. unten).
2. 42 Neurotiker, davon 18 aus der Psychotherapeutischen Klinik der Universität Marburg und 16 aus dem Allgemeinen Krankenhaus Ochsenzoll in Hamburg. Das Kollektiv enthält Patienten unterschiedlicher neurotischer Symptomatik. Von Zerssen konnte aufgrund entsprechender Untersuchungen keine bedeutsamen Unterschiede der Hauptneurosenformen bezüglich ihrer Typus-melancholicus-Ausprägung feststellen (Möller u. von Zerssen 1987; von Zerssen 1979, 1982).
3. 50 psychosomatisch Kranke, davon 26 aus der Hautklinik, 14 aus der Abteilung für Psychosomatik der Universität Marburg und 10 aus einer psychosomatisch orientierten ärztlichen Allgemeinpraxis.
4. 60 Schmerzkranke, d.h. Patienten mit anderweitigen Schmerzsyndromen, zumeist Rückenschmerzen, aus dem Mainzer Schmerzzentrum.
5. 40 monopolar Depressive, davon 28 aus der Marburger und 12 aus der Mainzer Psychiatrischen Univ.-Klinik, ausgewählt nach den Kriterien des DIS (s. unten) und untersucht im phasenfreien Intervall.
6. 198 Normalpersonen als Kontrollgruppe. Dieser von der DFG finanziell unterstützte Teil der Erhebung wurde an geeigneten Personen in Frankfurt/M. sowie in Tübingen durchgeführt.

Um einen möglichen Einfluß der Krankheits*dauer* auf die Persönlichkeitsausprägung erfassen zu können, wurden nach Auswahl entsprechend allgemeiner Ausschlußkriterien (z.B. nicht deutschsprachig, IQ unter 80) bei den Patientengruppen zudem diejenigen Personen ausgeschlossen, deren Erkrankungsdauer zum Zeitpunkt der Erhebung weniger als 5 Jahre betrug.

Testinstrumente

Zur Hypothesenprüfung kamen folgende Testverfahren zur Anwendung:

1. Demographie-Fragebogen (erstellt nach ZUMA-Konventionen) zur Erfassung von Alter, Geschlecht, Familienstand, Wohnsituation, Schulbildung, Berufstätigkeit, Arbeitsplatzsituation, beruflichen Zukunftsperspektiven und außerhäuslichen sozialen Aktivitäten der Probanden sowie ihrer Partner.
2. Münchner Persönlichkeits-Test (MP-T, von Zerssen), ein multidimensionales Inventar zur Selbst- und Fremdbeurteilung der prämorbiden Persönlichkeit anhand von 6 Skalen sowie 2 Kontrollskalen mit insgesamt 51 Items in Form von Feststellungen über habituelle Weisen des Erlebens und Verhaltens. Zu den Persönlichkeitsskalen zählen: Extraversion, Neurotizismus, Frustrationstoleranz, Rigidität, Isolationstendenz sowie Esoterische Neigungen. Die beiden letzten Skalen werden zur Schizoidie-Skala zusammengefaßt. Die Rigiditätsskala erfaßt speziell Wesenszüge des Typus melancholicus. Die Kontrollskalen sind: Normenorientiertheit („Lügenskala") und Motivation (von Zerssen 1988; von Zerssen et al. 1988).
3. Fragebogen zur Erfassung des Typus migraenicus (FETM), ein vom Verfasser entwickelter Selbstbeurteilungstest, der das Vorhandensein von Typus-melancholicus-Eigenschaften, so wie sie speziell bei Migränikern vermutet werden, anhand folgender Dimensionen erfassen soll: Friedfertigkeit, Schüchternheit, Leistungsorientiertheit, Hilfsbereitschaft und Aktivitätsniveau. Das ursprünglich 112 Items umfassende Instrument wurde im Rahmen der Reliabilitätsprüfung (Trennschärfebestimmung mit sukzessiver Elimination unbrauchbarer Items) auf schließlich 54 Items gekürzt.
4. Diagnostic Interview Schedule (DIS, Version II), ein auf DSM-III-Basis aufgebautes vollstandardisiertes Interview zu Erfassung bzw. Ausschluß einer aktuellen oder in der Vergangenheit abgelaufenen monopolaren Depression (Semler u. Wittchen 1983; Wittchen et al. 1985).
5. Depressivitäts-Skala (D-S, von Zerssen), ein klinischer Fragebogentest zur Selbsteinschätzung der aktuellen psychischen Beeinträchtigung durch depressive ängstliche oder reizbare Verstimmung (von Zerssen 1976b, c).
6. Mehrfachwahl-Wortschatz-Intelligenztest (MWT-B, Lehrl) zum Ausschluß von Personen mit einem IQ unter 80 (Lehrl 1977).
7. Fragebogen zur Abschätzung psychosomatischen Krankheitsgeschehens (FAPK, Koch), ein Selbstbeurteilungstest zur Erfassung psychischer Faktoren, die an der Entstehung und Aufrechterhaltung psychosomatischer Erkrankungen beteiligt sind (Koch 1981).
8. Interaktions-Angst-Fragebogen (IAF, Becker), ein Test zur Erfassung des Ausprägungsgrades bereichsspezifischer Angstneigungen (Becker 1982).
9. Gießen-Test (GT-S, Beckmann, Brähler, Richter), ein unter psychoanalytischen Gesichtspunkten konstruierter Persönlichkeitstest zur Erfassung des Selbstbildes der seelischen Binnenstruktur. Bevorzugter Anwendungsbereich sind Neurotiker verschiedenster Symptomatik (Beckmann et al. 1983).
10. Gießener Beschwerdebogen (GBB, Brähler, Scheer) zur Erfassung subjektiv erlebter körperlicher Beschwerden (Brähler u. Scheer 1983).

11. Migräne-Erfassungsbogen (MEF), ein zur Erfassung der Migräne vom Verfasser konstruierter Erhebungsbogen, wobei Kriterien zugrundegelegt wurden, die vormals von Heyck und gegenwärtig insbesondere von Soyka zur Kopfschmerzklassifikation erstellt wurden.

Bei FAPK, IAF, GT-S und GBB wurde auf eine Erhebung bei der Kontrollgruppe verzichtet, da bei diesen Verfahren bereits Normwerte vorliegen. Bei der Fremdbeurteilungsversion des MP-T wurde aus organisatorischen Gründen ebenfalls auf eine Untersuchung der normalen Kontrollgruppe verzichtet.

Statistische Verfahren

Aus den Stichproben wurden folgende, bezüglich Alter, Geschlecht und Sozialstatus gematchte Vergleichsgruppen gebildet:

1. Normale (n = 115) − Migräniker (n = 96)
2. Normale (n = 52) − Migräniker (n = 40) − Neurotiker (n = 36)
3. Normale (n = 56) − Migräniker (n = 43) − Psychosomatiker (n = 38)
4. Normale (n = 78) − Migräniker (n = 61) − Schmerzkranke (n = 52)
5. Normale (n = 48) − Migräniker (n = 45) − monopolar Depressive (n = 38)

Die statistische Datenverarbeitung erfolgte nach dem Programmpaket SPSS 9 und wurde im Institut für medizinisch-biologische Statistik und Dokumentation (Leiter: Prof. Dr. P. Ihm) durchgeführt. Zum Gruppenvergleich kamen an univariaten Verfahren H-Test, U-Test, Vorzeichen-Rang-Test von Wilcoxon zum Vergleich zweier verbundener Stichproben (Selbst- und Fremdbeurteilungsversion des MP-T) und Chi-Quadrat-Mehrfelder-Test und an multivariaten Verfahren die schrittweise aufsteigende Diskriminanzanalyse zwecks optimaler Gruppentrennung und damit Bestimmung des komparativen Klassentyps zur Anwendung. Für alle statistischen Tests gilt die Irrtumswahrscheinlichkeit a = 5%. Bei n-facher Anwendung von Tests auf denselben Datenkörper erfolgt die Adjustierung des Signifikanzniveaus nach der Formel $a^* = a/n$ (Bonferroni, vgl. Sachs 1984, S. 368 f.). Gruppenunterschiede werden dann als signifikant bewertet, wenn die betreffenden Ergebnisse die *adjustierte* Signifikanzgrenze nicht überschreiten.

Bezogen auf diese Grenze gilt ein Ergebnis
bis zum 0,1%-Niveau als hochsignifikant
bis zum 1%-Niveau als sehr signifikant
bis zum 5%-Niveau als signifikant
bis zum 5%-Niveau (*nicht* adjustiert) als tendenziell signifikant.

Die wichtigsten Ergebnisse und ihre Interpretation

Gegenüber den Normalen zeigen die Migräniker auf allen Skalen, die Typus-melancholicus- bzw. -migraenicus-Eigenschaften objektivieren (MPT-Rigidität und alle FETM-Skalen), hochsignifikant höhere Werte. Darüber hinaus zeigen sie auch neurotische Charakterzüge (tendenziell signifikant geringere MPT-Extraversion, hochsignifikant geringere MPT-Frustrationstoleranz, hochsignifikant höherer MPT-Neurotizismus). Bei der auf der Basis der MPT- und FETM-Skalen durchgeführten Diskriminanzanalyse ergibt sich, daß sich die Migräniker von den Normalen im wesentlichen durch erhöhte Werte auf den FETM-Skalen: „Aktivitätsniveau", „Friedfertigkeit" und „Leistungsorientiertheit" unterscheiden. Die in diesen Skalen objektivierten Typus-melancholicus- bzw. -migraenicus-Eigenschaften (übersteigerter Tätigkeitsdrang, einhergehend mit dem Zustand fortwährender psychophysischer Anspannung und dem Erleben von Zeitnot, ausgeprägte Hemmung der Aggressions- und Ärgeräußerung sowie überhöhter an sich selbst gestellter Leistungsanspruch, sich äußernd in dem als Pflicht erlebten Streben nach möglichst umfänglicher und hervorragender Leistung, eingebettet in ein bestimmtes Ordnungsschema) bilden demnach auch den komparativen Klassentyp der Migräniker gegenüber den Normalen. Damit ergibt sich insgesamt, daß sich die Migräniker von den Normalen durch erhöhte Ausprägung von Typus-migraenicus-Eigenschaften eindeutig und auch in der Hauptsache unterscheiden.

Gegenüber den Neurotikern weisen die Migräniker ebenfalls tendenziell signifikant höhere Werte auf der FETM-Skala „Leistungsorientiertheit" auf und somit stärkere Ausprägung der in dieser Skala objektivierten Typus-migraenicus-Eigenschaft. Darüber hinaus zeigen sie hochsignifikant geringere MPT-Schizoidiewerte (sehr signifikant geringere MPT-Isolationstendenz, tendenziell signifikant geringere MPT-Esoterische Neigungen), ein Befund, der auf die, wie neuere Untersuchungen bestätigen, erhöhte Schizoidieneigung bei Neurotikern zurückzuführen ist (Dietzfelbinger 1985, S. 45 f.; Eiband 1980, S. 43 ff., 69; Möller u. Zerssen 1987; von Zerssen 1976a, 1979, 1980, 1982). Die Diskriminanzanalyse zeigt, daß sich die Migräniker im wesentlichen durch erhöhte FETM-Leistungsorientiertheit sowie durch erniedrigte Werte auf den MPT-Skalen „Isolationstendenz" und „Neurotizismus" von den Neurotikern trennen lassen, weshalb die sich damit ergebenden Persönlichkeitseigenschaften auch ihren komparativen Klassentyp gegenüber den Neurotikern darstellen. Insgesamt ergibt sich, daß sich die Migräniker auch von den Neurotikern durch erhöhte Ausprägung von Typus-migraenicus-Eigenschaften unterscheiden.

Gegenüber den Psychosomatikern erreichen die Migräniker auf der MPT-Skala „Rigidität" tendenziell signifikant höhere und auf allen FETM-Skalen (außer Leistungsorientiertheit) hoch- bis tendenziell signifikant höhere Werte und damit stärkere Ausprägung der in diesen Skalen objektivierten Typus-melancholicus- bzw. -migraenicus-Eigenschaften. Darüber hinaus zeigen sie stärkere neurotische Charakterzüge (tendenziell signifikant höherer MPT-Neurotizismus, signifikant niedrigere Werte auf MPT-Skala „Frustrationstoleranz"). Die Diskriminanzanalyse ergibt, daß sich die Migräniker im wesentlichen durch höheres FETM-Aktivitätsniveau sowie höhere FETM-Leistungsorientiertheit von den Psychosomatikern trennen lassen, weshalb die in diesen Skalen objektivierten Typus-migraenicus-Eigenschaften ihren komparativen Klassentyp gegenüber den Psychosomatikern darstellen. Damit wird deutlich, daß sich die Migräniker von den Psychosomatikern ebenfalls durch höhere Ausprägung von Typus-migraenicus-Eigenschaften unterscheiden.

Gegenüber den Schmerzkranken zeigen die Migräniker tendenziell signifikant höhere MPT-Rigidität sowie auf allen FETM-Skalen hoch- bis tendenziell signifikant höhere Werte und damit stärkere Ausprägung der in diesen Skalen objektivierten Typus-melancholicus- bzw. -migraenicus-Eigenschaften. Außerdem zeigen sie neurotische Charakterzüge (hochsignifikant höherer MPT-Neurotizismus, hochsignifikant geringere Frustrationstoleranz). Die Diskriminanzanalyse ergibt, daß sich die Migräniker von den Schmerzkranken im wesentlichen durch erhöhten MPT-Neurotizismus, erhöhte FETM-Friedfertigkeit sowie durch geringere MPT-Esoterische Neigungen trennen lassen, weshalb die hiermit sich ergebenden Persönlichkeitseigenschaften auch ihren komparativen Klassentyp gegenüber den Schmerzkranken darstellen. Damit wird deutlich, daß sich die Migräniker auch von den Schmerzkranken durch erhöhte Ausprägung von Typus-migraenicus-Eigenschaften unterscheiden.

Gegenüber den monopolar Depressiven lassen die Migräniker weder auf den MPT- noch den FETM-Skalen bedeutsame Unterschiede erkennen. Auch mit Hilfe der Diskriminanzanalyse ist keine Gruppentrennung gelungen, so daß sich auch kein komparativer Klassentyp der Migräniker gegenüber den monopolar Depressiven bilden läßt. Dies bedeutet, daß sich Migräniker hinsichtlich ihrer Ausprägung von Typus-melancholicus- bzw. -migraenicus-Eigenschaften (und offenbar auch hinsichtlich anderer in den MPT-Skalen objektivierten Persönlichkeitseigenschaften) *nicht* von monopolar Depressiven unterscheiden. Lediglich die auf der Basis aller verwendeten Persönlichkeitstests durchgeführte Diskriminanzanalyse zeigt, daß die Migräniker sich durch größere „Schüchternheit" und höheres „Aktivitätsniveau" auszeichnen, ein Befund, der der klinischen Unterscheidung von Typus melancholicus und Typus migraenicus durchaus entspricht.

Hinsichtlich des Zusammenhanges zwischen Migräne und monopolarer Depression besagt dieses Ergebnis, daß die Kranken in beiden Fällen Typus-melancholicus- bzw. -migraenicus-Eigenschaften in annähernd gleicher Ausprägung besitzen, ohne daß beide Erkrankungen in entsprechendem Ausmaß koinzidieren. Die Gemeinsamkeiten in der Persönlichkeitsstruktur von Migränikern und monopolar Depressiven manifestieren sich demnach nicht unbedingt auch auf der Ebene der klinischen Symptomatik. Deren Realisierung hängt offenbar auch noch von anderen für Migräne und monopolarer Depression jeweils unterschiedlichen Faktoren ab. Die den Migränikern und monopolar Depressiven gemeinsame Persönlichkeitsstruktur stellt daher allenfalls *ein* Glied in der Kette der Bedingungen der Krankheitsmanifestation dar, wobei zudem ihre Prämorbidität zu unterstellen ist.

Schlußfolgerungen

Demnach lassen insgesamt die Gruppenvergleiche sowohl mittels der univariaten Verfahren als auch der Diskriminanzanalyse erkennen, daß die Migräniker sich von den Normalen sowie den Patientengruppen mit Ausnahme der monopolar Depressiven eindeutig, wenn auch in unterschiedlichem Umfang und Ausmaß, durch erhöhte Ausprägung von Typus-melancholicus- bzw. -migraenicus-Eigenschaften unterscheiden. Damit können die Hypothesen im wesentlichen als bestätigt gelten. Die Tatsache, daß die diese Eigenschaften objektivierenden Skalen (MPT-Rigidität, alle FETM-Skalen) keine bedeutsame Korrelation mit der Migräne-Erkrankungsdauer aufweisen, kann als Hinweis auf eine möglicherweise bereits prämorbide Ausprägung von Typus-migraenicus-Eigenschaften bei Migränikern gewertet werden.

Aus diesem Resultat ergeben sich als Konsequenzen zum einen die nosologische Unspezifität des Typus melancholicus, der deshalb angemessener mit einem nosologisch neutralen Terminus, wie etwa dem des „Typus Tellenbach" (vgl. Blankenburg 1989), zu bezeichnen wäre sowie zum anderen eine psychosomatische Therapie der Migräne, die neben den herkömmlichen, zumeist medikamentösen Maßnahmen die Milderung der Auswirkungen des Typus migraenicus anstrebt. Wie katamnestische Untersuchungen (Philipp et al. 1983) gezeigt haben, ist eine solche Therapie imstande, einen wesentlichen Beitrag zur Migräneprophylaxe zu leisten.

Zusammenfassung

Zur Überprüfung der Hypothese, daß Migräniker in ihrer Persönlichkeitsausprägung Eigenschaften des Typus melancholicus (Tellenbach) aufweisen, wurden 96 Migräniker mit bezüglich Alter, Geschlecht und Sozialstatus entsprechenden Gruppen von 115 Normalpersonen, 36 Neurotikern, 38 Psychosomatikern, 52 anderweitig Schmerzkranken sowie mit 38 monopolar Depressiven verglichen. Dabei kamen u.a. mehrere bereits standardisierte Persönlichkeitsinventare (MP-T, D-S, FAPK, IAF, GT-S) sowie ein eigens konstruierter Fragebogen zur Erfassung des Typus melancholicus bei Migränikern zur Anwendung. Als Ergebnis zeigte sich sowohl aufgrund uni- als auch multivariater Vergleichsverfahren eine eindeutige Bestätigung der Hypothese, insofern als die Migräniker gegenüber den Normalen, Neurotikern, Psychosomatikern sowie den anderweitig Schmerzkranken signifikant stärkere Ausprägungen von Typus-melancholicus-Eigenschaften aufweisen, während sie sich diesbezüglich von monopolar Depressiven nicht unterscheiden.

Literatur

Becker P (1982) Interaktions-Angst-Fragebogen (IAF). Manual. Beltz, Weinheim
Beckmann D, Brähler E, Richter HE (1983) Der Gießen-Test (GT). Ein Test für Individual- und Gruppendiagnostik. Handbuch, 3. Aufl. Huber, Bern
Blankenburg W (1989) Wahnhafte und nichtwahnhafte Depression. Daseinsanalyse 6:40–56
Brähler E, Scheer J (1983) Der Gießener Beschwerdebogen (GBB). Handbuch. Huber, Bern
Dietzfelbinger T (1985) Quantifizierende Erfassung biographischer Aspekte und prämorbider Persönlichkeitsdimensionen bei Neurosen und endogenen Psychosen. Med. Diss., München
Eiband HW (1980) Vergleichende Untersuchungen zur prämorbiden Persönlichkeit von Patienten mit verschiedenen Formen affektiver Störungen. Med. Diss., München
Frey R (1977) Die prämorbide Persönlichkeit von monopolar und bipolar Depressiven. Ein Vergleich aufgrund von Persönlichkeitstests. Arch Psychiat Nervenkr 224:161–173
Hofmann G (1973) Vergleichende Untersuchungen zur prämorbiden Persönlichkeit von Patienten mit bipolaren (manisch-depressiven) und solchen mit monopolar depressiven Psychosen. Med. Diss., München
Koch C (1981) Fragebogen zur Abschätzung psychosomatischen Krankheitsgeschehens (FAPK). Theoretische Grundlagen und Handanweisung. Beltz, Weinheim
Lehrl S (1977) Mehrfachwahl – Wortschatz – Intelligenztest (MWT-B). Perimed, Erlangen
Markert F (1972) Zur prämorbiden Persönlichkeitsstruktur endogen Depressiver: Ergebnisse vergleichender Testuntersuchungen durch Selbstbeurteilung nach Psychoseremission. Med. Diss., Frankfurt/M.
Möller HJ, Zerssen D von (1987) Prämorbide Persönlichkeit von Patienten mit affektiven Psychosen. In: Kisker KP et al. (Hrsg) Psychiatrie der Gegenwart. Bd 5: Affektive Psychosen. Springer, Berlin Heidelberg New York Tokyo, S 165–179
Peters UH (1977) Psychiatrie des Kopfschmerzes. Der informierte Arzt 5:42–52
Peters UH (1978a) Dynamik der Melancholie. Med Welt 29:333–338
Peters UH (1978b) Gibt es eine Migränepersönlichkeit? Mod Med 6:1432–1434
Peters UH (1982) Migräne als psychosomatische Krankheit. In: Gänshirt H, Soyka D (Hrsg) Migräne. Ursachen – Therapie. Enke, Stuttgart, S 120–129
Peters UH (1983) Die erfolgreiche Therapie des chronischen Kopfschmerzes. Perimed, Erlangen
Peters UH (1988) Zur Persönlichkeits-Psychopathologie. Die Bedeutung einiger Persönlichkeitstypen für psychotische und nicht-psychotische Zustandsbilder. In: Janzarik W (Hrsg) Persönlichkeit und Psychose. Enke, Stuttgart, S 179–188
Philipp M, Schäfer ML, Peters UH (1983) 3 Jahres-Katamnesen bei psychosomatisch behandelten chronischen Kopfschmerzsyndromen. Z Psychosom Med 29:270–275
Sachs L (1984) Angewandte Statistik, 4. Aufl. Springer, Berlin Heidelberg New York Tokyo
Semler G, Wittchen HU (1983) Das Diagnostic Interview Schedule, Version II. Erste Ergebnisse zur Reliabilität und differentiellen Validität der deutschen Fassung. In: Kommer D, Röhrle B (Hrsg) Gemeindepsychologische Perspektiven. Deutsche Gesellschaft für Verhaltenstherapie. Köln, S 109–117
Tellenbach H (1983) Melancholie, 4. Aufl. Springer, Berlin Heidelberg New York Tokyo
Wittchen HU, Zerssen D von (1988) Verläufe behandelter und unbehandelter Depressionen und Angststörungen. Springer, Berlin Heidelberg New York Tokyo
Zerssen D von (1973) Methoden der Konstitutions- und Typenforschung. In: Thiel M (Hrsg) Enzyklopädie der Geisteswissenschaften. Methoden der Anthropologie, Anthropogeographie, Völkerkunde und Religionswissenschaft. Oldenburg, München, S 35–143
Zerssen D von (1976a) Der „Typus melancholicus" in psychometrischer Sicht. Z Klin Psychol Psychother 24:200–220, 305–316

Zerssen D von (1977) Premorbid personality and affective psychoses. In: Burrows GD (ed) Handbook of studies on depression. Excerpta Medica, Amsterdam, pp 79–103

Zerssen D von (1979) Klinisch-psychiatrische Selbstbeurteilungs-Fragebögen. In: Baumann U, Berbalk H, Seidenstücker G (Hrsg) Klinische Psychologie. Trends in Forschung und Praxis. Huber, Bern

Zerssen D von (1980) Persönlichkeitsforschung bei Depressionen. In: Heimann H, Giedke H (Hrsg) Neue Perspektiven in der Depressionsforschung. Huber, Bern, S 155–178

Zerssen D von (1982) Personality and affective disorders. In: Paykel ES (ed) Handbook of affective disorders. Churchill Livingstone, Edinburgh, pp 212–228

Zerssen D von (1988) Der „Typus manicus" als Gegenstück zum „Typus melancholicus" in der prämorbiden Persönlichkeitsstruktur affektpsychotischer Patienten. In: Janzarik W (Hrsg) Persönlichkeit und Psychose. Enke, Stuttgart, S 150–171

Zerssen D von, unter Mitarbeit von Koeller DM (1976b) Paranoid-Depressivitätsskala. Depressivitätsskala: Manual. Beltz, Weinheim

Zerssen D von, unter Mitarbeit von Koeller DM (1976c) Klinische Selbstbeurteilungsskalen (KSb-S) aus dem Münchener Psychiatrischen Informationssystem (PSYCHIS München). Allgemeiner Teil: Manual. Beltz, Weinheim

Zerssen D von, Pfister H, Koeller D-M (1988) The Munich Personality Test (MPT) – A Short Questionnaire for Self-Rating and Relatives' Rating of Personality Traits: Formal Properties and Clinical Potential. Eur Arch Psychiat Neurol Sci 238:73–93

Zur Persönlichkeit sogenannter „neurotischer" Rentenbewerber

K. Foerster[1]

Die Problematik „Rente und neurotische Erkrankung" bedeutet nach wie vor – wie seit über 100 Jahren – ein Reizthema für Psychiater, Psychotherapeuten und Juristen. Dabei ist die praktische und wissenschaftliche Beschäftigung mit sozialrechtlichen Problemen bei sog. Neurosen und bei funktionellen Syndromen bei Psychiatern und Psychotherapeuten in der Regel unbeliebt und wenig angesehen. Dies ist außerordentlich bedauerlich, handelt es sich doch um einen Teilbereich psychiatrisch-psychotherapeutischer Tätigkeit mit großer Bedeutung für den einzelnen Probanden wie für die Gesellschaft als Gemeinschaft der Versicherten, wie einige Zahlen belegen (Doubrawa 1990).

Im Jahre 1988 schieden 187 418 Frührentner aus gesundheitlichen Gründen vor Erreichen der Altersgrenze aus dem Erwerbsleben aus. Von diesen wurden 13 620 Menschen wegen Neurosen und Persönlichkeitsstörungen berentet und weitere etwa 34 000 Menschen wegen funktioneller Körperbeschwerden und psychosomatischer Erkrankungen. Bei diesen Zahlen handelt es sich um die von der gesetzlichen Rentenversicherung tatsächlich berenteten Probanden, nicht um die gutachterlich untersuchten, deren Zahl um ein Vielfaches höher liegt.

Ist mit diesen Zahlen auch die Bedeutung der sozialrechtlichen Begutachtung belegt, so muß nach wie vor festgestellt werden, daß die Basiskenntnisse in diesem Feld forensisch-psychiatrischer Tätigkeit spärlich sind. Die empirische Basis ist schmal, wobei dies sowohl gilt für die Begutachtungssituation als solche, für prinzipielle Beurteilungsmaßstäbe bezüglich der konkreten Leistungsfähigkeit und für Kenntnisse über Verläufe nach der Begutachtung. Dabei entsteht immer wieder der Eindruck, daß in diesem Bereich psychiatrisch-psychotherapeutischer Begutachtung unreflektierte Gegenübertragungen bei den Sachverständigen noch stärker ausgeprägt sind als bei sonstigen forensisch-psychiatrischen Fragen.

Offenbar wird dieser Bereich als ein Feld angesehen, auf dem sich weder wissenschaftliches noch therapeutisches Engagement lohne. Eine solche Haltung wird den häufig schwer und chronisch Kranken, um die es hierbei geht, allerdings nicht gerecht.

---

[1] Forensische Psychiatrie, Psychiatrische Universitätsklinik, Osianderstraße 22, W-7400 Tübingen, Bundesrepublik Deutschland

Das Thema „zur Persönlichkeit sog. neurotischer Rentenbewerber" soll unter vier Aspekten abgehandelt werden:
- Welche Verteilung von Persönlichkeitsstrukturen findet sich in der Gruppe der bisher als „neurotisch" bezeichneten Rentenbewerber?
- Hat die angestrebte oder erhaltene Rente je nach Persönlichkeitsstruktur eine unterschiedliche psychodynamische Bedeutung für den Probanden?
- Wie ist der Verlauf nach der Begutachtung unter Berücksichtigung der jeweiligen Persönlichkeitsstruktur?
- Ist die bisher übliche Nomenklatur noch zeitgemäß?

Verteilung der Persönlichkeitsstrukturen

Die Frage, welche Persönlichkeitsstrukturen unter sozialrechtlich begutachteten Rentenantragstellern mit Neurosen und/oder funktionellen Syndromen gefunden werden, ist bislang kaum beachtet worden. Bei einer eigenen katamnestischen Untersuchung (Foerster 1984) habe ich die Persönlichkeitsstruktur der untersuchten Probanden im Rahmen der klinischen Untersuchung im typologischen Sinne (Riemann 1973; Schwidder 1959) erfaßt. Kriterien für die Strukturdiagnose sind dabei genetische und frühkindliche Entwicklungseinflüsse, spezifische Abwehrmechanismen und Verhaltensmuster. Dabei wird die individuelle Strukturdiagnose entsprechend dem vorwiegenden Strukturanteil gestellt, d.h. es werden unterschieden eine vorwiegend schizoide, eine vorwiegend depressive, eine vorwiegend zwanghafte und eine vorwiegend hysterische Struktur. Steht kein Anteil im Vordergrund bzw. finden sich gleichwertig vorhandene Strukturanteile, werden entsprechende Mischstrukturen unterschieden. Dabei sind mit diesen Termini keineswegs Persönlichkeitsstörungen oder pathologische Strukturen gemeint, sondern es handelt sich um die Beschreibung von Persönlichkeitsanteilen, die in unterschiedlichem Verhältnis bei jedem Menschen anzutreffen sind.

Entsprechend dieser Typologie erhielt jeder Proband eine Beschreibung nach dem vorwiegenden Strukturanteil, wobei ausschließlich diejenigen Probanden berücksichtigt wurden, die ich persönlich nachuntersucht habe. In Tabelle 1 findet sich die Verteilung der vorwiegenden Persönlichkeitsanteile der Probanden, verglichen mit der Verteilung der Persönlichkeitsstrukturen in der Allgemeinbevölkerung, wie sie von Schepank und Mitarbeitern in Mannheim gefunden wurde (Schepank 1987).

Deutlich ist die Verschiebung zu einer höheren Zahl vorwiegend hysterisch strukturierter Probanden und einer deutlich geringeren Zahl vorwiegend zwanghaft bzw. schizoid strukturierter Probanden im Vergleich zu der Mannheimer Population. Natürlich ist zu berücksichtigen, daß die Probanden meiner damaligen Untersuchung keine repräsentative Stichprobe einer Normalpopulation darstellten wie die Mannheimer Probanden.

Bei der Katamneseuntersuchung wurden sowohl Probanden, die ursprünglich im Rahmen der gesetzlichen Rentenversicherung wie auch Pro-

Tabelle 1. Verteilung von Persönlichkeitsstrukturen in der Allgemeinbevölkerung und bei „neurotischen" Rentenbewerbern

Strukturtypen	Allgemeinbevölkerung (Schepank 1987) n = 600	„neurotische" Rentenbewerber (Foerster 1984) n = 78
Vorwiegend hysterisch strukturiert	12,3%	51,2%
Vorwiegend depressiv strukturiert	37,3%	26,9%
Vorwiegend zwanghaft strukturiert	20,3%	10,2%
Vorwiegend schizoid strukturiert	7,2%	1,3%
Mischstrukturen ohne vorwiegenden Anteil	18,3%	10,2%

banden, die ursprünglich im Rahmen der gesetzlichen Unfallversicherung untersucht worden waren, nachuntersucht. Dabei wurden diejenigen Probanden, die im Rahmen der gesetzlichen Unfallversicherung begutachtet worden waren, ganz überwiegend als vorwiegend hysterisch strukturiert eingestuft.

Betrachtet man für die Probanden beider Gruppen die jeweilige psychodynamische Auslösesituation, die ursprünglich zum Rentenantrag führte, so ergab sich, daß in beiden Gruppen ein „Trauma" der Auslöser war: Bei der Gruppe der Unfallprobanden war es das äußere Trauma und bei der Probandengruppe im Bereich der gesetzlichen Rentenversicherung ein „inneres Trauma" (Foerster 1984). Dieses „innere Trauma" zentrierte sich meist um eine narzißtische Kränkung, um Selbstwertprobleme oder Partnerschaftskonflikte bzw. den Verlust der Elternfiguren. Diese innere traumatische Situation korrespondierte mit äußeren Problemen, etwa Schwierigkeiten am Arbeitsplatz, vorübergehenden Erkrankungen, Krankheit des Partners oder Zustand nach Operationen. Erst aus dem Zusammenwirken der inneren und äußeren Probleme entstand, häufig auf Anregung des Hausarztes, der Rentenantrag. Offenbar ist auch für diesen Bereich psychischer Störungen ein manchmal anzutreffendes einliniges Kausalitätsdenken nicht angebracht, sondern eine differenzierte Beurteilung auch dieser Probanden verlangt ein mehrdimensionales Interpretationsgefüge mit den Grundpfeilern Persönlichkeitsstruktur, Symptomatik, innere und äußere Situation.

Unterschiedliche symbolische Bedeutung der Rente bei unterschiedlichen Persönlichkeitsstrukturen

Bei einer psychodynamischen Interpretation der angestrebten oder erhaltenen Rente kann die Frage gestellt werden, ob diese je nach Persönlichkeitsstruktur eine unterschiedliche symbolische Bedeutung haben mag. Sicherlich kann es hierbei nicht um Spezifisches gehen, aber die Überlegung liegt nicht fern, daß die Rente bei manchen Probanden vorwiegend den Aspekt der Geborgenheit oder der Sicherheit beinhaltet, während für andere die Bedeutung eher darin zu sehen ist, Recht zu haben, Recht zu bekommen, d.h. einen Kampf zu gewinnen. Entsprechend den vier Persönlichkeitsstrukturen wären folgende theoretische Möglichkeiten denkbar:

- Für die vorwiegend depressiv strukturierten Patienten steht entsprechend ihrer Haltung der Aspekt der Geborgenheit, der Sicherheit, des Habens, letztlich der orale Aspekt im Vordergrund.
- Für die vorwiegend zwanghaft strukturierten Patienten geht es um das Recht, das ihnen vermeintlich zusteht, um das – ihrer Interpretation nach – korrekte Verhalten von Rentenversicherungsträgern, Berufsgenossenschaften und Sozialgerichten ihnen gegenüber; vielleicht geht es bei manchen dieser Probanden auch um den Kampf als solchen.
- Für die schizoiden Probanden könnte die Rente vielleicht den Ersatz für die Sicherheit, für das fehlende Urvertrauen bedeuten.
- Die Interpretation bei den vorwiegend hysterisch strukturierten Probanden ist auch theoretisch schwierig. Es könnte sein, daß sich hierin die Angst dieser Patienten vor dem Festgelegtsein, vor dem Endgültigen ebenso ausdrückt wie die Schwierigkeit, äußere Realitäten und Gegebenheiten anzuerkennen. Mit der Rente würde dann quasi eine Scheinfreiheit erkauft, eine Freiheit von allen täglichen Realitäten.

Diese Überlegung einer Zusatzinterpretation der Rente liegt auch deshalb nahe, weil der reine Geldwert und die geldwerten Leistungen oft sehr gering sind, deutlich geringer als Patienten, Interessenvertreter und Sachverständige meist meinen. Die Ergebnisse einer erneuten Analyse der früheren Befunde unter dem Aspekt einer symbolischen Bedeutung der angestrebten oder erhaltenen Rente finden sich in Tabelle 2. Es zeigt sich, daß für den größten Teil der vorwiegend depressiv strukturierten Probanden die Rente bei einer solchen Interpretation einen „Ersatz" für Eltern oder einen durch Tod oder Scheidung verlorenen Partner darstellt – eine Beobachtung, die

Tabelle 2. Symbolische Bedeutung der erhaltenen bzw. angestrebten Rente

Strukturtypen	„Ersatz" für Eltern oder Partner	Chronischer Partnerkonflikt	Zukunfts- bzw. Todesängste	Narzißtische Kränkungen bzw. Autoritätskonflikte	Unklar
Vorwiegend hysterische Struktur (n = 40)	7	8	6	16	3
Vorwiegend depressive Struktur (n = 21)	14	1	0	3	3
Vorwiegend zwanghafte Struktur (n = 8)	0	0	0	3	5

wohl die Meinung trägt, daß für diese Probanden Aspekte der Geborgenheit im Vordergrund stehen. Die übrigen genannten Konfliktsituationen sind bei dieser Gruppe der vorwiegend depressiv strukturierten Probanden selten.

Im Gegensatz dazu finden sich bei den vorwiegend hysterisch strukturierten Probanden die meisten Konflikte im Bereich der narzißtischen Kränkungen sowie Autoritätskonflikte, es geht also um den Bereich der Anerkennung von Realitäten. Bei dieser Gruppe sind die übrigen Konfliktsituationen nicht ganz so selten wie bei den vorwiegend depressiv strukturierten Probanden, allerdings ist zu bedenken, daß es sich um die doppelte Zahl von Probanden handelt.

Vergleicht man diese Beobachtungen mit den Ergebnissen von Schepank und Mitarbeitern in ihrer tiefenpsychologisch-epidemiologischen Feldstudie über die psychogenen Erkrankungen der Stadtbevölkerung in Mannheim (Schepank 1987), so ergibt sich, daß die genannten Konfliktsituationen den wesentlichen Versagungssituationen der Mannheimer Probanden entsprechen. Am häufigsten waren dort die folgenden Kategorien: in 40% Verlust wichtiger Bezugspersonen; in 23% Konflikte im Bereich von Anforderung und Leistung und in 15% Rivalitäts- und Autoritätskonflikte. Die Aufschlüsselung des Mannheimer Materials nach Fällen und Nicht-Fällen ergab signifikante Unterschiede für Trennungs- und Verlustereignisse, die bei den Fällen überrepräsentiert waren: Todesfälle; Trennungs- und Verlustereignisse; Partnerkonflikte. Dagegen waren Konflikte auf dem Leistungssektor bei den als Fällen identifizierten Probanden signifikant seltener.

30% der als Fälle identifizierten Mannheimer Probanden wurden als psychotherapeutisch nicht beeinflußbar angesehen – eine außerordentlich hohe Zahl und ein erneuter Hinweis auf die Häufigkeit chronifizierter Entwicklungen bei neurotischen und funktionellen Störungen. Die bei diesen Probanden vorhandenen und als irreparabel angesehenen somatischen, psychischen oder sozialen Folgeschäden wurden als nicht mehr behandelbar eingeschätzt, sondern nur noch als palliativ zu versorgen. Unter palliativen Maßnahmen nennen die Autoren (Schepank 1987) auch die Berentung, wobei zu bedenken ist, daß mit der Tatsache der Berentung allein weder die psychische bzw. psychosoziale Konfliktsituation gelöst, noch die psychopathologische oder funktionelle Symptomatik beseitigt ist.

Verlauf nach der Begutachtung

Der Verlauf muß allerdings nicht in allen Fällen ungünstig sein: 35 meiner Probanden konnten bei der Nachuntersuchung auf der Symptomebene als gebessert eingestuft werden, während 59 Probanden als schlechter oder unverändert beurteilt wurden (Foerster 1984). Am Rande sei bemerkt, daß kein Zusammenhang zwischen Psychopathologie bzw. funktioneller Symptomatik und erhaltener bzw. abgelehnter Rente besteht. Mit anderen Worten: Die von den Sozialgerichten bei der Begutachtung in der Regel gestellte Frage, welchen Einfluß eine Berentung auf die weitere Entwicklung der

Tabelle 3. Verlauf nach der Begutachtung – unter Berücksichtigung der verschiedenen Persönlichkeitstrukturen

Strukturtypen	Gebesserte Probanden (n = 35) Davon persönlich untersucht (n = 32)	Unveränderte oder verschlechterte Probanden (n = 59) (n = 46)
Vorwiegend hysterisch strukturiert	25	15
Vorwiegend depressiv strukturiert	4	17
Vorwiegend zwanghaft strukturiert	2	6
Vorwiegend schizoid strukturiert	1	0
Mischstrukturen	0	8

Symptomatik haben werde, war im Gruppenvergleich für die von mir untersuchte Gruppe nicht zu beantworten. Daher wäre es außerordentlich wichtig, ob diese Feststellung in weiteren Untersuchungen bestätigt werden kann, da es sich dann erübrigen würde, seitens der Gerichte diese prognostische Frage an die Gutachter zu richten.

Die Gruppe der bei der Nachuntersuchung als gebessert eingeschätzten Probanden beansprucht besonderes Interesse sowohl in theoretischer wie in praktischer Hinsicht mit der Frage, welche Faktoren möglicherweise zu der Besserung geführt bzw. beigetragen haben können.

Die Verteilung der Probanden auf die beiden Gruppen „gebessert" bzw. „unverändert bzw. verschlechtert" unter dem Aspekt der Persönlichkeitsstruktur findet sich in Tabelle 3. Es zeigt sich, daß die gebesserten Probanden vorwiegend hysterisch strukturiert waren. Dabei stellen die gebesserten Probanden den größten Teil der Gruppe der vorwiegend hysterisch strukturierten Probanden überhaupt. Innerhalb der Gruppe der gebesserten Probanden sind die übrigen Persönlichkeitsstrukturen selten.

Wird bei den gebesserten Probanden außer der Persönlichkeitsstruktur die innere und äußere Situation berücksichtigt, so ergibt sich: Probleme am Arbeitsplatz waren entfallen; Partnerkonflikte waren gebessert; Tod bzw. Trennung vom Partner war verarbeitet worden; eine schwierige familiäre Situation war stabilisiert – Ereignisse, die in jedem Lebenslauf in unspezifischer Art in Erscheinung treten können.

Neben diesen Aspekten habe ich berücksichtigt, ob bei den gebesserten Probanden die Fähigkeit vorlag, kompensatorische Mechanismen einzusetzen, etwa familiäre Aktivitäten, soziale Aktivitäten, Hobbies und Liebhabereien. Bei den gebesserten Probanden war ein Drittel in diesem Sinne sozial aktiv, während es bei den ungebesserten Probanden weniger als ein Zehntel war.

Vorsichtig könnte somit eine Hypothese formuliert werden: Eine vorwiegend hysterisch strukturierte Persönlichkeit *kann* einer späteren Besserung förderlich sein, ohne daß dies natürlich so sein *muß*. Daneben ist lediglich festzustellen, daß es den gebesserten Probanden gelungen ist, mit Hilfe kompensatorischer Mechanismen schwierige und belastende, aber unspezifische Lebenssituationen zu verarbeiten – eine recht allgemeine Feststellung. Man fühlt sich an die bekannte Formulierung von Freud gegenüber Ludwig Binswanger erinnert: „Konstitution ist alles."

Neben diesen wissenschaftlichen Überlegungen sollten wir daran denken, daß die ungebesserten Patienten auch dann, wenn sie nicht im engeren Sinne für eine Psychotherapie geeignet sein mögen, dennoch therapiebedürftig sind. Bei meiner Nachuntersuchung wurde die Hälfte der Probanden als therapiebedürftig eingeschätzt, während eine solche Behandlung allerdings nur bei einem knappen Fünftel realisiert war (Foerster 1984) – ein erneuter Hinweis auf die bekannten Schwierigkeiten des therapeutischen Umganges mit dieser Klientel. Es fragt sich allerdings, ob mit dem ungeklärten Problem der Behandlung dieser Patienten nicht eine bestimmte Patientengruppe vernachlässigt wird, weil sie negative Affekte weckt und nicht in die üblichen psychotherapeutischen Schemata paßt (Zacher 1986).

Gedanken zur Nomenklatur

Im „Wörterbuch der Psychiatrie und medizinischen Psychologie" von U. H. Peters heißt es: „Die Bezeichnungen Rentenneurose, Begehrensneurose und Unfallneurose werden im psychiatrischen Sprachgebrauch oft nicht streng unterschieden." Für Probanden dieser Gruppe wird ebenso häufig wie unreflektiert die pauschale und undifferenzierte, diffamierende Bezeichnung „Rentenneurotiker" verwendet. Ich habe wiederholt darauf hingewiesen, daß es sich bei der Formulierung „Rentenneurose" um einen nichtdefinierten, nichtoperationalisierten und obsoleten Begriff handelt (Foerster 1984, 1987), der auch in den neuen Klassifikationssystemen DSM-III-R und ICD-10 nicht enthalten ist.

In diesem Zusammenhang möchte ich die Frage aufwerfen, ob nicht ein Teil dieser Probanden eher den Persönlichkeitsstörungen zuzuordnen wäre, und zwar derjenigen Gruppe, die den Charakterneurosen nahesteht. Die vorstehend skizzierten Konfliktsituationen wären dann als nicht mehr behebbare Krisen mit nachfolgender Dekompensation im Rahmen von Persönlichkeitsstörungen zu betrachten. Auf die Häufigkeit von solchen behandlungsbedürftigen Krisen bei abnormen Persönlichkeiten wurde früher schon von Tölle (1966) aufmerksam gemacht.

Die manifeste Symptomatik könnte interpretiert werden als psychoökonomischer Zusammenbruch, der aus der Überforderung von Abwehr- und Anpassungsprozessen des Patienten resultiert (Hoffmann 1986). Eine ganz ähnliche Interpretation dieser Patientengruppe wurde kürzlich aus der Sicht des niedergelassenen Psychiaters gegeben (Honegger 1989).

Hinweise darauf, daß es sich bei einem Teil dieser Patienten um sozusagen „dekompensierte Persönlichkeitsstörungen" handeln könnte, lassen sich aus folgenden Ergebnissen meiner Untersuchung ableiten (Foerster 1984):

- Nahezu die Hälfte der Probanden berichtete über mangelnde Belastbarkeit und rasche Ermüdbarkeit, die „schon immer" vorgelegen habe.
- Die Dauer des Leitsymptoms zeigt, daß bei 37 Probanden das Leitsymptom mehr als 6 Jahre vorhanden war, bei 24 Probanden sogar mehr als 10 Jahre.
- Fast alle Probanden zeigten wenig oder keine Einsicht in bestehende Konfliktsituationen und waren dementsprechend schlecht psychotherapeutisch zu betreuen.

Betrachtet man die Probanden unter diesem Aspekt, so verwundert es nicht, daß ich bei vielen Probanden den früher von Tölle (1966) beschriebenen „Residualzustand" gefunden habe, den er bei seiner katamnestischen Untersuchung bei abnormen Persönlichkeiten festgestellt hatte. Ganz ähnlich wie bei dieser Untersuchung zeigte sich der Residualzustand bei meinen Probanden vor allem in einer Einengung der Beziehungen zur Umwelt, einem weithin fehlenden sozialen Kontakt, was vor allem in kleineren Dörfern zu einer völligen Isolierung der Patienten führen kann. Zutreffend wurde dieser Zustand von Ernst (1962) charakterisiert als Verarmung der mitmenschlichen Beziehungsfähigkeit, der beruflichen Aktivität und der geistigen Interessen.

Dabei ist ein Punkt zu beachten, der in der Regel weder von den Probanden noch von ihren Interessenvertretern beim Rentenantrag berücksichtigt wird, nämlich der „sekundäre Verlust". Gemeint ist der Verlust an Respekt und Aufmerksamkeit, der Verlust an Kommunikationsfähigkeit, verbunden mit der sozialen Stigmatisierung. Dieser sekundäre Verlust spielt im konkreten Leben des Probanden nach der Berentung häufig eine weitaus größere und entscheidendere Rolle als der immer wieder vermutete „sekundäre Gewinn".

Unter terminologischen Aspekten plädiere ich dafür, den Begriff „Rentenneurose" grundsätzlich zu vermeiden und sich zu fragen, ob bei diesen Patienten bzw. Probanden nicht häufig eine dekompensierte Persönlichkeitsstörung vorliegt. Entsprechend den üblichen diagnostischen Gepflogenheiten in Psychiatrie und Psychotherapie sollte auch bei diesen Probanden eine multiaxiale Diagnose gestellt werden.

Auch bei einer solchen differenzierend-klassifikatorischen Betrachtung ist in Anlehnung an Pauleikhoff (1990) zu bedenken, daß Persönlichkeit, Phänomen und Verhalten in gleicher Weise in der Biographie verankert sind und daß Person und Subjekt im Mittelpunkt unserer Betrachtung stehen müssen. Auch diese häufig schwierigen Patienten haben ein Anrecht sowohl auf eine solche differenzierende, nichtdiffamierende Betrachtungsweise wie auch auf unser wissenschaftliches und praktisch-therapeutisches Engagement.

Literatur

Doubrawa R (1990) Rente bei Neurose − „Rentenneurose"? Psychomedizin 2:30−36
Ernst K (1962) Neurotische und endogene Residualzustände. Arch Psychiat Neurol 203:61
Foerster K (1984) Neurotische Rentenbewerber. Enke, Stuttgart
Foerster K (1987) Die sogenannte „Rentenneurose" − psychopathologisches Syndrom oder obsoleter Begriff? Fortschr Neurol Psychiat 55:249−260
Hoffmann SO (1986) Psychoneurosen und Charakterneurosen. In: Kisker KP, Lauter H, Mayer JE, Müller C, Strömgren E (Hrsg) Psychiatrie der Gegenwart, 3. Aufl., Bd I: Neurosen, psychosomatische Erkrankungen, Psychotherapie. Springer, Berlin Heidelberg New York Tokyo, S 29−62
Honegger R (1989) Der schwierige IV-Patient aus der Sicht des praktizierenden Psychiaters. Schweiz Rundsch Med 78:260−262
Pauleikhoff B (1990) Persönlichkeit, Phänomen, Verhalten, Lebensgeschichte als Einheit. In: Kerner H-J, Kaiser G (Hrsg) Kriminalität. Persönlichkeit, Lebensgeschichte und Verhalten. Springer, Berlin Heidelberg New York Tokyo, S 3−14
Riemann F (1973) Grundformen der Angst. Reinhardt, München
Schepank H (1987) Psychogene Erkrankungen der Stadtbevölkerung. Springer, Berlin Heidelberg New York Tokyo
Schwidder W (1959) Neopsychoanalyse. In: Frankl VE, Gebsattel VE von, Schulz JH (Hrsg) Handbuch der Neurosenlehre und Psychotherapie. Urban & Schwarzenberg, München
Tölle R (1966) Katamnestische Untersuchungen zur Biographie abnormer Persönlichkeiten. Springer, Berlin Heidelberg New York
Zacher A (1986) Die soziale Krankheit. MMG 11:150−156

Konzepte von Persönlichkeitsstörungen

H. Sass[1]

Einleitung

Im Rahmen der zyklischen Schwankungen von Wissenschaft und Wissenschaftsbetrieb sind die sog. Persönlichkeitsstörungen wieder einmal in den Mittelpunkt des psychiatrischen Interesses gerückt. Werner Janzarik (1988) widmete das 4. Heidelberger Psychopathologie-Symposion dem Thema von „Persönlichkeit und Psychose", Peter Berner organisierte 1989 auf dem Athener Weltkongreß eine Sitzung über „Personality Traits and Psychosis"; viele andere Veranstaltungen der letzten Zeit griffen die Themen von Persönlichkeit und Persönlichkeitsstörungen ebenfalls auf. In den USA, wo immer noch die Marschrichtungen der jeweils aktuellen Forschungsfronten bestimmt werden, heißt es, daß die Psychiatrie nach den 80er Jahren als einem Jahrzehnt der Diagnostik in den 90ern das Jahrzehnt der Persönlichkeitsforschung erleben werde.

Solche Entwicklungen sind für Uwe Henrik Peters, der als wissenschaftlicher Autor und Herausgeber mit feinem Gespür auf die Entwicklungstendenzen in der Psychiatrie reagiert, nicht überraschend. Möglich wird dies in einem Fach, das von der Wiederkehr des Gleichen in wechselndem Gewande bestimmt wird, durch breite geisteswissenschaftliche Interessen und psychiatriehistorische Kenntnisse. Peters hat dem zentralen Thema der Persönlichkeit stets besondere Aufmerksamkeit geschenkt und die psychiatrische Literatur im Laufe der Jahrzehnte durch verschiedene eigene Beiträge zur Typologie bereichert. Nach Untersuchungen zur Persönlichkeit beim exogenen paranoid-halluzinatorischen Syndrom (Peters 1967) beschrieb er mit dem pseudopsychopathischen Affektsyndrom neben dem enechetischen einen zweiten epileptischen Persönlichkeitstyp bei psychomotorischer Epilepsie (Peters 1968). Den von Tellenbach (1961) geschaffenen Typus melancholicus studierte er in seiner systematischen und therapeutischen Bedeutung, etwa mit Arbeiten zur Wiederherstellung der Persönlichkeit in der ausklingenden depressiven Phase (Peters u. Glück 1972), zur Psychodynamik des Typus melancholicus und zu einer Structura familiaris melancholica (Peters 1988). Weitere typologische Bemühungen galten dem sentimentalischen Typus

---

[1] Psychiatrische Klinik der Universität, Nußbaumstraße 7, W-8000 München 2, Bundesrepublik Deutschland

oder Typus emotionalis im Umfeld von Emotionspsychosen (Peters 1984), dem Typus migraenicus (Peters u. Schäfer 1982), einem pseudopsychopathischen Persönlichkeitstypus beim Pickwick-Syndrom (Peters u. Rieger 1976) sowie schließlich dem Fehlen eines charakteristischen Persönlichkeitstypus bei der Schizophrenie, formuliert als „Typus schizophrenicus abest" (Peters 1988). Selbstkritisch fügt er allerdings hinzu, derartige seit der Antike stets erneuerte Beschreibungen von Persönlichkeitstypen können immer wieder nur dazu dienen, sich in der großen Vielfalt der Menschen zu orientieren, doch erfüllen sie ihren Zweck immer nur für eine bestimmte kürzere oder längere historische Situation.

Zur klassifikatorischen Situation

Eingedenk solcher Grenzen, die für jede Persönlichkeitstypologie in Vergangenheit, Gegenwart und Zukunft gelten, soll hier auf die unterschiedlichen Bemühungen etwa der modernen Klassifikationssysteme und der konkurrierenden Ansätze der Persönlichkeitspsychologie nicht detailliert eingegangen werden. Statt der Diskussion einzelner Typen seien einige grundsätzliche Überlegungen rekapituliert, die eine Orientierung in diesem vagen Feld psychiatrischen Denkens versuchen. Fast erscheint es als unvermeidlich und naturgemäß, daß die Konzepte von Persönlichkeit und Persönlichkeitsstörung ebenso unscharf wie vieldeutig sind. Überzeugende Lösungen für eine allgemeingültige Ordnung von Persönlichkeitsformen oder gar für eine Persönlichkeitsdiagnostik im nosologischen Sinne liegen nicht vor und sind wohl auch künftig nicht zu erwarten. Zum einen handelt es sich schon bei dem Begriff der Persönlichkeit um ein höchst heterogenes, vielschillerndes Konstrukt. Zum anderen werden sich die zahlreichen Wirkfaktoren, die für die Entwicklung des Persönlichkeitsgefüges und seine Entfaltung in den situativen Verschränkungen bedeutsam sind, reduktionistischen Kodifizierungsbemühungen weiterhin entziehen. Neuere Ansätze der psychiatrischen und mehr noch der psychologischen Persönlichkeitsforschung zielen zwar auf eine komplexe Integration dimensionaler und kategorialer Beschreibungsmodelle mit neurobiologischen und psychosozialen Aspekten in lerntheoretisch aufgebauten Persönlichkeitslehren (Cloninger 1987). Dennoch ist diesen multifaktoriellen wie den meisten anderen gegenwärtigen Konzeptionen der Verzicht auf eine ganzheitliche Sichtweise und eine anthropologische Dimension gemeinsam. Hierauf wird zurückzukommen sein.

Die eigene Beschäftigung mit Persönlichkeitsstörungen wurde durch zwei verschiedene Entwicklungslinien beeinflußt. Auf der einen Seite waren es die operationalen oder semantischen Definitionen der modernen Klassifikationssysteme wie DSM-III bzw. DSM-III-R und neuerdings ICD-10, die im Prinzip immer noch dem zweischrittigen Vorgehen im Ansatz von Kurt Schneider (1950) folgen. Er hob als *abnorme* Persönlichkeiten die Variationen oder Abweichungen von einer uns vorschwebenden, aber nicht näher bestimmbaren Durchschnittsbreite heraus und bezeichnete sodann aus der großen Gruppe abnormer Menschen diejenigen als *psychopathische* Persönlichkeiten, die an ihrer Abnormität leiden oder unter deren Abnormität die Gesellschaft leidet. In DSM-III-R wurde daraus die Formulierung, daß wir dann von Persönlichkeitsstörungen sprechen, wenn Persönlichkeitszüge unflexibel und schlecht angepaßt sind und die Leistungsfähigkeit wesentlich beeinträchtigen oder zu subjektiven Beschwerden führen. Zur näheren Bestimmung der 10−12 einzelnen Formen von Persönlichkeitsstörungen verwenden die modernen Systeme detaillierte Kriterienlisten und einen ausgeklügelten diagnostischen Algorithmus, der festlegt, bei welchen Merkmalskonstellationen die Diagnose einer Persönlichkeitsstörung zu vergeben ist. Dies kann durch unterschiedliche Item-Kombinationen erreicht werden und manchmal zu einem diagnostischen Glasperlenspiel werden, etwa wenn in DSM-III zur Erfüllung der Kriterien für eine Borderline-Persönlichkeitsstörung rein rechnerisch 93 verschiedene Merkmalskombinationen geeignet waren (Clarkin et al. 1983).

Theoretisch liegt der Erfassung von Persönlichkeitsstörungen auch heute noch der oft kritisierte *typologische Ansatz* zugrunde. Kennzeichnend für den methodologischen Diskussionsstand der Diagnostikforschung sind weiterführende Überlegungen zum Modell der Prototypizität (Livesley u. Jackson 1986). Hier wurden − zunächst ohne Kenntnis der Vorläufer − Entwicklungen wiederholt, die bereits in den Schriften von Max Weber über den Idealtypus enthalten waren oder in der Forderung von Jaspers (1913) nach einer klaren Unterscheidung zwischen Gattung und Typus. Ein Fortschritt von DSM-III-R und ICD-10 im Vergleich zu DSM-III liegt in der konsequenten Typisierung nach der polythetischen statt der monothetischen Klassifikation. Spezifische Analysen dienen zur Bestimmung der Prototypizität jedes einzelnen Individuums, d.h. der Nähe, die es zum Kern der Kategorie, zum Prototypus aufweist. Auch können die einzelnen definierenden Kriterien untersucht werden auf ihre prädiktive Kraft, das Gewicht, das sie für das Zustandekommen einer Diagnose haben.

Ein zweiter, für die eigene Konzeption von Persönlichkeitsstörungen bedeutsamer Aspekt ergab sich aus der *forensischen* Tätigkeit (vgl. Saß 1987). Hier gibt es seit den alten Konzeptionen der „Manie sans déliré" (Pinel 1899), der „moral alienation of mind" (Rush 1912) und der „moral insanity" (Prichard 1835) eine problematische Verquickung der Erscheinungsformen psychischer Auffälligkeit und sozialer Devianz. Dies setzte sich fort in Kochs (1891−1893) Beschreibung der sog. psychopathischen Minderwertigkeiten und in Kraepelins (1909−1915) Rede von den Gesellschaftsfeinden als einer Untergruppe degenerativer Persönlichkeitsveränderungen. Auch Kurt Schneider (1950) ist es nicht gelungen, die soziologische Betrachtungsweise Kraepelins in eine möglichst wertfreie psychopathologisch-charakterologische umzuwandeln, wenn er das Kriterium des gesellschaftlichen Störens in seine Psychopathie-Definition aufnimmt. Insofern enthält seine Lehre einen konzeptionellen Bruch, indem psychopathologische und soziologische Aspekte ohne nähere Problematisierung aneinandergereiht werden. Folglich blieb es bei der traditionellen Verquickung von psychischer

Gestörtheit und sozialer Devianz, aber auch bei der problematischen Kontamination des Psychopathie-Begriffes mit dem Werturteil der Gesellschaftsschädlichkeit.

Verzichtet man aber auf eine Trennung der Konzepte neurotisch-psychopathischer Persönlichkeitsstörung von Erscheinungsformen der Dissozialität, Devianz und Delinquenz, so begünstigt dies einen Trend, immer mehr Formen sozial abweichenden Verhaltens in die Kompetenz der Psychiatrie und anderer psychosozialer Institutionen zu geben. Folgerichtig werden dort seit je diagnostische Kriterien für auffälliges Verhalten formuliert, früher unter den Begriffen des zirkumskripten Irreseins oder zahlloser Unterformen der Monomanien (Esquirol 1838). Heute wird von psychosozialen Syndromen, von Impulsstörungen, von pathologischem Spielen und Stehlen oder von Anpassungsstörungen gesprochen, um nur einige Beispiele aus DSM-III zu nennen. Die Kehrseite einer solchen Pathologisierung von Erscheinungsformen sozialer Abweichung wird am deutlichsten in totalitären Systemen sichtbar, wo politischen, gesellschaftlichen oder kulturellen Dissidenten über ihre Außenseiterrolle hinaus gern das Etikett einer geistigen Erkrankung gegeben wird.

Dem ist entgegenzuhalten, daß die Neigung zu ungewöhnlichen Verhaltensweisen allein noch keine geistig-seelische Störung belegt, vielmehr erscheint es wesentlich, ob eine erkennbare Beziehung zum Erfahrungswissen über pathologische Veränderungen des Persönlichkeitsgefüges vorliegt. Gelingt eine konzeptionelle Unterscheidung und eine differentielle Erfassung von sozialer Devianz, abnormer Persönlichkeit und Krankheit nicht, kommt es zu einer Gleichsetzung von abnormer Persönlichkeit mit höchst unterschiedlich motivierten Verhaltensbesonderheiten. Daraus resultieren Zirkelschlüsse, bei denen aus sozial abweichendem Verhalten psychische Abnormität abgeleitet wird und andererseits die psychische Abnormität zur Erklärung des abweichenden Verhaltens dient. In letzter Konsequenz führen gedankliche Unschärfen dieser Art zu einer Vermischung der Konzepte von Delinquenz und Krankheit, wie es sich etwa bei der Fehlbelegung von Maßregelvollzugskrankenhäusern mit dissozialen Menschen zeigt, die zwar in ihrer Persönlichkeit schwierig und konflikträchtig, jedoch nicht krank sind.

Aufgrund dieser Überlegungen sprechen wir in Modifizierung von DSM-III-R dann von Persönlichkeitsstörung, wenn *psychopathologisch relevante* Persönlichkeitszüge unflexibel und wenig angepaßt sind und die Leistungsfähigkeit wesentlich beeinträchtigen oder zu subjektiven Beschwerden führen. Mit der Beschränkung auf „psychopathologisch relevante", d.h. in enger Beziehung zur Symptomatologie der psychischen Erkrankungen stehende Persönlichkeitszüge soll die Bedeutung der psychopathologischen im Unterschied zur soziologischen Betrachtungsebene hervorgehoben werden. Die notwendige Differenzierung von psychopathologischer und sozialer Auffälligkeit wurde in einer empirischen Studie durch eine differentielle Erfassung der psychischen Störungen in einer psychopathologischen Dimension und der sozialen Abweichung in einer Dimension devianten bzw. delinquenten Verhaltens gewährleistet. Die Konzeption erwies sich als durchführbar und fand eine Entsprechung in der Datenstruktur einer Faktorenanalyse, bei der vor allem die zur Dissozialität gehörenden Merkmale einen überzufälligen Zusammenhang zeigten (Saß 1987).

Konstrukt „Dissoziale Charakterstruktur"

Über solche Differenzierungen hinaus wurde nach immer wieder auftauchenden Eigenschaften der Persönlichkeit gesucht, die möglicherweise für die Manifestation dissozialer Verhaltensweisen ein besonderes Gewicht besitzen. Hier geht es um dauerhafte Einstellungen, Intentionen und Werthaltungen, die bei der Lebensgestaltung wirksam sind und eine erhöhte Disposition für soziale Devianz und Delinquenz herbeiführen. Schrifttum (insbesondere Göppinger 1983) und eigene Erfahrungen wurden zu einem Merkmalsbereich zusammengefaßt, der folgende Persönlichkeitseigenschaften enthält: die Fähigkeit zu Introspektion und Selbstkritik, die gemüthafte Veranlagung mit der Fähigkeit zur Empathie, die Selbsteinschätzung im Verhältnis zur Umgebung mit Aspekten der Egozentrizität und des Anspruchsniveaus, die Konstellation und relative Wirksamkeit von Gewissensfunktionen mit der Art der Besetzung sozialer Normen. Hieraus wurden 6 Items gebildet (Saß 1987): 1. geringe Introspektion und Selbstkritik, 2. Egozentrizität, 3. Mangel an Empathie und Gefühlskälte, 4. überhöhter Anspruch, 5. paradoxe Anpassungserwartung, 6. Unter- bzw. Fehlbesetzung sozialer Normen. Da es sich im wesentlichen um charakterologische Merkmale mit Affinität zu sozialer Devianz handelte, wurde dieser Merkmalsbereich als „dissoziale Charakterstruktur" bezeichnet. Auf diese Weise sollen grundlegende Persönlichkeitszüge erfaßt werden, die über die reinen Verhaltensmerkmale etwa der antisozialen Persönlichkeitsstörung in DSM-III, aber auch über die klinisch geläufigen psychopathologischen Symptomenkataloge abnormer Persönlichkeiten hinausgehen. Das Konstrukt umfaßt Eigenschaften, die bei unserer Unterscheidung zwischen der psychopathologischen und der soziologischen Betrachtungsebene eine Zwischenstellung einnehmen und einen charakterologischen Aspekt präsentieren. Inzwischen ist diese Merkmalsgruppe „dissoziale Charakterstruktur" auch in klinischen Untersuchungen im Rahmen des Maßregelvollzuges eingesetzt worden und hat eine gewisse Eignung für prognostische Fragestellungen gezeigt (Müller-Isberner 1990).

Psychopathie – Soziopathie – Dissozialität

Die theoretischen Vorüberlegungen und die empirischen Ergebnisse führen unter den Aspekten von Psychopathie und Dissozialität zu folgender Gliederung des Feldes neurotisch-psychopathischer Persönlichkeitsstörungen (Saß 1987): *Psychopathische Persönlichkeitsstörungen* liegen bei Menschen vor, die aufgrund psychopathologischer Phänomene leiden oder in ihrer sozialen

Kompetenz beeinträchtigt sind, ohne aktiv sozial deviant oder delinquent zu sein. Durch das Gesamt ihrer psychischen Symptome stehen diese Störungen in Nähe zu den psychiatrischen Krankheiten im engeren Sinne. *Soziopathische Persönlichkeitsstörungen* liegen dann vor, wenn sich die psychopathischen Persönlichkeitszüge mit dauerhaft konfliktträchtigen sozialen Verhaltensweisen von Devianz und Delinquenz kombinieren, die erkennbar in Beziehung zu den psychopathologischen Besonderheiten stehen. Hier liegt also ein enger Zusammenhang zwischen sozialer Devianz und psychopathischen Auffälligkeiten vor. Von beiden Bereichen zu trennen ist das heterogene Gebiet reiner *Dissozialität*. Es enthält u.a. Angehörige subkultureller Gruppen oder auch chronische Rückfalltäter und Berufskriminelle, die abgesehen von der sozialen Devianz keine im engeren Sinne psychopathologischen Auffälligkeiten aufweisen.

Erst solche Unterscheidungen psychopathologischer und soziologischer Merkmalsebenen erlauben die notwendige Differentialtypologie zwischen Psychopathie, Soziopathie und Dissozialität, die für medizinische, soziale und administrative Fragestellungen im Umgang mit Persönlichkeitsstörungen grundlegend ist. Der in der beschriebenen Weise zu differenzierende Begriff der „Persönlichkeitsstörungen" kann so zur Sammelbezeichnung für mehr oder weniger klar umrissene psychiatrische Termini wie abnorme oder akzentuierte Persönlichkeiten, Charakterneurosen, Psychopathien oder Charakteropathien dienen. Dabei ist die Bezeichnung „Persönlichkeitsstörung" allerdings nicht statisch zu verstehen, wie es teilweise zu Recht den alten Psychopathiekonzepten angelastet wird. Sachlich angemessener erscheint der Ausdruck „Persönlichkeitsentwicklungsstörung", der von Kinder- und Jugendpsychiatern bevorzugt wird. Die Endgestalt einer bestimmten Persönlichkeitsartung entsteht weder rein endogen noch rein exogen, sondern durch ein vielfältiges Zusammenwirken unterschiedlicher Einflußebenen unter den je spezifischen konstitutionellen, biographischen und psychosozialen Entwicklungsbedingungen.

Zur Erfassung von Persönlichkeitsstörungen

Nach diesen auf theoretische Klärung und definitorische Bestimmung gerichteten Überlegungen soll auf unser praktisches Vorgehen bei der Erfassung von Persönlichkeitsstörungen mit Hilfe der operationalen Klassifikationssysteme wie DSM-III bzw. DSM-III-R und ICD-10 eingegangen werden. Ihre Hauptmerkmale sind die expliziten symptomatologischen und zeitlichen Diagnosekriterien, klare Ein- und Ausschlußregeln mit einem festen diagnostischen Algorithmus sowie die multiaxiale Registrierung der vorhandenen Informationen, z.B. in DSM-III-R auf 5 Achsen mit der Achse II für die Persönlichkeitsanomalien. Zur Erhöhung der Reliabilität, die gerade auf der Persönlichkeitsachse sowohl in DSM-III-R wie in ICD-10 noch Schwierigkeiten bereitet (Mellsop et al. 1982; Freyberger et al. 1990), werden daher standardisierte Untersuchungsinstrumente vorgeschlagen wie das SIDP (Stangl et al. 1985), das SCID (Spitzer u. Williams 1985) sowie das PDE (Loranger et al. 1985). Interviews mit diesen Verfahren erfordern jedoch allein für die Persönlichkeitsdiagnostik einen Aufwand von 2–3 h und sind deshalb für die Praxis kaum zu empfehlen. Darüber hinaus erscheint die strikte Vorgabe eines Untersuchungsganges mit fest formulierten Fragen in genau definierter Reihenfolge für viele Untersuchungssituationen klinischer und forensischer Art unbefriedigend. Ein weiteres Problem bei der gegenwärtigen Persönlichkeitsdiagnostik liegt in der Konkurrenz der unterschiedlichen Klassifikationssysteme. Persönlichkeitsauffälligkeiten werden z.T. noch in der traditionellen Typologie abnormer Persönlichkeiten nach den Lehren von Kretschmer (1971) oder K. Schneider (1950) beschrieben, daneben finden ICD-9 und DSM-III bzw. DSM-III-R sowie ICD-10 in seiner vorläufigen Version Verwendung.

Zur Überwindung dieser Situation haben wir ein Erhebungsinstrument für die Erfassung von Persönlichkeitsstörungen entwickelt, das alle in der heutigen Persönlichkeitsdiagnostik für relevant gehaltenen Symptome integriert und mit Hilfe einer Merkmalsliste für eine möglichst vollständige und genaue Registrierung der unterschiedlichen Kriterien sorgt (Saß u. Mende 1990). Die Gewinnung der Daten erfolgt nicht in einem strukturierten Interview, sondern der Untersucher stützt sich auf seine Kenntnis der biographischen Anamnesen und früherer Verhaltensweisen, auf gegenwärtige Verhaltensbeobachtungen sowie nach Möglichkeit auf fremdanamnestische Ergänzungen zur Registrierung auch ich-syntoner Auffälligkeiten. Das Untersuchungsverfahren dient in erster Linie der typologischen Erfassung abnormer Persönlichkeiten nach den beiden heute wichtigsten Klassifikationssystemen DSM-III-R und ICD-10, deren Items vollständig berücksichtigt sind. Dabei wurden aus Gründen des Umfanges und der Praktikabilität statt einer bloßen Summierung die symptomatologischen Überlappungen eliminiert und bei synonymen Items dasjenige ausgewählt, das am prägnantesten formuliert war.

Allerdings erschien der Katalog der Persönlichkeitsstörungen, wie er in ICD-10 und DSM-III-R enthalten ist, nicht ausreichend. Asthenische und depressive, vor allem aber hyperthyme und zyklothyme bzw. zykloide Persönlichkeitsvarianten sind dort nicht enthalten, sondern werden aus bestimmten Forschungsüberlegungen als atypische affektive Störungen auf Achse I registriert (Akiskal 1981). Dies widerspricht den Erfahrungen der deutschsprachigen Tradition, in der abnorme Persönlichkeiten mit meist subklinisch bleibenden, dauerhaften Verschiebungen des Stimmungs- und Antriebsbereiches eine wichtige Rolle spielen (vgl. Saß 1987, 1988). Deshalb wurden aus den Persönlichkeitsbeschreibungen K. Schneiders (1950), Kretschmers (1971) und der zyklothymen Störung von DSM-III-R jeweils geeignete Merkmale extrahiert, die zur Beschreibung einer depressiven, einer asthenischen, einer zyklothymen und einer hyperthymen Persönlichkeitsstörung dienen. Diese vier als „subaffektiv", d.h. nicht den Schweregrad ausgeprägter affektiver Störungen erreichend, charakterisierten Persönlichkeitsstörungen wurden ebenfalls in die Merkmalsliste aufgenommen, wobei erneut symptomatologisch redundante Merkmale vereinheitlicht wurden.

Die auf diese Weise gewonnene integrierte Merkmalsliste enthält 120 Items, von denen 57 aus DSM-III-R und 38 aus ICD-10 stammen, während 25 für die Diagnose der vier subaffektiven Formen hinzugenommen wurden. Die Auswertung erfolgt gemäß den in den Klassifikationssystemen enthaltenen Regeln mit Hilfe eines computergestützten Zuordnungsalgorithmus (vgl. Saß u. Mende 1990). Mit dieser Merkmalsliste wird die Erfassung der Persönlichkeitsebene bei allen Patienten der Klinik durchgeführt, auch wenn diese überwiegend wegen der auf Achse I zu registrierenden psychischen Störungen aufgenommen wurden. Die Schwierigkeiten beim Ausfüllen des Instrumentes entstehen gegenwärtig vor allem noch durch die Quantoren von Zeit und Ausmaß, die in den Symptombeschreibungen von ICD-10 und DSM-III-R enthalten sind und in die Liste übernommen wurden, also etwa Begriffe wie häufig – meistens – überwiegend oder erheblich. Hier ist neben einem Beurteiler-Training eine strengere Operationalisierung innerhalb der Klassifikationssysteme anzustreben, um die Übereinstimmung zu erhöhen. Darüber hinaus bestehen oft erhebliche Probleme bei der Aufgabe, überdauernde prämorbide Persönlichkeitszüge zuverlässig von krankheitsbedingten Persönlichkeitsveränderungen zu unterscheiden.

Insgesamt fanden sich bei systematischer Registrierung in hoher Zahl Persönlichkeitsstörungen bei den stationären Patienten der Psychiatrischen Klinik München. Die Persönlichkeitsdiagnostik ergab für 414 Untersuchte, daß 106 Patienten (25,6%) Persönlichkeitsstörungen i.S. von DSM-III-R erfüllten, während es nach ICD-10 sogar 200 Patienten (48,3%) waren. Bezüglich der Gruppe der subaffektiven Persönlichkeitsstörungen, also der depressiven, hyperthymen, zyklothymen und asthenischen Formen, erfüllten 126 Patienten (30,4%) die Kriterien. Insgesamt wiesen 233 von 414 Patienten (56,3%) mindestens *eine* Persönlichkeitsstörung auf. Diese auf den ersten Blick befremdlich hohen Häufigkeiten liegen durchaus im Rahmen der Beobachtungen anderer Autoren. Systematische Untersuchungen sind bislang meist mit DSM-III und vorwiegend bei ambulanten psychiatrischen Patienten durchgeführt worden. Dabei ergaben sich z.T. noch höhere Werte, nämlich von 86% mit Persönlichkeitsstörungen bei Mellsop et al. (1982), von 51% bei Kass et al. (1985), von 48,8% bei Reich et al. (1987) und von 81% bei Alneas u. Torgersen (1988). Derartig hohe Anteile persönlichkeitsgestörter Patienten belegen zum einen die Bedeutung einer systematischen Erfassung der Persönlichkeitsachse, werfen aber andererseits auch die Frage des diagnostischen Schwellenwertes und der Tauglichkeit eines kategorialen Ansatzes auf (vgl. Saß 1986; Widiger et al. 1988).

Schlußbemerkungen

Weitere Versuche zur Vereinheitlichung der Persönlichkeitserfassung im stationären, ambulanten und forensischen Kontext erscheinen dringend erforderlich. Das jetzt entwickelte Instrument erlaubt es, die Persönlichkeitstypologie auf eine rationalere Basis zu stellen, als es bei der bislang geübten, weitgehend intuitiven Einschätzung von Persönlichkeitseigenschaften der Fall war. Folgt man den Regeln der modernen Klassifikationssysteme, dann weisen ambulante wie stationäre psychiatrische Patienten in einer beträchtlichen Frequenz Persönlichkeitsstörungen auf. Wie sinnvoll eine derart breite Gestaltung der diagnostischen Algorithmen ist, muß vor allem vor dem Hintergrund erheblicher Überlappungsprobleme, also der Vergabe mehrerer Persönlichkeitsdiagnosen bei einem Individuum, weiter diskutiert werden. Kurt Schneider (1950) wies bereits darauf hin, daß viele Patienten Züge aus mehreren Formen abnormer Persönlichkeiten bieten. Die einzelnen Formen von Persönlichkeitsstörungen sind auch nach der Konzeption von DSM-III und ICD-10 lediglich als Prototypen anzusehen, die nur in der geringeren Zahl der Fälle von Patienten idealtypisch erreicht werden.

Erst wenn umfangreiche Datensätze zur Symptomatologie der Persönlichkeitsstörungen vorliegen, werden Analysen zur Reduzierung der Überlappungsprobleme möglich sein, aufgrund derer die Zahl der Persönlichkeitskategorien verringert und die diagnostischen Kriterien schärfer gefaßt werden können. Allerdings weist Peters (1988) zu Recht darauf hin, daß eine Kriterienpsychopathologie wie im amerikanischen DSM-III nicht ausreicht, um die abnormen Persönlichkeiten in der bei uns gewohnten Weise einzuordnen. Damit bleibt unverändert Raum für psychopathologisch orientierte typologische Bemühungen.

Literatur

Alneas R, Torgersen S (1988) The relationship between DSM-III symptom disorders (Axis I) and personality disorders (Axis II) in an outpatient population. Acta Psychiatr Scand 78:485
Akiskal HS (1981) Subaffective disorders: Dysthymic, cyclothymic and bipolar II disorders in the borderline realm. Psychiatry Clin North Am 4:25–46
Clarkin J, Widinger T, Frances A et al. (1983) Prototypic typology and the borderline personality disorder. J Abnorm Psychol 91:263–275
Cloninger CR (1987) A systematic method for clinical description and classification of personality variants. Arch Gen Psychiatry 44:573–588
Esquirol E (1838) Die Geisteskrankheiten in Beziehung zu Medizin und Staatsarzneikunde. Voss, Berlin
Freyberger HJ, Dittmann V, Stieglitz RD, Dilling H (1990) ICD-10 in der Erprobung. Nervenarzt 61:271–275
Göppinger H (1983) Der Täter in seinen sozialen Bezügen. Springer, Berlin Heidelberg New York Tokyo
Janzarik W (1988) Persönlichkeit und Psychose. Enke, Stuttgart
Jaspers K (1913) Allgemeine Psychopathologie. Springer, Berlin
Kass F, Skodal AE, Charles E, Spitzer RL, Williams JBW (1985) Scaled ratings of DSM-III personality disorders. Am J Psychiatry 142:627–630
Koch JLA (1891–1893) Die psychopathischen Minderheiten. Maier, Ravensburg
Kraepelin E (1909–1915) Psychiatrie. Ein Lehrbuch für Studierende und Ärzte, 9. Aufl. Barth, Leipzig
Kretschmer E (1971) Medizinische Psychologie, 13. Aufl. Thieme, Stuttgart

Livesley WJ, Jackson DN (1986) The internal consistency and factorial structure of behaviors judged to be associated with DSM-III personality disorders. Am J Psychiatry 143:1473—1474

Loranger AW, Susman VL, Oldham HM, Russakoff LM (1985) Fragebogen für Persönlichkeitsstörungen (PDE): Ein strukturiertes Interview für DSM-III und ICD-9 Persönlichkeitsstörungen. WHO/Adamho Pilot Version, 15. 3. 1985. New York Hospital Cornell Medical Center, Westchester Division, White Plain, New York. Deutsche Übersetzung: Zaudig M, Cranach M von, Bezirkskrankenhaus Kaufbeuren

Mellsop GW, Varghese F, Joshua S, Hicks A (1982) The reliability of axis II of DSM-III. Am J Psychiatry 139:1360—1361

Müller-Isberner R (1990) Prognosis in criminal offenders. Vortrag auf dem Kriminologie-Kongreß in Toronto der IALMH

Peters UH (1967) Das exogene paranoid-halluzinatorische Syndrom. Karger, Basel

Peters UH (1968) Das pseudopsychopathische Affektsyndrom der Temporallappenepileptiker. Untersuchungen zum Problem der Wesensänderung bei psychomotorischer Epilepsie. Nervenarzt 40:75—82

Peters UH (1984) Emotionspsychosen. In: Freedman AM, Kaplan HI, Sandock BJ, Peters UH (Hrsg) Psychiatrie in Praxis und Klinik, Bd 1: Schizophrenie, affektive Erkrankungen, Verlust und Trauer. Thieme, Stuttgart

Peters UH (1988) Zur Persönlichkeitspsychopathologie. In: Janzarik W (Hrsg) Persönlichkeit und Psychose. Enke, Stuttgart

Peters UH, Glück A (1972) Die Problematik der ausklingenden depressiven Phase. Nervenarzt 43:505—511

Peters UH, Rieger H (1976) Das Pickwick-Syndrom. Urban & Schwarzenberg, München

Peters UH, Schäfer ML (1982) Psychodynamik der Migräne. Psychother Med Psychol 32:43—46

Pinel P (1899) Traité médico — philosophique sur l'aliénation mentale, 2. edn. Brosson, Paris

Prichard JC (1835) A treatise on insanity and other disorders affecting the mind. Sherwood, Gilbert & Piper, London

Reich J, Noyes R, Hirschfeld R, Coryell W, O'Gorham T (1987) State and personality in depressed and panic patients. Am J Psychiatry 114:181—187

Rush B (1812) Medical inquiries and observations upon the diseases of the mind. Kimber & Richardson, Philadelphia (Hafner Press, New York 1962)

Saß H (1986) Zur Klassifikation der Persönlichkeitsstörungen. Nervenarzt 56:193—203

Saß H (1987) Psychopathie — Soziopathie — Dissozialität. Zur Differentialtypologie der Persönlichkeitsstörungen. Springer, Berlin Heidelberg New York Tokyo

Saß H (1988) Persönlichkeit und Persönlichkeitsstörung. In: Janzarik W (Hrsg) Persönlichkeit und Psychose. Enke, Stuttgart

Saß H, Mende M (1990) Zur Entwicklung einer integrierten Merkmalsliste für Persönlichkeitsstörungen gemäß ICD-10 und DSM-III-R. In: Baumann U, Fähnrich E, Stieglitz R-D, Woggon B (Hrsg) Veränderungsmessung in Psychiatrie und Klinischer Psychologie, Profil, München

Schneider K (1950) Die psychopathischen Persönlichkeiten, 9. Aufl. Deuticke, Wien (1. Aufl. 1923, Thieme, Leipzig)

Spitzer RL, Williams JB (1985) Structured clinical interview for DSM-III, patient version. Biometrics Research Department, New York State Psychiatric Institute, New York

Stangl D, Pfohl B, Zimmermann M, Bowers W, Corenthal C (1985) A structured interview for the DSM-III personality disorders. Arch Gen Psychiatry 42:591—596

Tellenbach H (1961) Melancholie. Problemgeschichte, Endogenität, Typologie, Pathogenese, Klinik. Mit einem Exkurs in die manisch-melancholische Region. Springer, Berlin Heidelberg New York Tokyo

Widiger TA, Frances A, Spitzer RL, Williams JBW (1988) The DSM-III-R Personality Disorders: An overview. Am J Psychiatry 145:786—795

Persönlichkeitsfaktoren als Risiko- und Krankheitsindikatoren der unipolaren Depression

W. Maier, J. Minges, D. Lichtermann, J. Hallmayer und O. Fischer[1]

Einleitung

Prämorbiden Persönlichkeitszügen wird in vielen Modellvorstellungen zur Ätiologie affektiver Störungen eine zentrale Rolle zugewiesen. Die klassischen Bezugspunkte sind die psychoanalytische Theorie (Abraham 1925) und die Konstitutionstypologie (Kretschmer 1921); diese Ansätze sind in den vergangenen Jahrzehnten in vielfältiger Weise fortentwickelt worden (vgl. die Übersichtsarbeiten von Akiskal et al. 1983; von Zerssen 1982; Tölle 1987). Bestimmten Persönlichkeitszügen bzw. Persönlichkeitstypen wird dabei entweder die Rolle eines a) Risikofaktors, der über ein theoriespezifisches pathogenetisches Bindeglied mit dem Auftreten der Erkrankung in Verbindung gebracht wird, oder b) die Rolle einer subklinischen Variante der affektiven Störung, die häufig nicht zum Auftreten der affektiven Erkrankung selbst führt, zugewiesen.

In der vorliegenden Literatur wurden insbesondere die folgenden drei Persönlichkeitsvarianten als Charakteristika der prämorbiden Persönlichkeit unipolar Depressiver herausgearbeitet (Akiskal et al. 1983; von Zerssen 1982; Tölle 1987): ausgeprägte Introversion, verstärkte Abhängigkeit von Bezugspersonen und anankastische Persönlichkeitszüge; der Typus melancholicus, der als die charakteristische prämorbide Persönlichkeit unipolarer Depressionen postuliert wurde, stellt einen Teilaspekt des Anankasmus (Festgelegtsein auf Ordentlichkeit) als besonders relevant und spezifisch in den Vordergrund.

Diese klassischen Hypothesen und Modellvorstellungen sind durch sorgfältige Rekonstruktion der prämorbiden Persönlichkeit im Rahmen von Einzelfallkasuistiken oder im Rahmen von Kasuistikserien erarbeitet worden. Die Prüfung dieser Hypothesen erfordert geeignete empirische Untersuchungen.

---

[1] Psychiatrische Klinik der Johannes-Gutenberg-Universität, Untere Zahlbacher Straße 8, W-6500 Mainz, Bundesrepublik Deutschland

Die empirische Prüfung von Hypothesen zur prämorbiden Persönlichkeit – Methodische Probleme

Die empirische Prüfung von Hypothesen zur ätiologischen Relevanz von Persönlichkeitsfaktoren bei affektiven Störungen ist durch eine Reihe von Faktoren erschwert:

1. Die Beurteilung der prämorbiden Persönlichkeit bzw. von Teilaspekten der Persönlichkeit wird durch das gleichzeitige Vorhandensein einer affektiven Episode verfälscht, jedenfalls dann, wenn sich dies auf Selbstbeurteilung des Patienten stützt (Hirschfeld et al. 1983a).
2. Es konnte festgestellt werden, daß sich die Persönlichkeitsbeurteilung mit gängigen Selbstbeurteilungsinstrumenten vor Auftreten der ersten Episode einer affektiven Störung von der Beurteilung mittels derselben Instrumente nach Ablauf der Krankheitsepisoden unterscheidet; dieses Problem ist auch durch eine Beschränkung auf remittierte Patienten nicht zu vermeiden (Hirschfeld et al. 1989).
3. Ein wesentlicher Anteil von Fällen mit affektiven Störungen in der Allgemeinbevölkerung sucht nicht um ärztliche Behandlung nach, so daß Persönlichkeitsprofile behandelter Depressiver u.U. mehr über das Inanspruchnahmeverhalten als über die Erkrankung aussagen.

Persönlichkeitsuntersuchungen bei remittierten Patienten, auf die sich die meisten bisher vorliegenden Untersuchungen beziehen, schließen zwar das erstgenannte Problem aus, die Untersuchung der ätiologischen Relevanz von Persönlichkeitsstrukturen bedarf aber wegen der beiden anderen Gesichtspunkte der Absicherung durch andere Untersuchungsstrategien.

Die ätiologische Relevanz bestimmter Persönlichkeitskonstellationen kann auf empirischem Wege am besten entweder durch prospektive Untersuchungen an einem Risikokollektiv mit initialer Beurteilung der Persönlichkeit oder durch kontrollierte Familienstudien mit einer Persönlichkeitsbeurteilung bei gesunden Familienangehörigen von Patienten und Kontrollen erfolgen. Prospektive Untersuchungen können dabei insbesondere die Hypothese prüfen, ob gewisse Persönlichkeitsvariablen als Risikofaktoren für das spätere Auftreten affektiver Störungen angesehen werden können. Familienstudien erlauben es in besonderer Weise, die Hypothese zu prüfen, ob bestimmte Persönlichkeitsvariablen als subklinische Varianten affektiver Störungen angesehen werden können – affektive Störungen zeigen nämlich eine ausgeprägte familiäre Aggregation (d.h. höheres relatives Risiko für affektive Störungen bei Angehörigen von affektiv Erkrankten im Vergleich zu Angehörigen von gesunden Kontrollen). Da in Familien von Patienten mit ausgeprägten unipolaren Depressionen alle Teilformen affektiver Störungen (inkl. der leichteren Verlaufsformen) gehäuft vorkommen, ist davon auszugehen, daß auch subklinische Varianten affektiver Störungen in Familien von Patienten mit affektiven Störungen gehäuft vorkommen. Positive Befunde bei einer der beiden genannten Untersuchungsstrategien können allerdings nicht mit Sicherheit entscheiden, ob die prädiktive bzw. diskriminierende Persönlichkeitskonstellation einen Risikofaktor oder eine subklinische Variante der Erkrankung oder beides darstellt.

Die ideale Form einer Untersuchung zur Klärung der ätiologischen Relevanz von Persönlichkeitsvariablen ist die Kombination aus den beiden genannten Studienformen, d.h. eine kontrollierte Familienstudie, die eine prospektive Verlaufsuntersuchung bei den Angehörigen der Patienten und bei den Angehörigen der Kontrollen umfaßt. Bislang liegt keine Studie vor, die diese anspruchsvolle Strategie verfolgt.

Die empirische Prüfung von Hypothesen zur prämorbiden Persönlichkeit — Bisherige Ergebnisse

Diesem idealen Untersuchungsplan kommt die „Collaborative Study on the Psychobiology of Depression" am nächsten (Hirschfeld et al. 1983b, 1989). Zum Zeitpunkt der Indexuntersuchung wurden Patienten und deren Angehörige ersten Grades, die direkt untersucht und diagnostisch beurteilt werden konnten, gebeten, eine Serie von Persönlichkeitstests und Fragebögen auszufüllen. Die Angehörigen wurden 5 Jahre später nochmals unter der Fragestellung untersucht, ob sich seit der Indexuntersuchung erstmals eine psychiatrische Erkrankung manifestiert hatte; die Publikationen zu dieser Studie umfassen allerdings keine Kontrollgruppe (d.i. Angehörige von Probanden, die in der Allgemeinbevölkerung rekrutiert wurden), so daß die Daten zur Persönlichkeit gesunder Angehöriger von Patienten mit den publizierten Testnormen verglichen werden mußten; dieses Vorgehen läßt die Adäquatheit dieser Vergleichsdaten offen. Die in dieser Studie verwendeten Selbstbeurteilungsinstrumente zur Persönlichkeitsmessung erfassen neben einer Quantifizierung psychoanalytischer Konzepte (hysterische Züge, Oralität, Zwanghaftigkeit) eine Serie allgemeiner Persönlichkeitsdimensionen (insbesondere Neurotizismus, Intra-/Extraversion, Sozialität). Die prospektive Untersuchung bei initial gesunden Angehörigen konnte unter diesen verwendeten Persönlichkeitsindikatoren nur einen erhöhten Neurotizismus-Score als einen prädiktiven Faktor für das spätere Auftreten einer unipolaren Depression identifizieren.

Die Ergebnisse dieser Studie sind auch insofern überraschend, als weder die im angelsächsischen Sprachraum besonders herausgearbeiteten Intro-/Extraversionsdimension noch die mit dem Typus melancholicus verwandte Dimension „Zwanghaftigkeit" eine prädiktive oder eine diskriminative Valenz zeigen. Allerdings sind Zweifel an der Trennschärfe bzw. Validität der in dieser Studie verwendeten Skala zur Messung angemeldet, denn diese Skala war nicht in der Lage, gesunde von an Depression erkrankten Angehörigen zu differenzieren. Dieser Befund ist schwer mit den zahlreichen gegenteiligen Befunden aus anderen Studien (Akiskal et al. 1983) in Einklang zu bringen. Diese Überlegungen unterstreichen die Notwendigkeit weiterer empirischer Untersuchungen zum Zusammenhang zwischen Anankasmus und dem Auftreten unipolarer Depressionen.

Neben der Collaborative Study ist noch eine weitere prospektive Studie an einem initial weitgehend gesunden Kollektiv publiziert, das in der Allgemeinbevölkerung rekrutiert wurde und das geeignet ist, die prädiktive Valenz von Persönlichkeitsfaktoren zu untersuchen: Angst u. Clayton (1986) haben ein für 20jährige Männer der Allgemeinbevölkerung repräsentatives Kollektiv initial diagnostisch untersucht und mit dem Freiburger Persönlichkeitsinventar befragt; 5 Jahre später wurde dieses Kollektiv erneut diagnostisch untersucht. Dabei erwiesen sich unter den 12 Faktoren des FPI zwei Faktoren als prädiktiv: erhöhte Werte auf den Faktoren „Neurotizismus" und „Aggressivität" sagten das spätere Auftreten einer unipolaren Depression voraus; der Faktor „Extraversion" war nicht prädiktiv; Faktoren zur Darstellung von Anankasmus oder des Typus melancholicus wurden in dieser Studie nicht geprüft.

Obwohl die beiden bisher vorliegenden prospektiven Untersuchungen übereinstimmend den Persönlichkeitsfaktor „Neurotizismus" als Prädiktorvariable identifizierten, bestehen doch erhebliche Unterschiede zwischen beiden Studien: in der Collaborative Study war der Neurotizismus von später Depressiven zwar im Vergleich zu jenen Angehörigen von Patienten erhöht, die im Beobachtungszeitraum keine Depression entwickelten, der mittlere Neurotizismus lag jedoch bei den später Depressiven überraschenderweise unterhalb des Normbereichs. Im Gegensatz zu dieser Beobachtung fanden Angst u. Clayton (1986), daß beiden später Depressiven der prämorbid erhobene Neurotizismus-Score deutlich über dem mittleren Wert dieses Scores bei gesunden Personen in der Allgemeinbevölkerung lag. Diese verwirrende Befundlage bedarf der weiteren Klärung.

Eigene Untersuchung – Hypothesen

Die hier vorgelegte Untersuchung hat den Vergleich zwischen den Angehörigen von Patienten mit unipolaren Depressionen (die stationär behandelt wurden) und den Angehörigen von Kontrollpersonen (in der Allgemeinbevölkerung rekrutiert und mit dem Patientenkollektiv parallelisiert) zum Gegenstand. Die zu prüfenden Hypothesen versuchen einige der eben aufgeworfenen Gesichtspunkte zu klären:

Hypothese 1

Die drei Persönlichkeitsdimensionen Neurotizismus, Intro-/Extraversion und Anankasmus bzw. dimensionale Versionen des „Typus-melancholicus"-Konzepts zeigen bei Angehörigen von Patienten, die selbst eine unipolare Depression aufweisen, im Vergleich zu einem parallelisierten gesunden Kontrollkollektiv erhöhte Ausprägungen; insbesondere endogene Depressionen sind durch ausgeprägten Anankasmus, der auch außerhalb der Episoden anzutreffen ist, gekennzeichnet.

Hypothese 2

Auch die psychiatrisch gesunden (d.h. keine Lebenszeitdiagnose) Angehörigen 1. Grades von Patienten mit unipolaren Depressionen zeigen in den vorgenannten drei Persönlichkeitsdimensionen gleichgerichtete Abweichungen vom parallelisierten Kontrollkollektiv.

Das für die Hypothesenprüfung gewählte Persönlichkeitsinventar sollte geeignet sein, 1) die im klassischen Schrifttum herausgearbeiteten Hypothesen zur prämorbiden Persönlichkeit hinreichend valide zu repräsentieren, 2) auf prämorbide Persönlichkeitsstrukturen zu fokussieren und 3) Persönlichkeitsveränderungen, die während akuter und remittierender Episoden gezeigt wurden, auszublenden.

Stichproben und Methoden

Stichproben

Indexprobanden und Kontrollprobanden sind den Kollektiven einer umfänglicheren Familienstudie entnommen (Maier et al. 1991) und bestehen aus 100 Indexprobanden, die zur Behandlung einer nicht wahnhaften und primären unipolaren Major Depression konsekutiv zur stationären Aufnahme kamen, und 109 nach Alter und Geschlecht, sozialem und Bildungsstand parallelisierte Indexpersonen (Kontrollen), die repräsentativ in der Allgemeinbevölkerung rekrutiert wurden. Die Probanden und ihre Angehörigen 1. Grades wurden aufgefordert, an einem semistrukturierten Interview zur biographischen und psychiatrischen Anamnese (SADS-LA; Mannuzza et al. 1985) teilzunehmen; Persönlichkeitsstörungen (DSM-III-R) wurden durch das strukturierte Interview SCID-II (Structured Clinical Interview for DSM-III-R-Diagnoses-Personality Disorders, Spitzer u. Williams 1986) erhoben. Im Rahmen des Interviews wurde auch ein Fragebogen zur Beurteilung der Persönlichkeit in „gesunden Tagen" vorgelegt (Munich Personality Test; von Zerssen et al. 1989).

Alle Indexprobanden in beiden Vergleichsgruppen sowie 82% bzw. 79% von deren lebenden Angehörigen 1. Grades willigten in eine direkte Befragung ein, die vorzugsweise in der Klinik und bei 33% der Angehörigen in deren Wohnung stattfand.

Das diagnostische Interview SADS-LA erlaubt nach Sichtung der im Interview erhobenen Daten sowie der von anderen Angehörigen bereitgestellten fremdanamnestischen Information und der Krankenakten (soweit verfügbar) eine diagnostische Beurteilung durch erfahrene Psychiater (Best Estimate Diagnosis; Leckman et al. 1982).

Die Stichproben von Patienten (Indexprobanden) wurden aufgrund der diagnostischen Zuordnung im Gesamtkollektiv untersuchter stationärer Patienten ausgewählt; die Indexprobanden der Kontrollgruppe sind nicht nach Diagnosen ausgewählt (80 der Kontrollprobanden zeigten keine Achse-I-Erkrankung nach DSM-III, 29 zeigten eine solche Diagnose, vorzugsweise eine unipolare Major Depression (n = 12).

Auswahl der Vergleichsgruppen

Die Stichprobe, die die Prüfung von Hypothese 1 ermöglicht, sollte die Untersuchung der Persönlichkeit nach Remission der Krankheitsepisode erlauben und sollte nicht durch das Inanspruchnahmeverhalten, das möglicherweise mit besonderen Persönlichkeitsprofilen assoziiert ist, kontaminiert sein. Diese beiden Bedingungen können erfüllt werden, wenn sich die Untersuchung auf erkrankte Angehörige von Patienten bezieht; in dieser Risikogruppe fanden sich 50 befragte Personen (Angehörige), die aufgrund des diagnostischen Interviews eine frühere Episode einer unipolaren Depression (Major Depression) nach DSM-III aufwiesen und zum Zeitpunkt der Untersuchung vollständig remittiert waren. In dieser Stichprobe erkrankter Angehöriger waren jene Erkrankungsfälle ausgeschlossen, bei denen zusätzlich eine frühere Episode einer Manie oder einer schizoaffektiven oder schizophrenen Erkrankung vorlag. Die Stichproben der 50 vormals an einer unipolaren Major Depression erkrankten Angehörigen der depressiven Patienten wurden in zwei Teilgruppen unterteilt: 18 vormals erkrankte Angehörige, die zusätzlich die Kriterien einer Melancholie nach DSM-III-R aufwiesen und 32 vormals erkrankte Angehörige, die diesen Subtyp nicht erfüllten; diese beiden Untergruppen stellen die ersten beiden der in Tabelle 1 dargestellten Vergleichsgruppen dar.

Die beiden anderen Vergleichsgruppen sind gesunde Angehörige, d.h. Angehörige, die aufgrund des diagnostischen Interviews keine Lebenszeitdiagnose nach DSM-III-R (Achse 1) aufwiesen; das Vorhandensein von Persönlichkeitsstörungen (Achse 2) ist allerdings kein Ausschlußkriterium. Unter den persönlich befragten Angehörigen 1. Grades der 100 Patienten mit einer unipolaren Depression erhielten 139 keine DSM-III-R-Lebenszeitdiagnose für eine Achse-1-Erkrankung; diese Angehörigenstichprobe bildet die dritte der in Tabelle 1 angeführten Vergleichsgruppen. Unter den persönlich befragten Angehörigen der 109 Kontrollprobanden fanden sich 172 Personen, die aufgrund des diagnostischen Interviews keine DSM-III-R-Lebenszeitdiagnose aufwiesen; diese Stichprobe von Angehörigen bildet die vierte der in der Tabelle 4 angeführten Vergleichsgruppen.

Soziodemographische Charakteristika der Vergleichsgruppen

Vergleichsgruppe 1 (vormals erkrankte Angehörige, Subtyp Melancholie): Mittleres Alter 48 Jahre, 31% männlich, mittleres Ersterkrankungsalter 27,5 Jahre, verheiratet 68%;
Vergleichsgruppe 2 (vormals erkrankte Angehörige, die dem Subtyp Melancholie nicht entsprechen):
Mittleres Alter 45,3 Jahre, 37% männlich, mittleres Ersterkrankungsalter 32,3 Jahre, verheiratet 65%;
Vergleichsgruppe 3 (gesunde Angehörige depressiver Patienten):
Mittleres Alter 40,9 Jahre, 53% männlich, verheiratet 65%;
Vergleichsgruppe 4 (geunde Angehörige der Kontrollen):
Mittleres Alter 39,5 Jahre, 55% männlich, verheiratet 61%.

Beurteilung der Persönlichkeit

Ein Persönlichkeitsinventar ist zur Prüfung der obengenannten Hypothesen insbesondere dann geeignet, wenn es 1) die wichtigen klassischen Konzepte prämorbider Persönlichkeitstypen (Typus melancholicus, Anankasmus, Introversion, soziale Abhängigkeit) valide erfassen kann, 2) eine Instruktion enthält, nach der die Persönlichkeit in „gesunden Tagen" zu beurteilen ist und 3) durch die Beurteilung nahestehender Bezugspersonen validiert ist.

Der Munich Personality Test (von Zerssen et al. 1988) erfüllt diese Bedingungen; dieser Test setzt sich aus Items zusammen, die die in der Literatur vorkommenden Charakterisierungen der prämorbiden Persönlichkeiten endogener Psychosen umfassen, ergänzt um Items zur Kontrolle von Motivation und Konsistenz der Beurteilungen. Der Test ist ein Selbstbeurteilungsinventar mit 51 Items. Faktorenanalysen extrahierten sieben Subskalen, die die Dimensionen „Extraversion", „Neurotizismus", „Frustrationstoleranz", „Rigidität", „Schizoidie", „Normorientierung" und „Motivation" repräsentieren; die letzten beiden Subskalen sind Kontrollskalen, von denen im weiteren nur die Subskala „Motivation" dargestellt wird. Die zuerst genannten fünf Faktoren nehmen auf Konzepte Bezug, die in der Literatur abgeleitet und diskutiert werden; die ersten beiden Subskalen entsprechen den Dimensionen der Persönlichkeitstheorie von Eysenck (1959); „Schizoidie" entspricht dem Konzept „schizoides Temperament" von Kretschmer (1936); die Subskala „Rigidität" bezieht sich auf Ordentlichkeit und Skrupelhaftigkeit des Verhaltens und kann somit als die Variante einer dimensionalen Version des Konzepts „Typus melancholicus" oder der Persönlichkeitseigenschaft „Anankasmus" interpretiert werden.

Von Zerssen et al. (1988) hat die Verteilung der Ausprägungen der sieben Subskalen in verschiedenen Kontrollpopulationen angegeben; die in dieser Arbeit berichteten Mittelwerte für die gesunden Angehörigen von Kontrollen zeigen keine relevanten Abweichungen von den Münchner Kontrollwerten (Differenzen jeweils geringer als ½ Standardabweichung).

Ergebnisse

Vergleich der vier Untersuchungsgruppen

Tabelle 1 zeigt die Persönlichkeitsprofile in drei Teilstichproben von Angehörigen der Patienten mit unipolarer Depression im Vergleich zu den gesunden Angehörigen der Kontrollpersonen. Die Unterschiede zwischen den Angehörigen von Patienten, die selbst an einer unipolaren Depression mit Melancholie erkrankt waren, hebt sich besonders deutlich vom gesunden Kontrollkollektiv ab. Die Angehörigen der Patienten, die von einer unipolaren Depression ohne Melancholie remittiert waren, zeigen ebenso (mit Ausnahme der Subskala „Schizoidie") deutliche Normabweichungen im Vergleich zum gesunden Kontrollkollektiv. Bei Anwendung eines parameterfreien Tests unterscheiden sich beide Gruppen von vormals erkrankten

Tabelle 1. Mittelwerte der Subskalen des Münchner Persönlichkeitsinventars (MPI) in verschiedenen Angehörigengruppen

		Diagnostischer Status (Achse I)	Extraversion	Neurotizismus	Frustrationstoleranz	Rigidität	Schizoide	Motivation
Angehörige von Patienten (remittiert)		Unipolare Depression mit Melancholie	7,8	8,6	6,0	10,8	4,6	5,9
		Unipolare Depression ohne Melancholie (remittiert)	8,6	8,1	7,4	9,2	4,0	5,4
	Gesund		9,6	8,1	7,8	9,7	4,2	5,6
Angehörige von Kontrollen	Gesund		10,1	6,7	8,5	8,0	4,4	5,7

Angehörigen vom gesunden Kontrollkollektiv signifikant in den Dimensionen „Extraversion", „Neurotizismus", „Frustrationstoleranz" und „Rigidität" (U-Test, p = 0,01); bezüglich der Dimension „Schizoidie" und bezüglich der Kontrollskala „Motivation" finden sich keine signifikanten Gruppenunterschiede.

Die gesunden Angehörigen von Patienten und die gesunden Angehörigen der Kontrollprobanden unterscheiden sich ebenso in allen Subskalen mit Ausnahme der Subskalen „Schizoidie" und „Motivation". Besonders prägnant sind die Unterschiede in den Subskalen „Rigidität" (U-Test, p = 0,01) und bezüglich der Subskala „Neurotizismus" (U-Test, p = 0,01); die weiteren Subskalen „Extraversion" und „Frustrationstoleranz" zeigen zwar bei gesunden Angehörigen von Patienten im Vergleich zum Kollektiv gesunder Angehöriger von Kontrollprobanden gleichgerichtete Tendenzen wie bei den erkrankten Angehörigen der Patienten, auf diesen beiden Subskalen sind die Unterschiede jedoch nicht signifikant (U-Test, p = 0,05).

Die von einzelnen Autoren vertretene These der Spezifität des „Typus melancholicus" für endogene Depressionen motiviert die Hypothese, daß der diesem Typus entsprechende MPT-Faktor „Rigidität" bei gesunden Angehörigen von Patienten mit einer Melancholie stärker ausgeprägt ist als bei gesunden Angehörigen von depressiven Patienten, die nie an einer Melancholie litten. Die entsprechende Unterteilung der in Tabelle 1 angeführten Stichprobe gesunder Angehöriger depressiver Patienten erbrachte jedoch in beiden Teilgruppen identische Mittelwerte des MPT-Faktors „Rigidität" (nicht in Tabelle 1 gezeigt).

Zusammenfassend kann damit zunächst festgestellt werden, daß die Persönlichkeit von Angehörigen von Patienten, die selbst an einer unipolaren Depression erkrankt waren, in den krankheitsfreien Intervallen deutlich von der Persönlichkeit gesunder Kontrollpersonen unterschieden ist; diese Feststellung gilt insbesondere für die in der Regel schwerer ausgeprägte melancholische Verlaufsform der unipolaren Depression und betrifft eine Vielzahl von Persönlichkeitsvariablen. Diese vormals erkrankten Angehörigen sind introvertierter, zeigen ein höheres Maß an Rigidität, eine geringere Frustrationstoleranz und eine ausgeprägtere vegetative Labilität (Neurotizismus). Die gesunden Angehörigen der Patienten mit unipolarer Depression zeigen auch Normabweichungen im Vergleich zum Kontrollkollektiv; die Normabweichungen sind insgesamt schwächer ausgepägt und auf eine geringere Anzahl von Persönlichkeitsdimensionen bezogen. Insbesonders erweisen sich die gesunden Angehörigen von Patienten im Vergleich zu einem Normalkollektiv als rigider und vegetativ labiler (Neurotizismus).

Kontrolle von Störvariablen

Es ist nun zu prüfen, ob die Unterschiede zwischen den beiden verschiedenen Gruppen von Angehörigen von Patienten und dem Kontrollkollektiv auf prämorbide Normabweichungen zurückzuführen sind, oder ob sie auch ohne Zuhilfenahme des Konzepts der prämorbiden Persönlichkeit erklärt werden können. Hierzu ist zunächst festzustellen, daß

1. erkrankte Angehörige von Patienten häufiger weiblichen Geschlechts sind als gesunde Angehörige von Patienten und gesunde Kontrollpersonen und
2. erkrankte Angehörige von Patienten älter sind als die beiden anderen Untersuchungsgruppen, die durch das Fehlen von Lebenszeitdiagnosen definiert sind;
3. in Familien von Patienten mit affektiven Störungen u.U. nicht nur affektive Störungen, sondern auch andere psychiatrische Erkrankungen (z.B. Angsterkrankungen oder Persönlichkeitsstörungen) im Vergleich zu Familien von Kontrollpersonen aus der Allgemeinbevölkerung gehäuft vorliegen; deren erhöhte Prävalenz könnte eine Normabweichung der Persönlichkeitsprofile in den Angehörigengruppen bedingen.

Dieser Gesichtspunkt ist hier jedoch für Akuterkrankungen nicht relevant, da Angehörige, die keine unipolare Major Depression, aber stattdessen andere psychiatrische Akuterkrankungen (Achse I) aufweisen, keiner der hier diskutierten Vergleichsgruppen zugeordnet wurden; in jeder der hier dargestellten Vergleichsgruppen können jedoch Persönlichkeitsstörungen vorkommen. Daher sind in der Tabelle 2 die Prävalenzen der DSM-III-R-Persönlichkeitsstörungen getrennt für die einzelnen Untersuchungsgruppen dargestellt; einzelne Persönlichkeitsstörungen werden in der Tabelle 2 entsprechend dem Vorschlag der DSM-III-R-Manuals in drei übergreifenden Kategorien zusammengefaßt.

Von besonderem Interesse ist die Prävalenz der „zwanghaften Persönlichkeitsstörung", die in der Tabelle 2 unter die Gruppe c subsumiert ist: die relative Häufigkeit dieser Persönlichkeitsstörung bei Angehörigen mit uni-

Persönlichkeitsfaktoren als Risiko- und Krankheitsindikatoren 157

Tabelle 2. Relative Häufigkeit von Persönlichkeitsstörungen DSM-III-R bei Angehörigen von Patienten und Kontrollen

	Diagnostischer Status (Achse 1)	Beliebige Persönlichkeitsstörung	Persönlichkeitsstörung Gruppe A*	Persönlichkeitsstörung Gruppe B**	Persönlichkeitsstörung Gruppe C***
Angehörige von Patienten	Unipolare Depression mit Melancholie (remittiert)	10,9%	3,3%	3,0%	6,0%
	Unipolare Depression ohne Melancholie (remittiert)	12,1%	3,0%	3,8%	7,5%
	Gesund	10,3%	2,8%	3,2%	5,8%
Angehörige von Kontrollen	Gesund	10,1%	2,0%	2,6%	5,4%

Gruppe A*   : Paranoide, Schizoide, Schizotype PSt.
Gruppe B** : Antisoziale, Borderline, Histrionische, Narzißtische PSt.
Gruppe C*** : Selbstunsichere, Dependente, Passiv-aggressive, zwanghafte PSt.

polarer Depression und Melancholie beträgt 4,0%, bei Angehörigen mit unipolarer Depression ohne Melancholie 5,8%, bei gesunden Angehörigen von Patienten 2,4% und bei gesunden Kontrollen 2,2%.

Die Häufigkeit von Persönlichkeitsstörungen bei erkrankten Angehörigen von Patienten ist um den Faktor 1,7 im Vergleich zum gesunden Kontrollkollektiv erhöht; der entsprechende Faktor für die gesunden Angehörigen der Patienten ist 1,2. Um dem oben bei 3) genannten Gesichtspunkt gerecht zu werden, ist zu prüfen, ob diese erhöhte Prävalenz von Persönlichkeitsstörungen bei Angehörigen von Patienten deren abweichendes Persönlichkeitsprofil erklären kann.

Um den möglichen Einfluß dieser drei Variablen (Geschlechtsverteilung, Alter, Vorhandensein von Persönlichkeitsstörungen) auf die Gruppenunterschiede bezüglich der Persönlichkeitsdimensionen zu kontrollieren, wird eine stufenweise Varianzanalyse für jede der in Tabelle 1 angegebenen Persönlichkeitsdimensionen (die die Funktion unabhängiger Variablen einnehmen) und für jede der drei Gruppenvergleiche (Angehörige mit Melancholie versus gesundes Kontrollkollektiv, Angehörige mit Depression ohne Melancholie im Vergleich zum gesunden Kontrollkollektiv, gesunde Angehörige von Patienten im Vergleich zum gesunden Kontrollkollektiv) durchgeführt; die ersten drei abhängigen Variablen sind die zu kontrollierenden Variablen (Alter, Geschlecht, Vorhandensein einer Persönlichkeitsstörung), als letzte unabhängige Variable wird die Gruppierungsvariable (Identifikation der beiden zu vergleichenden Gruppen) eingeführt; die Teststatistik für die Gruppierungsvariable charakterisiert dann die für Geschlechtsverteilung,

Alter und Vorhandensein einer Persönlichkeitsstörung kontrollierte Signifikanz der Gruppenunterschiede. Bei Anwendung dieses Verfahrens bleiben die vorbeschriebenen Signifikanzen auf dem Niveau 0,05 bestehen; von „Schizoidie" und „Motivation" abgesehen, zeigen alle MPT-Subskalen Gruppenunterschiede zwischen der Gruppe erkrankter Angehöriger und der Gruppe gesunder Kontrollpersonen; die Gruppierungsvariable „gesunde Angehörige von Patienten versus gesunde Angehörige von Kontrollen" ist lediglich für die MPT-Subskalen „Rigidität" und „Neurotizismus" signifikant ($p = 0{,}05$).

Diskussion

Die Persönlichkeit remittierter Depressiver

In Übereinstimmung mit zahlreichen früheren Untersuchungen konnte festgestellt werden, daß unipolare Depressionen (Major Depression) mit reduzierter Extraversion und Frustrationstoleranz und mit ausgeprägterer Rigidität und Neurotizismus assoziiert sind (Akiskal et al. 1983; von Zerssen 1982; Hirschfeld et al. 1983b). Dieser Unterschied, insbesondere für den melancholischen Subtyp, geht insofern über die Referenzliteratur hinaus, als diese Assoziation in einer Stichprobe von Personen mit Depressionen gefunden wurde, die nicht durch ihren Patientenstatus definiert sind. Weniger als die Hälfte (46%) der an unipolarer Depression erkrankten Angehörigen Depressiver begab sich jemals wegen dieser Symptomatik in ärztliche Betreuung. Es kann daher gefolgert werden, daß das beschriebene Persönlichkeitsprofil Depressiver nicht ein Artefakt des Inanspruchnahmeverhaltens ist.

Tölle et al. (1987) haben in ihren Untersuchungen Persönlichkeitsstörungen als einen möglichen Störfaktor besonders herausgearbeitet: Persönlichkeitsunterschiede zwischen Vergleichsgruppen könnten möglicherweise vorwiegend eine unterschiedliche Häufigkeit von Persönlichkeitsstörungen widerspiegeln. Die relativ geringe Häufigkeit von Persönlichkeitsstörungen in den Vergleichsgruppen unserer Studie schließt aber einen wesentlichen Einfluß dieses Störfaktors aus. Die hier beobachtete globale Häufigkeit von DSM-III-R-Persönlichkeitsstörungen (11,6%) bei erkrankten Angehörigen entspricht den von Königsberg et al. (1985), aber auch den von Tölle et al. (1987) − bei Anwendung von DSM-III-R-Kriterien − in Patientenkollektiven erhobenen Prävalenzraten.

Zusammenfassend können wir damit Normabweichungen der Persönlichkeit Depressiver beobachten, die die Hypothese einer gesteigerten Introversion und des gehäuften Vorkommens des „Typus melancholicus" stützen. Die ebenfalls gefundene gesteigerte Labilität und reduzierte Frustrationstoleranz bei Depressiven beschreibt ein unspezifisches Verhaltensmuster, das auf geringere Belastbarkeit und überdauernde Instabilität auch nach der klinischen Remission hinweist. Wie eine gesonderte Analyse der Angehörigen mit nur einer Krankheitsepisode belegt, ist dieses beschriebene Persönlichkeitsmuster bereits nach der ersten Krankheitsphase zu beobachten (Maier et al. 1992).

Prä-versus postmorbide Persönlichkeit

Obwohl die Testinstruktion des verwendeten Persönlichkeitsinventars den Probanden auffordert, seine Persönlichkeit in „gesunden Tagen" zu beurteilen, kann nicht ausgeschlossen werden, daß die Normabweichungen bei remittierten Depressiven Persönlichkeitsveränderungen widerspiegeln, die durch die Erkrankung induziert worden sind. Diese Erklärung der Normabweichungen bei erkrankten Angehörigen verliert aber an Plausibilität, wenn ähnliche Normabweichungen auch bei jenen Angehörigen Depressiver gefunden werden, die keine Lebenszeitdiagnose für irgendeine psychiatrische Erkrankung (Achse I) erhalten haben. In der vorgelegten Untersuchung ist dies für die Persönlichkeitsdimensionen „Rigidität" und „Neurotizismus" der Fall. Beide Dimensionen stellen damit Indikatoren eines erhöhten Risikos dar, an einer unipolaren Depression zu erkranken (Risikoindikatoren).

Die Dimensionen „Extraversion" und „Frustrationstoleranz" zeigten dagegen nur bei Angehörigen, die eine frühere Krankheitsepisode aufwiesen, eine eindeutige Normabweichung, nicht jedoch bei den gesunden Angehörigen Depressiver. In Übereinstimmung mit dieser Konklusion besteht in den bisher vorliegenden empirischen Studien ein Konsens, daß eine reduzierte Extraversion bzw. ausgeprägte Introversion kein Kennzeichen einer prämorbiden Verfassung von später depressiven Personen ist (Angst u. Clayton 1986; Hirschfeld et al. 1989). Beide Dimensionen, „Extraversion" und „Frustrationstoleranz", definieren daher Krankheitsindikatoren (i.e. Indikatoren einer abgelaufenen unipolaren Depression), nicht aber Risikoindikatoren.

Während wir mit den Mitteln der vorgelegten Untersuchung nicht entscheiden können, ob „Rigidität" und „Neurotizismus" einen prämorbiden Risikofaktor für das Auftreten einer unipolaren Depression oder eine subklinische Variante affektiver Störungen beschreiben, kann die beobachtete Normabweichung bei keiner der beiden Variablen lediglich als Folge der Erkrankung gedeutet werden. Damit belegt diese Untersuchung die These Tellenbachs (1983), daß die bei Melancholikern anzutreffende, dem Typus melancholicus entsprechende Persönlichkeitskonstellation keine Konsequenz abgelaufener depressiver Phasen darstellt; von Zerssen u. Pössl (1990) kamen bei einer blinden Krankenaktenauswertung zu einem analogen Resultat. Die Ergebnisse unserer Studie widersprechen aber dem Postulat von der Spezifität des „Typus melancholicus" für die Melancholie (Tellenbach 1983), denn: 1) auch Depressive ohne Melancholie zeigten dieses Muster; 2) auch die gesunden Angehörigen von Depressiven ohne Melancholie wiesen Normabweichungen bezüglich dieser Variablen auf, während diese Angehörigengruppe keine Unterschiede gegenüber gesunden Angehörigen von Melancholikern zeigte; 3) Patienten mit Melancholie und deren Angehörige (unabhängig vom diagnostischen Status) weichen auch bezüglich der Dimension „Neurotizismus" vom Kontrollkollektiv ab, ohne daß diese Normabweichung als Konsequenz der Erkrankung oder als Konsequenz der Abweichung des Faktors „Rigidität" gedeutet werden könnte.

Die beobachteten Normabweichungen in den Dimensionen „Rigidität" und „Neurotizismus" sind stattdessen mit folgender These kompatibel: das Risiko, an einer unipolaren Depression zu erkranken, ist prämorbid mit erhöhter Rigidität und Neurotizismus verbunden – unabhängig vom Subtyp der unipolaren Depression; auftretende Krankheitsepisoden steigern die prämorbiden Normabweichungen in beiden Dimensionen; diese zusätzliche (postmorbide) Veränderung der prämorbiden Persönlichkeit nimmt mit zunehmendem Schweregrad und Häufigkeit der depressiven Episoden zu; da der melancholische Subtyp durch einen besonders hohen Schweregrad und ausgeprägte Rezidivneigung gekennzeichnet ist, geht er mit besonders ausgeprägten Normabweichungen in beiden Dimensionen einher. Diese Interpretation findet auch in einer weiteren Analyse unserer Daten (Maier et al. 1992) eine weitere Stütze.

Erhöhter Neurotizismus bei Angehörigen Depressiver kann auf eine konstitutionell vermittelte psychoasthenische Disposition hinweisen; die erhöhte Rigidität kann als ebenso familiär vermittelte Disposition oder alternativ als eine die psychoasthenische Disposition kompensierende und stabilisierende Reaktionsbildung verstanden werden. Die letztgenannte Alternative entspricht der Interpretation des Typus melancholicus durch Peters (1985) und von Zerssen (1982, 1988).

Zwei prospektive Untersuchungen haben bereits belegen können, daß ein erhöhter Neurotizismus-Score das spätere Auftreten einer unipolaren Depression prädiziert (Hirschfeld et al. 1989; Angst u. Clayton 1986; Angst 1988). Bisher liegt keine prospektive Untersuchung vor, die den Faktor „Rigidität" oder einen ähnlichen Faktor als prädiktiv ausweist. Die einzige prospektive Studie, die hierzu eine Aussage trifft, kam zu einem negativen Ergebnis (Hirschfeld et al. 1989); wie in der Einleitung diskutiert, kann dies jedoch auf der geringen Sensitivität des verwendeten Untersuchungsinstrumentes beruhen. Die durch die vorgelegten Ergebnisse plausible Hypothese der prädiktiven Valenz des Persönlichkeitsfaktors „Rigidität" erfordert eine empirische Überprüfung in der Risikogruppe; eine Nachuntersuchung von gesunden Angehörigen Depressiver (3-Jahres-Follow-up) in den vorgestellten Vergleichsgruppen ist im Gange.

Literatur

Abraham K (1925) Psychoanalytische Studie zur Charakterbildung. In: Cremerius J (Hrsg) Karl Abraham. Psychoanalytische Studie I–II. Fischer, Frankfurt

Akiskal HS, Hirschfeld MA, Yerevanian BI (1983) The relationship of personality to affective disorders – A critical review. Arch Gen Psychiatry 40:801–810

Angst J (1988) Prämorbide Persönlichkeit — Methodische Probleme. In: Janzarik W (Hrsg) Persönlichkeit und Psychose. Enke, Stuttgart, S 72—81

Angst J, Clayton P (1986) Premorbid personality of depressive, bipolar and schizophrenic patients with special reference to suicidal issues. Compr Psychiatry 27:511—532

Eysenck HJ (1959) Manual of the Maudsley Personality Inventory. University of London Press, London

Hirschfeld MA, Klerman GL, Clayton PJ, Keller MB (1983a) Personality and depression, empirical findings. Arch Gen Psychiatry 40:993—998

Hirschfeld MA, Klerman GL, Clayton PJ, Keller MB, McDonald-Scott P, Larkin BH (1983b) Assessing personality: Effects of the depressive state on trait measurement. Am J Psychiatry 140:695—699

Hirschfeld MA, Klerman GL, Keller MB, Andraesen NC, Clayton PJ (1983) Personality of recovered patients with bipolar affective disorder. J Affective Disord 11:81—89

Hirschfeld MA, Klerman GL, Lavori P, Keller MB, Griffith P, Coryell W (1989) Premorbid personality assessments of first onset of major depression. Arch Gen Psychiatry 46:345—350

Koenigsberg HW, Kaplan RD, Gilmore MM, Cooper AM (1985) The relationship between syndrome and personality disorders in DSM III: experience with 2462 patients. Am J Psychiatry 142:2

Kretschmer E (1921) Körperbau und Charakter. 1. Aufl. Springer, Berlin (26. Aufl. bearb. von W. Kretschmer 1977)

Leckman IF, Sholomskas D, Thompson WD, Belanger A, Weissman MM (1982) Best estimate of lifetime psychiatric diagnosis. A methodological study. Arch Gen Psychiatry 39:879—883

Maier W, Hallmayer J, Lichtermann D, Philipp M, Klingler T (1991) The impact of the endogenous subtype on the familial aggregation of unipolar depression. Eur Arch Psychiatry Clin Neurosci 240:355—362

Maier W, Lichtermann D, Minges J, Heun R (1992) Personality factors associated with the risk for unipolar depression: a family study perspective. J Affective Disord (in press)

Mannuzza S, Fyer AJ, Endicott J, Klein DF, Robins LN (1985) Family informant schedule and criteria (FISC). Anxiety Disorder Clinic, New York; State Psychiatric Institute, New York

Peters UH (1985) Typus melancholicus. In: Freedman AM, Kaplan HI, Sadock BJ, Peters UH (Hrsg) Psychiatrische Praxis und Klinik, Bd 2. Thieme, Stuttgart

Spitzer RL, Williams JBW (1986) Structured Clinical Interview for DSM-III-R Personality Disorders (SCID-II, 5/1/86). Biometric Research Department, New York, State Psychiatric Institute, New York

Tellenbach H (1983) Melancholie, 4. Aufl. Springer, Berlin Heidelberg New York Tokyo

Tölle R (1987) Persönlichkeit und Melancholie. Nervenarzt 58:327—339

Tölle R, Peikert A, Rieke A (1987) Persönlichkeitsstörungen bei Melancholiekranken. Nervenarzt 58:227—236

Zerssen D von (1982) Personality and affective disorders. In: Paykel ES (eds) Handbook of affective disorders. Churchill Livingstone, Edinburgh, pp 212—228

Zerssen D von, Pössl J (1990) The premorbid personality of patients with different subtypes of an affective illness: statistical analysis of blind assignment of case history data to clinical diagnoses. J Affective Disord 18:39—50

Zerssen D von, Pfister H, Koeller D-M (1988) The Munich Personality Test (Mpt) — a short questionnaire for self-rating and relatives rating of personality traits: formal properties and clinical potential. Eur Arch Psychiatry Neurol Sci 238:73—93

Therapie bei Borderline-Persönlichkeitsstörungen

W. Machleidt[1]

Das Krankheitserleben einer Betroffenen

Eine Frau aus Virginia/USA, ihr Name ist Erika Zauzig, schrieb an den Herausgeber einer psychiatrischen Zeitschrift (Hospital and Community Psychiatry). Der Brief wurde im September 1987 unter dem Titel „A Borderline Patients View" veröffentlicht. Darin gibt sich die Schreiberin selbst als jemand zu erkennen, bei dem die Diagnose Borderline-Persönlichkeitsstörung gestellt wurde. Sie ist eine gute Kennerin des Krankheitsbildes und beschreibt psychopathologische Symptome wie selbstschädigendes Verhalten, flüchtige psychotische Episoden, tief depressive Gefühle, überwertige Affekte wie Angst, Ärger und Wut und – dies vor allem – quälende Leeregefühle. Sie hat damit wesentliche Symptome genannt, die auch in internationale Klassifikationsschemata Eingang gefunden haben (DSM-III-R 1989). Um die Symptomatik vollständig zu umreißen, bleibt noch zu erwähnen, daß diese Menschen zu einem abrupten Wechsel zwischen Idealisierung und Abwertung in zwischenmenschlichen Beziehungen und zur impulsiven Befriedigung basaler Wünsche neigen mit Geldausgaben, Alkohol- und Drogengebrauch, in der Sexualität, durch übermäßiges Essen etc. Diese Menschen versuchen alle Situationen zu meiden, in denen sie Alleinsein ertragen müßten. Schon allein der Gedanke daran ist ihnen schwer erträglich. Sie haben überdies Mühe, ein Gefühl eigener unverwechselbarer Identität und ein Gefühl des Abgegrenztseins von engeren Beziehungspersonen zu entwickeln. Die Kernbereiche dieser Persönlichkeitsstörung liegen also in den Bereichen der Stimmung, der zwischenmenschlichen Beziehungen und des Selbstbildes.

Mit ihrem Brief möchte die Patientin dazu beitragen, daß Kliniker mehr Verständnis für die Notfallbehandlung von Patienten mit einer Borderline-Persönlichkeitsstörung aufbringen. Wichtigstes Anliegen ist ihr jedoch aus eigenen unguten Erfahrungen, daß Ärzte die Gefühle dieser Patienten nicht nur wahrnehmen lernen, sondern sich auch bemühen, einen verstehenden Zugang zu diesen zu finden. Sie schreibt:

---

[1] Klinik und Poliklinik für Neurologie und Psychiatrie der Universität, Joseph-Stelzmann-Straße 9, W-5000 Köln 41, Bundesrepublik Deutschland

„Der (wütende) Patient könnte dem Arzt vorwerfen, er habe überhaupt keine Ahnung von den Gefühlszuständen des Pat. oder auch von Psychiatrie überhaupt. Die Botschaft hinter solchen Vorwürfen ist, daß der Patient sich schlicht unverstanden fühlt. Viele Borderline-Patienten fühlen sich einfach unverstanden. Ich selbst halte es für unmöglich, einem Arzt oder irgend jemandem sonst zu erklären, wie es sich anfühlt, *leer* zu sein. Einmal habe ich die Notfallaufnahme aufgesucht, weil ich mich innerlich leer fühlte. Es erwies sich als fast unmöglich, mich mit dem diensthabenden Psychiater über die Art meiner Gefühle zu verständigen. Ich litt unter derart schlimmen Leeregefühlen, daß ich mir den Satz ‚Ich bin verloren' mit einer Rasierklinge in mein Bein ritzte. Weil der Arzt meine innere Leere überhaupt nicht verstand..., war die Fahrt zur Notfallaufnahme für mich so enttäuschend gewesen. Leeregefühle sind furchtbare Gefühle. Sie können zur Selbstverstümmelung verleiten, wenn nicht gewissenhaft Hilfe geleistet wird. Wer sich innerlich leer fühlt, fühlt sich wie tot. Die Ärzte sollten sorgfältig hinhören und sie sollten versuchen, zu verstehen, was in dem Patienten vorgeht."

Soweit einige Ausschnitte aus dem Brief der Patientin.

Leeregefühle

Mit ihrer Kritik trifft sie einen vulnerablen Punkt im verstehenden Zugang zum Patienten mit einer Borderline-Persönlichkeitsstörung. Denn am Verständnis von Leere wird noch anders als bei Affekten wie Angst, Aggression, Depression oder psychotischen Episoden eine kritische Grenze erreicht. Dies liegt auch daran, daß die sprachlichen Ausdrucksmöglichkeiten dort versagen, wo über etwas kommuniziert werden soll, was als Leere nicht existent ist. Sprache transportiert üblicherweise Erfahrenes, also Seiendes. Leere ist i. d. S. „das Nicht-Stattfinden gelebten Lebens". In dieser Metapher liegt eine Paradoxie, die den antizipatorischen Verlust all der Dinge beinhaltet, auf die sich der Lebenshunger richtet − eben auf Kommendes. Wie läßt sich das quälende Gefühl des Leeren, des Nichts kommunikabel machen, denn dies scheint unerläßlich für den therapeutischen Umgang mit Borderline-Patienten.

Machen wir uns dies noch einmal klar: Leere wird als eine quälende Ziel- und Objektlosigkeit erlebt. Was mit dem Wort Leere bezeichnet wird, kann als der besondere Fall einer kognitiven Leerequalität verstanden werden. Die zugehörige Gefühlsqualität ist nicht erlebnisfähig, sie wirkt wie abgespalten. Dieser emotionelle Anteil am Erleben wäre der sehnsüchtige, der hungrige, der neugierige, der verlangende usw. Hungrige Gefühle in diesem universellen Verständnis sind definierbar als Gefühle der Leere, die auf Erfüllung abzielen. Der intentionale Anteil am hungrigen Erleben ist unübersehbar (Machleidt et al. 1989). Das gewünschte Objekt allerdings, das Objekt des Verlangens, kann jedoch nicht identifiziert werden. Man kann das Erlebnis der Leere als einen psychischen Mechanismus der Verflüchtigung oder der Zersplitterung (Kernberg 1975) an konkreter Wahrnehmung verstehen oder als deren Nihilierung oder Vernicht(s)ung auffassen. Der „intentionale Spannungsbogen", ein Begriff, den Behringer zum besseren Verständnis der Pathologie Schizophrener eingebracht hat, ist beim Leere-Erleben bereits im Initialteil des Erlebnisablaufes gestört. Deshalb geschieht nichts und kann nichts geschehen. Leeregefühle sind, obwohl sie auch bei Schizophrenen und Depressiven vorkommen, weder schizoide noch depressive Gefühle, sondern eine eigene Grunderlebnismodalität. Wir sagen dies in Übereinstimmung mit Kernberg (1975). Sie imponieren als eine pathologische Spielart der Intention, der Hungeremotion. Impulsive intentionale Durchbrüche – typisch für Borderline-Patienten – kennzeichnen das Stillen des Objekthungers nach dem „Alles-oder-Nichts-Prinzip" auf einer infantilen Ebene. Diese intentionalen Durchbrüche sind so etwas wie ein intentionaler Raptus. Dieser zielt darauf ab, die Leere schlagartig zu füllen. Die Objekte werden dabei im impulsiven Durchbruch inkorporiert, wie z.B. bei verschwenderischem Einkaufen, Freßanfällen, süchtigem Verhalten, oftmaligem Partnerwechsel usw. Außerhalb solcher Durchbrüche werden solche Objekte evtl. gar nicht erreicht, dann resultiert Leere und häufig die Langeweile als dem ungestillten Hunger nachfolgendes depressives Gefühl.

Therapeutisch ließen sich daraus einige Schlußfolgerungen ziehen. Viele Patienten horchen auf, und das Gefühl des Unverstandenseins läßt nach, wenn ihnen das Gefühl der Leere als eine innere Sehnsucht, ein inneres Verlangen, eine Neugier, ein Wunsch oder eine Hoffnung gedeutet wird, als Gefühle, die vorübergehend nur schwer erlebnisfähig sind, weil der Verflüchtigung anheimgefallen. Leere wäre demnach auch ein Signal für einen latenten Wunsch auf Neubeginn, einen Aufbruch zu neuen Zielen und Aufgaben, eine Zukunftsorientierung schlechthin. Eine solche Intervention fügt etwas zusammen, was dem Patienten auseinandergefallen ist und erst wieder zusammenfinden muß. Gleichzeitig ist es wichtig, dem Patienten etwas anzubieten, das diese Leere füllt. Dies ist zum einen die Beziehung zum Therapeuten und seine „containing function", seine haltende und aushaltende Funktion im Therapieprozeß. Zum anderen kommen dafür die averbalen Therapieformen in Frage, und der Umgang mit Dingen, zu denen der Patient eine besondere Beziehung entwickeln kann, wie z.B. in der Maltherapie, der Musik- und Tanztherapie oder auch geeigneten Arbeiten im Rahmen der Beschäftigungstherapie. Beim Umgang mit Leere liegt die Betonung darauf, daß diese als Spielart intentionaler Gefühle positive, lebensbejahende Gefühle sind, die am Anfang jedes Schaffens stehen und die nur in ihrer überwertigen Form zu quälender Leere, oder dem absoluten Nichts-Erleben wie z.B. in der Psychose (Jaspers 1973) entstellt sind. In einem virtuellen Sinne wird der Patient in diesem psychopathologischen Zustand zum Hungerkünstler wider Willen. Er verhungert psychisch, obwohl er physisch wohlgenährt ist. Leere ist in diesem Sinne nicht nur so sehr der Verlust als vielmehr die Verflüchtigung gelebten Lebens – allerdings mit der Option des Borderline-Patienten auf Alles oder Nichts.

Was sagte der Hungerkünstler in Kafkas gleichnamiger Erzählung auf die Frage des Aufsehers: „Als der Aufseher den Hungerkünstler fragte: Da sieh mal einer, warum kannst Du denn nicht anders? sagte er: Weil ich nicht die Speise finden konnte, die mir schmeckt. Hätte ich sie gefunden, glaube mir, ich hätte kein Aufsehen gemacht und mich vollgegessen, wie Du und alle."

Borderline-Diagnose

Die Borderline-Persönlichkeitsstörung hat auch dank der positiven wie negativen Faszination, die diese Menschen auf ihre Behandler ausüben, in einem langjährigen wissenschaftlichen Klärungsprozeß theoretisch wie empirisch, diagnostisch wie therapeutisch klarere Konturen gewonnen. Der kriteriologische und der verstehende Zugang haben davon profitieren können. Die Definition des Krankheitsbildes als nosologische Entität ist immer noch umstritten (Knight 1953; Saß u. Köhler 1983). Im DSM-III-R hat es eine vorläufige Abgrenzung gefunden, die weiterer empirischer Überprüfung bedarf. Seit zwei Jahrzehnten liegt nun ein akkumuliertes empirisch-therapeutisches Erfahrungswissen vor (Gunderson u. Kolb 1978; Perry u. Klerman 1978, 1980; Spitzer u. Endicott 1979; Kernberg 1975, 1985, 1989; McGlashan 1986; Stone 1980, 1987; Rohde-Dachser 1989 u.v.a.m.). Die wissenschaftliche Forschungsarbeit fokussiert sich heute mehr auf geeignete psychotherapeutische Behandlungsformen und auf deren Einbettung in stationäre, teilstationäre und ambulante Behandlungsstrukturen und die Kombination mit kognitiven und milieu- und pharmakotherapeutischen Verfahren.

Spezifität der Diagnose und der Therapie?

Wegen psychopathologischer Überschneidungen zu den anderen Persönlichkeitsstörungen wird die Frage der Berechtigung dieser diagnostischen Kategorie als nosologische Entität kritisch gestellt. Für die therapeutischen Überlegungen ist die Konstituierung des Borderline-Syndroms als eigenständige nosologische Entität von eher nachrangiger Bedeutung. Eine spezifische Therapie im stringenten organtherapeutischen Sinne (wie bei Diabetes das Insulin oder bei der Herzinsuffizienz das Digitalis) gibt es für die Borderline-Persönlichkeitsstörung nicht. Für den individuellen Zuschnitt der Behandlung und ihrer Spezifität bildet auch die heute übliche Behandlungsmethodik selber nur einen groben Rahmen, dessen individualtypische Ausgestaltung in der sich entwickelnden therapeutischen Beziehung und dem konkreten Material liegt, das der Patient in der therapeutischen Arbeit anbietet. Und dieses weist eine große Distanz zum Abstraktum kriteriologischer Endbegriffe auf, wie sie Diagnosen darstellen. Das Abstraktionsniveau solcher Kriteriologien bewegt sich in einer Höhe und damit auch in einer sprachlichen und erlebnismäßigen Distanz zur konkreten therapeutischen Situation, daß die impliziten Entsprechungen dieser beiden Analyseebenen rahmenhaft bleiben.

Otto Kernbergs Pionierarbeit

Die theoretische Konzeption

Einer der wissenschaftlichen Pioniere auf dem Gebiet der Erforschung der Borderline-Persönlichkeitsstörung, Otto Kernberg, legte 1975 in einer vielbeachteten Arbeit eine umfassende systematische Übersicht über die symptomatologischen, ich-strukturellen und dynamisch-psychogenetischen Merkmale dieser Erkrankung vor. Über die reine Deskription kriteriologischer Merkmale hinausgehend, entwickelte Kernberg (1975) ein psychostrukturelles Konzept der Borderline-Persönlichkeitsorganisation. Das Konzept fußt auf einer entwicklungspsychologischen Denkweise und geht von der Annahme aus, daß die Borderline-Persönlichkeitsorganisation eine bestimmte niedere Ebene psychischen Funktionierens darstellt, die im Grenzgebiet zwischen der neurotischen und der psychotischen Persönlichkeitsorganisation angesiedelt ist. Er unterscheidet dementsprechend eine höhere, mittlere und niedere Ebene der Charakterpathologie. Die „strukturelle Diagnostik" Kernbergs (1989) erlaubt anhand einer exakten Beschreibung und Erfassung der Ich-Struktur und ihrer Abwehrmechanismen eine Zuordnung zur aktuellen Entwicklungsebene des Individuums. Auf der niederen Ebene der Borderline-Persönlichkeitsorganisation sind auch andere Persönlichkeitsstörungen angesiedelt (schwerer gestörte narzißtische, paranoide, dissoziale etc.). Was aus deskriptiv-diagnostischer Sichtweise zu Abgrenzungsschwierigkeiten führt, macht aus einer vertikalen evolutionistischen Sicht und für die therapeutische Arbeit durchaus Sinn: Dies ist die Identifizierung der Mechanismen im Umgang der Borderline-Persönlichkeit mit sich selbst und anderen. Die Spielarten dieser sog. Abwehrmechanismen auf der niederen Funktionsebene sind die Spaltung in nur gut oder nur böse (Schwarz-weiß-Malerei), Frühformen der Projektion — wie die projektive Identifizierung, primitive Idealisierung oder das Gegenteil davon, Abwertung, Allmachtsphantasien, Verleugnung etc. Neben diesen spezifischen Abwehrmechanismen unterscheidet Kernberg auch unspezifische wie Ich-Schwäche: als mangelhafte Impulskontrolle und mangelhafte Angsttoleranz, mangelhafte Differenzierung zwischen dem eigenen Selbst und den anderen Objekten, primärprozeßhafte Denkform u.a. Ein innerer Zusammenhang zwischen den deskriptiv-diagnostischen Kriterien und den Erlebens- und Verhaltensmustern, die Kernberg als typische Abwehrmechanismen benennt, läßt sich herstellen.

Auf der Ebene des Funktionsniveaus der Borderline-Persönlichkeitsorganisation gibt es nach Kernberg unterschiedliche Erscheinungsformen. Das gemeinsame ist das Borderline-Funktionsniveau, das Trennende die klinische Ausgestaltung, allerdings mit Überlappungsbereichen, z.B. als narzißtische, infantile, dissoziale u.a. Persönlichkeitsstörung.

Relativierung der hermeneutischen Denkweise

Die hermeneutischen Begriffe, die für die psychoanalytischen Erklärungsmuster der Interaktion mit dem Patienten Verwendung finden, wie projektive Identifizierung, Verdrängung, Verleugnung, Spaltung, Übertragung, Gegenübertragung, primitive Idealisierung usw., verstehen wir als Deutungsmuster mit systematisierendem Charakter und einer unübersehbar kausalistischen Konnotation. Dem zeitlichen Nacheinander von emotionellen, kognitiven und Handlungsmustern in der therapeutischen Interaktion mit dem Patienten wird eine Bedinglichkeit unterlegt, für die keine zwingende Emotionslogik geltend gemacht werden kann. Solche therapeutischen Prozesse konstituieren sich aus unserer Sicht „immer anders". Eine gesetzmäßige Regelhaftigkeit läßt sich nur in vagen Konturen und ex post sichtbar machen. Es gibt schließlich auch das Phänomen der Spontanheilungen. Dem therapeutischen Prozeß durch ein theoretisches Konzept ein deterministisches Gepräge zu geben und damit ein Vorauswissen zu antizipieren, das nicht vorauszuwissen ist, stellt einen Vorgriff auf ein akausal episodisches Geschehen dar, das selbst mit den Begriffen der Wahrscheinlichkeit schwer zu fassen ist. Die aktuelle Physiognomie psychiatrisch-psychotherapeutischer Prozesse und deren Wandlungen sind in einem systemischen Verständnis als offene Systeme leichter zu begreifen. Wie sich diese fortentwickeln, läßt sich nicht prospektiv linear determinieren. Damit ist auch niemals vorauszusagen, was Therapie erbringt. Therapie ist und bleibt damit eine Veranstaltung, in der das Gefaßtsein auf das Unerwartete — die erwünschte oder nichterwünschte Veränderung — die Haltung des Therapeuten bestimmen muß.

Struktur einer Langzeitstation

Kernberg leitete aus seinen theoretischen Überlegungen eine modifizierte psychotherapeutische Methode ab, die „expressive Psychotherapie" und baute am Medical Center der Cornel University N.Y., Westchester Devision, eine Langzeitstation zur Behandlung von Borderline-Patienten auf. Die Behandlungsphilosophie dieser prototypischen Einrichtung läßt sich wie folgt charakterisieren: Das Modell entspricht einer modifizierten therapeutischen Gemeinschaft mit integrierter analytischer Psychotherapie, in der das gesamte soziale Milieu der Klinik für den therapeutischen Prozeß nutzbar gemacht wird. Die milieutherapeutischen Gruppen sind aufgabenorientiert und stark strukturiert, mit dem therapeutischen Ziel, eine Stärkung der Ich-Funktionen zu fördern und regressiven Entwicklungen entgegenzuwirken. In psychotherapeutischen Einzelbehandlungen und den großen Gemeinschaftsversammlungen wird in begrenztem Maße Regression mit dem Ziel der Bearbeitung primitiver konflikthafter Objektbeziehungsmuster gestattet.

Dem Strukturentwurf der Langzeitstation liegt die schon gegen Ende der 50er und 60er Jahre am Modell der therapeutischen Gemeinschaft (Jones 1976) gemachte Erfahrung zugrunde, daß sich die intrapsychischen Konflikte und Beziehungssetzungen von Patienten mit einer Borderline-Persönlichkeitsstörung mit großer Regelhaftigkeit in den Beziehungen zu den Mitarbeitern im stationären Umfeld reinszenieren. Damit wurde eine enge Verzahnung von Psycho- und Soziodynamik evident und ein Interesse an deren therapeutischer Nutzbarmachung geweckt. Eine weiterführende Beobachtung war, daß Borderline-Patienten die Gruppe der therapeutischen Mitarbeiter häufig in verschiedene Fraktionen spalteten. Die Mitarbeiter vertraten verschiedene Seiten der Patientenpersönlichkeit im Team und verfielen demzufolge in streitige Auseinandersetzungen über die geeignete Behandlungsstrategie. Für die Mechanismen der Spaltung (Gut − Böse, Schlecht − Gut, Schwarz − Weiß) und der projektiven Identifizierung (d.h. der Patient verlegt seine eigenen unerwünschten Gefühle und Affekte in sein Gegenüber), wie diese Phänomene in der Terminologie Kernbergs heißen, erwiesen sich besonders Organisationsstrukturen und soziale Systeme wie Kliniken anfällig. In dem Konzeptentwurf Kernbergs konnten gerade diese beiden Mechanismen, die die Ich-Funktionen des Patienten durch den damit einhergehenden Integrationsverlust spalten und damit seine Fähigkeiten zur Realitätsbewältigung untergraben, aufgefangen werden. Konkret geschieht dies in der therapeutischen Interaktion durch Konfrontation, Klärung und Interpretation mit dem Ziel der Reintegration der abgespaltenen und projizierten Anteile. Dadurch wird ihrer realitätsverzerrenden Wirkung vorgebeugt. Die multidisziplinäre Teamarbeit hat dabei die wichtige Funktion, die auf verschiedene Mitarbeiter projizierten Anteile als verschiedene Objektbeziehungsmuster des Patienten zu verstehen und diese wieder zu einem Ganzen integrativ zusammenzufügen. In einer späteren Phase ist es Aufgabe des Teams, ihm diese Beziehungsmuster als sein inneres Bild zur Verfügung zu stellen und für die Therapie und die Stärkung seiner integrativen Fähigkeiten nutzbar zu machen. Soweit der idealtypische Gedanke Kernbergs.

Eine wichtige Funktion kommt dem Rahmen des Behandlungssettings und seinen Regeln zu. Bei Borderline-Patienten sind solche markanten Strukturen stets in Gefahr, durch Aktionismus zunichte gemacht zu werden (Trimborn 1982). Diese fordern seine Pathologie und da insbesondere seine Affektintoleranz und die fehlende Verbindlichkeit in zwischenmenschlichen Beziehungen heraus. Das „containing" i.S. von „Kontrollieren und Beruhigen" von seiten des Stationspersonals soll die Tolerierung unerträglicher Affekte begünstigen und Aktionismus und Selbstdestruktion begrenzen. Im übrigen wird auf der Station „großer Wert ... auf eine funktionale Leitung, Wahrung der Grenzen, eindeutige Verteilung von Verantwortung und Aufgaben und die Bearbeitung von Störungen all dieser Funktionen gelegt" (Lohmer 1988).

Expressive Psychotherapie

Die „expressive Psychotherapie" ist eine eigens für schwere Charakterpathologien entwickelte analytisch orientierte Psychotherapiemethode, die durch ihre spezielle Technik primär-prozeßhaftes Denken, primitive Abwehrmechanismen und Affekte aktiviert und dadurch – so der Gedanke Kernbergs – die innere Welt der Objektbeziehungen des Patienten in der Interaktion deutlich werden läßt. Die technischen Elemente dieser Psychotherapieform sind das Arbeiten im „Hier und Jetzt" (also keine genetischen Rekonstruktionen), Konfrontation, Klärung und Interpretation auch der Übertragung auf den Therapeuten, z.b. bei Überidealisierung oder Abwertung, aber keine systematische Übertragungsanalyse. Letzter und wichtiger Punkt ist die technische Neutralität des Therapeuten. Unverkennbar ist, daß wesentliche psychotherapeutische Elemente wie sie z.B. Benedetti (1983) verwendet, in diese Technik integriert sind. Die einzeltherapeutischen Aktivitäten erhalten ihren Rahmen durch das stark strukturierte Milieutherapieangebot aus Beschäftigungstherapie, milieutherapeutischen Kleingruppen, Stationsgruppen, Großgruppen und Gemeinschaftsversammlungen, wo der Patient aufbauend und ergänzend zur reflexiven einzeltherapeutischen Arbeit korrektive Erfahrungen einer Verhaltensmodifikation machen kann. Dabei wird das Ziel verfolgt, eine „realistische" Beziehung zu entwickeln, d.h. eine Beziehung, die nach den gleichen Maßstäben wie eine Normalbeziehung bewertet wird.

Integrative Therapiemodelle

Zu den neueren Entwicklungen in der Therapie von Borderline-Persönlichkeitsstörungen gehören integrative Modelle, die gezielt kognitive Verfahren, orientiert an den Defiziten des Patienten, in den Rahmen einer milieu- und psychotherapeutischen Behandlung einbeziehen. Das Modell der „dialektischen Verhaltenstherapie" von Linehan (1987 zit. n. Lohmer 1988) sieht bei Borderline-Persönlichkeitsgestörten vor, den „rigid-dichotomischen Schwarz-weiß-Sichtweisen ... durch eine Betonung des einerseits – andererseits entgegenzuarbeiten ..." Dieses Element kognitiv therapeutischer Arbeit findet seine Entsprechung in der Überwindung von Spaltungen in der psychotherapeutischen Arbeit. Die Patienten erarbeiten in kleinen Gruppen eigenständig Bewältigungsstrategien, um den günstigeren Umgang mit heftigen Affekten und Frustrationen zu erlernen, ihre Realität unverzerrter wahrzunehmen und ihre zwischenmenschlichen Beziehungen verläßlicher zu gestalten. Ein solcher Mehrebenenansatz versucht eine Verbindung zwischen unterschiedlichen spezialisierten therapeutischen Angeboten herzustellen wie der „expressiven Psychotherapie", Verhaltenstherapie, psychoedukativen Familientherapie und der Psychopharmakotherapie. Behandlungen nach der skizzierten Methode erstrecken sich stationär über etwa 1 Jahr und werden dann ambulant weitere 4–5 Jahre fortgeführt. Dies entspricht einer Entwicklung, die sich ebenfalls auf dem Gebiet der integrativen Schizophrenietherapie vollzieht und die Einbindung psychotherapeutischer, soziotherapeutischer, kognitiver und biologischer Verfahren verfolgt (Böker u. Brenner 1986; Brenner et al. 1988).

Realisierungen in der Allgemeinpsychiatrie

Welche Realisierungsmöglichkeiten gibt es unter den weniger stark auf gerade diese Patientengruppe zugeschnittenen Therapieangeboten in psychiatrischen Kliniken? In der unselektierten Klientel einer Versorgungsregion kommen nach jüngsten Angaben von Pfitzer et al. (1990) etwa 10% Borderline-Patienten zur stationären Aufnahme. Aufnahmeanlaß sind ganz überwiegend Suizidalität und selbstschädigendes Verhalten, depressive Verstimmung, schwere soziale Probleme und gravierende Beziehungskonflikte. Allgemeinpsychiatrische Aufnahmestationen sind wegen ihrer besonders gelagerten Behandlungsschwerpunkte vorwiegend für die erweiterte Krisenintervention von bis zu 4 Wochen Dauer geeignet. Für die mittelfristige Therapie sind wegen der konzeptionellen Nähe der Behandlungsverfahren Stationen geeignet, auf denen überwiegend Patienten mit schizophrenen Psychosen nach Abklingen der akuten Symptomatik behandelt werden.

Eine Trennung von Patientengruppen mit psychiatrischen Erkrankungen in der ersten Lebenshälfte von denen der zweiten Lebenshälfte ab etwa 50 Jahren schafft gute Voraussetzungen für ein besonderes Eingehen auf die psycho- und milieutherapeutischen Erfordernisse von Borderline-Patienten. Im Anschluß an mittelfristige stationäre Behandlungen, die 1 Jahr nicht überschreiten sollten, oder im Anschluß an die erweiterte Krisenintervention sind für die weiterführende Therapie Tageskliniken gut geeignet.

In Tageskliniken können die Affektintoleranz und das Agieren der Patienten leichter gehandhabt werden. Die Nähe-Intoleranz und die Trennungsproblematik sind im täglichen Rhythmus des Kommens und Gehens für die Bearbeitung stets verfügbar, und regressiven Tendenzen wird allein schon dadurch vorgebeugt, daß die Einbindung in das soziale Umfeld keine Unterbrechung erfährt. Bei der Vielfalt der erhaltenen Alltagsbeziehungen der Patienten sind die Therapeuten weniger in der Gefahr, überwertigen und ggf. realitätsfernen Bedeutungszuschreibungen ausgeliefert zu sein.

Averbale Therapiemethoden

Einen besonderen Platz in der Borderline-Therapie haben die averbalen Therapien und unter diesen die Kunst- und Gestaltungstherapie ganz besonders. Aus einer Kunsttherapie bei einer Borderline-Patientin bot der Prozeß, der in der Therapie ablief, folgende typische thematische Merkmale: „Wir begegnen hier immer wieder bestimmten räumlichen Phantasien und zwar sogenannten ‚Schoßphantasien' dinglich-konkretistischer Art, die zunächst von der Patientin selbst teils angstvoll und bedrohlich, teils wunscherfüllend, d.h. Schutz und Versorgung gewährend, erlebt werden. Sie werden darüber hinaus projektiv nach außen verlagert und im alltäglichen Leben szenisch wirklich gemacht. Während nun die Patientin im Verlauf der Therapie bildnerisch mit diesen Phantasien experimentiert, wandeln sie sich allmählich in Vorstellungen, die einerseits an Fülle und Lebendigkeit gewinnen, andererseits aber faßbarer und begrenzter, also auch weniger mächtig werden. Indem diese Phantasien über das Gestalterische mit der Zeit eine eher ‚dichterische' Komplexität annehmen, übernehmen sie zugleich die Funktion als integrierendes therapeutisches Gegengewicht gegenüber dem durchbrechenden Erleben von Desintegration. Sie werden damit als neue Möglichkeit von Erfahrungen für die Patientin verfügbar und wirken auf diese Weise stützend" (zit. nach Preinhelter-Pouwels in Lohmer 1988).

Psychopharmakologische Behandlung

Die beiden ersten methodisch differenziert ausgeführten placebo-kontrollierten Psychopharmakastudien zur Behandlung des Borderline-Syndroms wurden von Goldberg et al. (1986) und Soloff et al. (1986) durchgeführt und von Gunderson (1986) kommentiert. Gunderson gibt auch einen Rückblick auf die psychopharmakologischen Behandlungsgewohnheiten für diese Patientengruppe in den frühen 70er und 80er Jahren. Er sagt: „In den frühen 70er Jahren bekamen stationäre Patienten mit einem Borderline-Syndrom eine unzureichende oder gar keine Behandlung mit Psychopharmaka. In der damaligen Literatur wurde vor der Wirkungslosigkeit und Schädlichkeit psychopharmakologischer Behandlungen bei Borderline-Patienten gewarnt ... Ein Jahrzehnt später war es zur absoluten Ausnahme geworden, Borderline-Patienten ohne einen kräftigen Behandlungsversuch mit mindestens einem Psychopharmakon wieder zu entlassen."

Dieser Umschwung hatte stattgefunden, obwohl es keine empirischen Studien gab, die dies begründet hätten. In den beiden genannten Studien wird einmal die Wirksamkeit eines niederpotenten Neuroleptikums in niedrigen Dosierungen bei Borderline- und schizotypischer Persönlichkeitsstörung (Goldberg et al. 1986) und zum anderen die Wirksamkeit von Amitryptilin und Haloperidol nur auf das Borderline-Syndrom (Soloff et al. 1986) untersucht. Beide Studien kommen zu dem Ergebnis, daß niedrigdosierte Neuroleptikagaben eine gute Wirksamkeit auf kognitive Störungen (Beziehungsideen, Sinnestäuschungen) und Symptome wie phobische Ängste, Zwänge, Wahn und Somatisierung haben. Borderline-Patienten, die diese Symptome nicht haben, sollten nicht mit Neuroleptika behandelt werden. Der Effekt von Neuroleptika ist nach Goldberg et al. (1986) ausgeprägter bei Borderline-Patienten mit schizotypischen Merkmalen. Dies steht in Übereinstimmung mit dem Überwiegen psychosenaher Symptome, die im DSM-III-R unter den schizotypischen Kriterien zu finden sind. „Reine" Borderline-Persönlichkeiten sprechen stärker auf Placebo an als Patienten mit einem gemischten borderline-schizotypischen Bild oder Patienten mit überwiegenden schizotypischen Merkmalen.

Interessant ist der Befund, daß es zwischen Phenothiazin und Amitryptilin keine wesentlichen Wirkungsunterschiede gab. Des weiteren war bei gleichzeitigem Vorhandensein einer Major Depression bei Borderline-Persönlichkeiten Haloperidol erfolgreicher als das Antidepressivum Amitryptilin. Beide Studien belegen, daß Neuroleptika bei der Therapie des Borderline-Syndroms weniger erfolgreich sind als bei schizotypischen Persönlichkeitsstörungen. Die Neuroleptika aber sind bei Borderline-Patienten geringfügig wirksamer als Antidepressiva, unabhängig davon, ob der Borderline-Patient ernstlich depressiv ist oder nicht.

Lassen sich einige verallgemeinerungswürdige Schlüsse aus diesen Ergebnissen ziehen? Bei Symptomen, bei denen Effektivität von Medikamenten erwartet werden kann, wie psychotischen, depressiven, somatischen und bei Angst und Feindseligkeit ist ihre Gabe zu bejahen. Allerdings ist einzuwenden, daß bei diesen Symptomen der Placeboeffekt nur geringfügig hinter dem Medikamenteneffekt zurücksteht, so daß die Milderung des Symptoms zwar unter dem Medikament geschieht, aber nicht kurzschlüssig kausal auf dieses allein bezogen werden darf. Ein beträchtlicher Teil der Borderline-Persönlichkeiten, zu denen insbesondere die ambulanten zählen, haben ein Symptomprofil, in dem soziale und interaktive Gestörtheit vorherrschen. Symptome wie Beziehungsprobleme, Impulsivität, manipulatives Verhalten, Unbeherrschtheit, Ängste usw. kommen dem nahe, was den Kern der Borderline-Persönlichkeitsstörung ausmacht. Diese blieben allerdings von der Neuroleptikatherapie unbeeinflußt. Würden diese Symptome auf eine Psychopharmakotherapie ansprechen, so wären sie wohl unbrauchbare Kriterien für die Charakterisierung einer Persönlichkeitsstörung. Diese wird ja wesentlich durch dauerhafte pathologische Charakterzüge (Gunderson u. Kolb 1978; Spitzer u. Endicott 1979) charakterisiert. Eine niedrigdosierte Neuroleptikagabe ist zur Behandlung der Persönlichkeitsstörung selbst ungeeignet, kann aber von einem gewissen und begrenzten therapeutischen Wert bei der Besserung psychotischer Symptome sein. Die Empfehlung, die heute gegeben werden kann, ist die einer Kurztherapie mit möglichst niedrigdosierten Neuroleptika als Zusatztherapie bei Borderline-Patienten, die unter psychotischen Phantasien, Angst und Somatisierung besonders schwer leiden – dies unter Beachtung möglicher Nebenwirkungen. Dabei gilt für die psychotischen Symptome der Grundsatz, den Benedetti (1983) auch in der Schizophrenietherapie vertritt: Den verstehenden Zugang zu diesen Symptomen finden, ihre Akuität medikamentös zu lindern, nicht aber durch hohe Psychopharmakagaben niederzumedizieren, was einer „psychischen Amputation" gleichkäme. In diesem Sinne kann die pharmakologische Behandlung die psychotherapeutische in besonders gelagerten Fällen ergänzen (Schüssler u. Kropf 1983).

Therapieerfolge

Jede Therapieform muß sich an ihren Erfolgen messen lassen. Kasuistische Erfahrungen, die ich selbst und andere in langen Jahren therapeutischer Arbeit mit Borderline-Patienten haben sammeln können (Aronson 1989; Erman 1985; Gunderson 1989; Gutheil 1989; Heigl-Evers u. Henneberg-Mönch 1985; Held 1985; Horwitz 1987; Kobbe 1989; Kretsch et al. 1987;

Lansky 1988; Rohde-Dachser 1987; Sachsse 1989; Selzer et al. 1987; Schulze 1984; Steiner 1987), sprechen für die Effektivität der psychotherapeutischen Methode. Gibt es aber darüber hinaus ein empirisch fundiertes Wissen, das weit über Einzelfälle hinausweist und Allgemeinverbindlichkeit beanspruchen kann?

In einigen wenigen Studien ist dies versucht worden (Tucker et al. 1987). Die Überprüfung der Wirksamkeit modifizierter analytisch orientierter Psychotherapieverfahren im stationären Setting führte zu neuen Einsichten. In der Chestnut Lodge Studie (McGlashan 1986) wurden nach etwa 2jähriger Behandlung und einer durchschnittlich 14jährigen Katamnese 94 Borderline-Patienten mit monopolar Depressiven und Schizophrenen verglichen. Die besten Therapieerfolge erzielten Borderline-Patienten hinsichtlich ihrer sozialen und Partnerbeziehungen, geringerer Hospitalisierungsraten, einer stabileren Wohnsituation, der beruflichen Integration und Kompetenz und der psychiatrischen Symptomatik, die allerdings eine gewisse Persistenz zeigte. Eine Besserung der Symptomatik schien auch eine Funktion des Lebensalters zu sein. Borderline-Patienten im mittleren Alter, d.h. im zweiten und dritten Jahrzehnt nach der Klinikentlassung, zeigten die besten Ergebnisse in bezug auf ihr beruflich-instrumentelles Funktionsniveau, nicht aber in bezug auf soziale und partnerschaftliche Bereiche. Diese letztgenannten Defizite holen die Patienten dann wieder ein, wenn sie mit dem Rückzug aus dem Berufsleben ihren stärksten Funktionsbereich verlieren. In den Studien von Stone (1987; Stone et al. 1987) am Psychiatry Institute in New York wurden ähnliche Ergebnisse ermittelt. In einer Katamnese, die sich über 10–23 Jahre erstreckte, zeigten die weiblichen Borderline-Patienten in den meisten Skalen die besten Ergebnisse, gefolgt von den männlichen Borderline-Patienten, den manisch-depressiven, den schizoaffektiven und schließlich den schizophrenen Patienten. Zwei Drittel aller Borderline-Patienten waren in einem Zeitraum von 5–10 Jahren gut bis sehr gut einzustufen. Für alle Patienten war supportive Psychotherapie hilfreich und ausreichend, um eine deutliche Verbesserung herbeizuführen. Dabei war die Therapeutenvariable von nicht unerheblicher Bedeutung. Die Patienten derjenigen Therapeuten, deren Qualifikation von ihren Supervisoren als gut eingestuft wurde, zeigten wesentlich bessere Ergebnisse als die weniger gut eingestuften.

Daß gute Therapieergebnisse aber nicht unbedingt ein Effekt guter psychotherapeutischer Arbeit sein müssen, dafür spricht der folgende Befund. Es gab eine Patientengruppe, die weniger als 3 Monate stationär geblieben war und sehr gute Besserungen zeigte, obwohl eine reguläre psychotherapeutische Behandlung nicht stattgefunden hatte und die Therapeuten selbst ein unbefriedigendes Gefühl zurückbehielten. Offensichtlich bedürfen nicht alle Borderline-Patienten einer systematisierten und langfristigen Psychotherapie, sondern verfügen über genügend eigene Ressourcen zur Lebensbewältigung. Von der Gesamtstichprobe der Borderline-Patienten war ein Drittel gut geeignet für eine expressive Psychotherapie. Dies waren 100. Bei kritischer Würdigung dieser 100 Patienten kommt Stone zu dem Ergebnis, daß etwa 30 rückblickend betrachtet erhebliche Vorteile gerade und alleine aus der psychotherapeutischen Behandlung haben gewinnen können. Es scheint so zu sein, daß unterschiedliche Patienten von unterschiedlichen Therapieangeboten und unterschiedlichen Therapeuten profitieren. Gerade deshalb sollte man die anderen Therapieformen hoch einschätzen. Der introspektive Patient z.b. sucht sich den analytisch orientierten Kliniker, der weniger introspektive sucht sich den kognitiven oder in anderer Weise nichtanalytisch arbeitenden Therapeuten. Für eine Absolutierung des Schulendenkens lassen diese Ergebnisse keinen Raum.

Anhand sehr sorgfältiger langjähriger Einzelfallstudien kommen Waldinger u. Gunderson (1987) zu dem Ergebnis, daß eine Diskrepanz zwischen theoretisch hergeleitetem therapeutischen Tun und den Therapieerfolgen besteht. Konkret wiesen sie nach, daß ein determinierender Bezug zwischen einer speziellen Interventionstechnik und den resultierenden Veränderungen nicht besteht bzw. nur sehr global. Allgemein läßt sich sagen, daß eine größere Selbstabgrenzung und Verhaltenskontrolle durch gestärkte Ich-Funktionen mit spezifischen Faktoren wie Deutung, Grenzen setzen und Konfrontation erreicht wird. Allgemeinere Veränderungen wie z.B. eine Verbesserung des Selbstbewußtseins, der Leistung, der Aggressionsbewältigung u.a. sind das Ergebnis unspezifischer therapeutischer Faktoren, zu denen die emotionellen Korrektive, die Möglichkeit der Identifikation und Einflüsse stabilisierender und stützender Art zählen.

Diese Ergebnisse sind dazu angetan, ein universelles Verständnis von Therapie und ein neues Paradigma ihrer prozeßhaften Abläufe zu konstituieren. Therapie wird von dem verkürzten Verständnis kausaler Methaphorik zu einer Kunst der Begleitung (Machleidt 1987) − einer Kunst der Beziehungsfindung zum psychisch Kranken, die das Gefaßtsein auf das Unerwartete einschließt und gerade in der Arbeit mit Borderline-Patienten niemals ausgelernt wird.

Literatur

Aronson TA (1989) A critical review of psychotherapeutic treatments of the borderline personality. J Nerv Ment Dis 177:511−528
Benedetti G (1980) Klinische Psychotherapie. Einführung in die Psychotherapie der Psychosen. Huber, Bern
Benedetti G (1983) Todeslandschaften der Seele. Vandenhoek & Ruprecht, Göttingen
Böker W, Brenner HD (1986) Bewältigung der Schizophrenie. Huber, Bern
Brenner HD, Hodel B, Kube G, Roder V (1987) Kognitive Therapie bei Schizophrenen: Problemanalyse und empirische Ergebnisse. Nervenarzt 58:72−83
DSM-III-R (1989) Diagnostisches und Statistisches Manual Psychischer Störungen. Beltz, Weinheim
Ermann M (1985) Ansatz und Technik der psychoanalytischen Borderline-Behandlung. Prax Psychother Psychosom 30:243−253
Goldberg S, Schulz SC, Schulz PM (1986) Borderline and schizotypal personality treated with low-dose thiothixene vs placebo. Arch Gen Psychiatry 43:680−686
Gunderson JG (1986) Pharmacotherapy for patients with borderline personality disorder. Arch Gen Psychiatry 43:698−700

Gunderson JG (1989) Early discontinuance of borderline patients from psychotherapy. J Nerv Ment Dis 177:38−42
Gunderson JG, Kolb JE (1978) Discriminating features of borderline patients. Am J Psychiatry 135:792−796
Gutheil TG (1989) Borderline personality disorder, boundary violations and patient-therapist-sex: medicolegal pitfalls. Am J Psychiatry 146:597−602
Heigl-Evers A, Henneberg-Mönch U (1985) Psychoanalytisch-interaktionelle Psychotherapie bei präödipal gestörten Patienten mit Borderline-Strukturen. Prax Psychother Psychosom 30:227−235
Held HR (1985) Ambulante Borderline-Therapie in der tragenden Gruppe. Prax Psychother Psychosom 30:236−242
Horwitz L (1987) Indications for group psychotherapy with borderline and narcissistic patients. Bull Menninger Clin 51:231−247
Jaspers K (1973) Allgemeine Psychopathologie. Springer, Berlin Heidelberg New York
Jones M (1976) Prinzipien der Therapeutischen Gemeinschaft. Huber, Bern
Kernberg OF (1975) Borderline conditions and pathological narcissism. Jason Aronson, New York (Deutsch: Borderlinestörung und pathologischer Narzißmus. Suhrkamp, Frankfurt 1978)
Kernberg OF (1981) Zur Behandlungstechnik bei Borderline-Persönlichkeitsstörungen. Psyche 6:497−526
Kernberg OF (1985) Objektbeziehungen und Praxis der Psychoanalyse. Klett-Cotta, Stuttgart
Kernberg OF (1989) Schwere Persönlichkeitsstörungen. Theorie, Diagnose, Behandlungsstrategien. Klett-Cotta, Stuttgart
Knight R (1953) Borderline states. Bull Menninger Clin 17:1
Kobbe U (1989) Zwiespalt und Ambivalenz. Über das Dilemma in der Arbeit mit Frühgestörten. Psychiat Neurol Med Psychol 89:705−721
Kretsch R, Goren Y, Wassermann A (1987) Change patterns of borderline patients in individual and group therapy. Int J Group Psychother 37:95−111
Lansky MR (1988) The subacute hospital treatment of the borderline patient-I: An educational component. Hillside J Clin Psychiatry 10:24−37
Lohmer M (1985) Diagnostik und Therapie des Borderline-Syndromes: Entwicklungstendenzen in der amerikanischen Diskussion. Psychother Med Psychol 34:120−126
Lohmer M (1988) Stationäre Psychotherapie bei Borderline-Patienten. Springer, Berlin Heidelberg New York Tokyo
Machleidt W (1987) Therapie: Die Kunst des Begleitens. In: Haselbeck H, Machleidt W, Stoffels H, Trostdorf D (Hrsg) Psychiatrie in Hannover. Enke, Stuttgart, S 118−125
Machleidt W, Gutjahr L, Mügge A (1989) Grundgefühle. Phänomenologie, Psychodynamik, EEG-Spektralanalytik. In: Hippius H, Janzarik W, Müller C (Hrsg) Monographien aus dem Gesamtgebiete der Psychiatrie, Bd 57. Springer, Berlin Heidelberg New York Tokyo
McGlashan TH (1986) The Chestnut Lodge Follow-up Study. Arch Gen Psychiatry 43:20−30
Perry JC, Klerman GL (1978) The borderline patient − A comparative analysis of four sets of diagnostic criteria. Arch Gen Psychiatry 35:141
Perry JC, Klerman GL (1980) Clinical features of the borderline personality disorder. Am J Psychiatry 137:165
Pfitzer F, Rosen E, Esch E, Held T (1990) Stationäre psychiatrische Behandlung von Borderlinepatienten. Nervenarzt 61:294−300
Rohde-Dachser C (1987) Ausformungen der ödipalen Dreieckskonstellation bei narzißtischen und Borderline-Störungen. Psyche 9:773−799
Rohde-Dachser C (1989) Das Borderline-Syndrom. Huber, Bern
Sachsse U (1989) Psychotherapie mit dem Katathymen Bilderleben (KB) bei Borderline-Patienten. Prax Psychother Psychosom 34:90−99
Saß H, Koehler K (1983) Borderline-Syndrom: Grenzgebiet oder Niemandsland? Nervenarzt 54:221−230

Schulze A (1984) „Borderline" und narzißtische Persönlichkeitsstörung — Modebegriffe oder Ansätze für ein neues ätiopathogenetisches und therapeutisches Verständnis? Psychiat Neurol Med Psychol 36:278—286

Schüssler G, Kropf D (1983) Pharmakologisch-psychotherapeutische Behandlung des Borderline-Syndromes. Ein kasuistischer Beitrag. Psychother Med Psychol 33:136—141

Selzer MA, Koenigsberg HW, Kernberg OF (1987) The initial contract in the treatment of borderline patients. Am J Psychiatry 144:927—930

Soloff PH, George A, Nathan RS, Schulz PM, Ulrich RF, Perel JM (1986) Progress in pharmacotherapy of borderline disorders: A double-blind study of amitriptyline, haloperidol, and placebo. Arch Gen Psychiatry 43:691—697

Spitzer RL, Endicott J (1979) Justification for separating schizotypal and borderline personality disorder. Schizophr Bull 5:95—100

Steiner S (1987) Borderline-Patienten auf der Psychotherapiestation: Die DSM-III-Diagnostik und ihre Auswirkungen für die Therapie. Psychother Med Psychol 37:211—218

Stone MH (1980) The borderline syndromes. Mc Graw-Hill, New York

Stone MH (1987) Psychotherapy of borderline patients in the light of long-term follow-up. Bull Menninger Clin 51:231—247

Stone MH, Stone DK, Hurt SW (1987) Natural history of borderline patients treated by intensive hospitalization. Psychiatric Clin North Am 10:185—206

Trimborn W (1982) Die Zerstörung des therapeutischen Raumes. Das Dilemma stationärer Psychotherapie bei Borderline-Patienten. Psyche 37:204—236

Tucker L, Bauer SF, Wagner S, Dean-Harlam P, Sher I (1987) Long term hospital treatment of borderline patients. A descriptive outcome study. Am J Psychiatry 144:1443—1448

Waldinger RJ, Gunderson JG (1987) Intensive psychodynamic therapy with borderline patients: an overview. Am J Psychiatry 144:267—274

Zauzig E (1987) A borderline patients view. A letter to the editor. Hosp Community Psychiatry 38:996—997

Sachverzeichnis

Adynam-defizitäres Syndrom 95–98
Affektive Psychosen
–, postmorbide Persönlichkeit 87–101
–, prämorbide Persönlichkeit 45–60, 87–101
–, prämorbide soziale Interaktion 90–92
Alter 36–44
–, Aspekte 36
–, Defizienzmodell 38
–, funktionales 37
–, Sinnhaftigkeit 42
Antidepressiva-Response
–, abweichende Persönlichkeit 105–106
–, Persönlichkeit als Prädiktor 102–108
Apathisch-halluzinatorisches Syndrom 95–98
Apathisch-paranoides Syndrom 95–98
Asthenisches Insuffizienzsyndrom 95

Begehrensneurose 135
Begutachtung bei „neurotischen" Rentenbewerbern 133
Bewußtsein 21
Borderline-Persönlichkeitsstörung
–, Diagnose 165
–, Konzept 166
–, Leeregefühle 163–164
–, Therapie 162–176
–, –, Allgemeinpsychiatrie 170
–, –, averbale Methoden 170–171
–, –, expressive Psychotherapie 168–169
–, –, Kunsttherapie 170–171
–, –, Langzeitstation 167
–, –, psychopharmakologische 171–172
–, –, Therapieerfolge 172–174
Borderline-Syndrom 165

Charakterneurose 135
Charakterstruktur, dissoziale 142
Chronifizierte Psychose 95–98
Chronifiziertes hyperthymes Syndrom 95–98
Chronifiziertes subdepressives Syndrom 95–98

Demenz 40
Dissozialität 142–143
Dysphorische Störung der Späten Lutealphase 111

Endogene Depression
–, Persönlichkeit 66–71
–, –, abweichende 103–104
–, –, als Krankheitsindikator 148–161
–, –, als Risikoindikator 148–161
Entleerungssyndrom 95–98

Forensische Aspekte der Persönlichkeitsstörungen 140–143

Generationenvertrag 41
Gerontologie 41

Halluzinationen 14, 28
Hohlmaske 29

Ich-Spaltung
–, psychotische 26–27
– und Einheit der Person 18–35
Infertilität 110–111
Interaktion, prämorbide 87–101
Invertwahrnehmung 29
In-vitro-Fertilisation 110–111
Involution 40

Langzeitverlauf der Depression, Persönlichkeit als Prädiktor 102–108
Life event-Forschung 16
Limbisches System 15
Lithium, Einfluß auf Persönlichkeitsstruktur 60
Lues-Infektion 13

Manie, prämorbide Persönlichkeit 73–75
Melancholie 66
–, Persönlichkeit 66–71
Mensch und Alter 36–44
Migräne und Persönlichkeit 120–128

Neurose 129
Newcastle-Kriterien 102–103

Operationalisierte Diagnostik endogener Depression 103–105

Persistierende Alterationen
–, bei affektiven Psychosen 92–101
–, bei schizoaffektiven Psychosen 92–101
–, bei schizophrenen Psychosen 92–101
–, phänomenologische Typen 93–98
Person
–, Einheit der Person und Ich-Spaltung 18–35
Persönlichkeit
–, abweichende 102–108
–, –, bei ICD-9 Diagnose Endogene Depression 103
–, –, Langzeitverlauf der Depression 106–107
–, –, Newcastle-Kriterien 102–103
–, –, Therapieresponse auf Antidepressiva 105–106
–, anankastische Struktur 48, 54
–, asthenisch-selbstunsichere 89–90
– bei affektiven Psychosen 45–65, 73–75, 87–101, 103, 148–161
– bei sogenannten „neurotischen" Rentenbewerbern" 129–137
–, diagnostischer Marker 102–108
–, Krankheitsindikator der unipolaren Depression 148–161
–, Marker, diagnostischer 102–108
–, Neurotoide Struktur 48
–, Orale Struktur 48, 54
–, postmorbide 87–101, 159–160
–, –, bei affektiven Psychosen 87–101
–, –, bei schizoaffektiven Psychosen 87–101
–, –, bei schizophrenen Psychosen 87–101
–, postpsychotische 87–101
–, Prädiktor
–, –, für Antidepressiva-Response 102–108
–, –, für Langzeitverlauf 102–108
–, prämorbide 45–65, 148–160
–, –, bei affektiven Psychosen 52–60, 73–75, 87–101
–, –, bei Migräne 120–128
–, –, bei schizoaffektiven Psychosen 87–101
–, –, bei schizophrenen Psychosen 87–101
–, –, Einfluß auf Krankheitsverlauf 45
– remittierter Depressiver 158–159
–, schizoide 12
–, sthenisch-selbstsichere 89–90

–, Typologie 46–47, 138–139
–, Typus manicus 48, 72–86
–, Typus melancholicus 48, 49, 54, 56, 67–70, 120, 122, 125–126
–, Typus migraenicus 60, 120–128
– und Migräne 120–128
– und prämenstruelles Syndrom 109–119
–, zykloide/zyklothyme 47
Persönlichkeitsänderung, sekundäre 47
Persönlichkeitsforschung 45–65
–, psychometrische Verfahren 53
Persönlichkeitsinventare 48–51
–, Spezifität 49, 55
Persönlichkeitsstörungen
– bei Angehörigen depressiver Patienten 157–158
– bei Melancholie-Kranken 67–68
– bei sogenannten „neurotischen" Rentenbewerbern 135–137
–, biologische Marker 46
–, Borderline-Persönlichkeitsstörung 162–176
–, Erfassung 143–145
–, –, DSMIII 143–145
–, –, DSMIII-R 143–145
–, –, ICD-10 143–145
–, forensische Aspekte 140–141
–, hereditäre Faktoren 45, 157–158
–, Klassifikatorische Situation 139–142
–, Konzepte 138–147
PETERS, Uwe Hendrik 1–9
Phänomenologische Konstellationen persistierender Alterationen 93–98
Prämenstruelles Syndrom 109–119
–, Persönlichkeit 109–119
Progressive Paralyse 13–14
Psychedelika 29–30
Psychopathie 142–143
Psychopathologie
– von Thomas Manns Doktor Faustus 10–17
Psychose
–, produktive, Drei-Komponenten-Theorie 27–29
–, Systemtheorie 25–29
Psychotherapie 29–31
–, Indikationen bei Melancholie-Kranken 66–71
–, kommunikative 68–69
–, partizipative 68–69

Reizdeprivation 27
Rente und neurotische Erkrankung 129–137
Rentenneurose 135
Residuum 93–99
Rückbildungsalter 40

Sachverzeichnis

Schizoaffektive Psychosen
—, postmorbide Persönlichkeit 87—101
—, prämorbide Persönlichkeit 87—101
—, prämorbide soziale Interaktion 90—92
Schizophrene Psychosen
—, postmorbide Persönlichkeit 87—101
—, prämorbide Persönlichkeit 87—101
—, prämorbide soziale Interaktion 90—92
Schlafentzug 27
Soziopathie 142—143
Split-brain 23
Strukturverformung 95—98
Subjektivität 23—25
Suizid 40
Suizidversuch 60
Systemtheorie der Psychose 25—29

Typus manicus 48, 72—86
—, Konzept 75—77
—, Validierungsstudien 78—81
Typus melancholicus 45—65, 67—70, 88, 120
Typus migraenicus 60, 120—128

Unfallneurose 135
Unipolare Depression 148—181

Wahrnehmung als interner Dialog 20—23

Zensurschwächung 29—31
Zyklothymes Temperament 72—75

Druck: Druckerei Kutschbach, Berlin
Verarbeitung: Buchbinderei Lüderitz & Bauer, Berlin